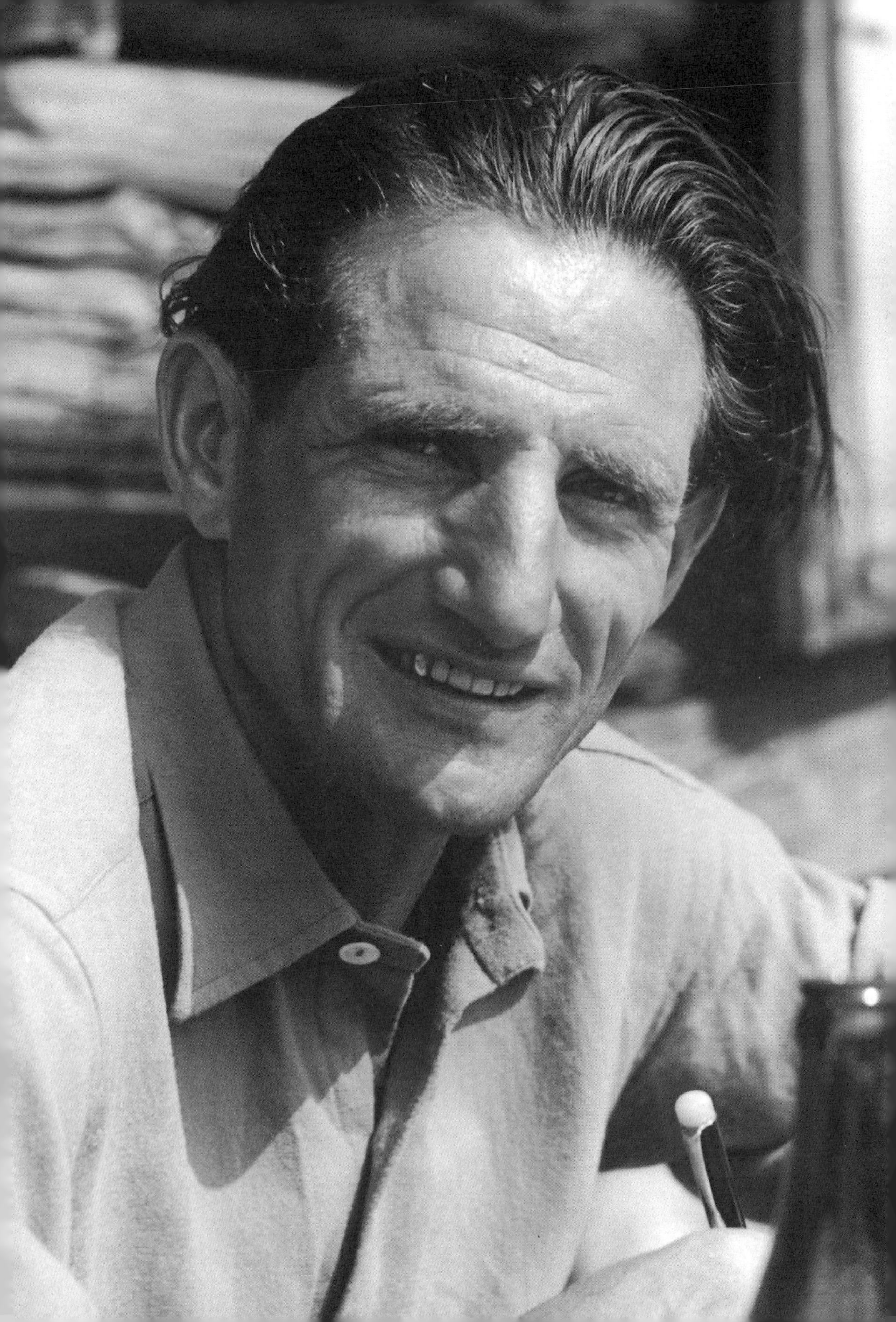

Reihe Bergabenteuer

ANDERL HECKMAIR

Eigernordwand, Grandes Jorasses und andere Abenteuer

Herausgegeben von
Christine Kopp

Vorwort von
Reinhold Messner

AS Verlag

Der Text dieser Ausgabe basiert weitgehend auf der Erstausgabe von Anderl Heckmairs Lebenserinnerungen «Mein Leben als Bergsteiger» (München 1972). Der Anfang (S. 12–14 oben) sowie der Schluß (Kapitel «Die Reise geht weiter») sind stark gekürzte und aktualisierte Auszüge aus Heckmairs Buch «So war's» (Oberstdorf 1991). Die Drusenfluh-Episode (S. 44) ist dem Werk «Die drei letzten Probleme der Alpen» (München 1949) entnommen.

Bildnachweis:
«Die Clubhütten des Schweizer Alpen-Club im Jahre 1927», Lausanne 1928: S. 61, 81; «La Montagne. Revue du Club Alpin Français», 1935: S. 88; Archiv Rudolf Rubi, Grindelwald: S. 96; Anderl Heckmair, «Die drei letzten Probleme der Alpen», München 1949: S. 103, 119, 123, 155, 157, 161; Anderl Heckmair, Ludwig Vörg, Fritz Kasparek, Heinrich Harrer, «Um die Eiger-Nordwand», München 1938: S. 175; Wiggerl Gramminger / Archiv Hans Steinbichler, Bernau am Chiemsee: S. 223, 224, 225; Michael Klar, Sonthofen: S. 287.
Alle weiteren Aufnahmen stammen aus dem Archiv von Anderl Heckmair, Oberstdorf.

Bildredaktion und Gestaltung: Heinz von Arx, Zürich
Textredaktion und Lektorat: Andres Betschart, Zürich
Karten: Matthias Weber, Zürich
ISBN 3-905111-38-1

Inhalt

Anderl Heckmair, ein Unabhängiger

«Wir lagen in irgendeinem stickigen Rasthouse (guesthouse) im Norden von Pakistan und warteten auf den Morgen. Es war heiß, aber das Surren des Ventilators, der wie eine große Schüssel an der Decke rotierte, ging mir so auf die Nerven, daß ich aufstand und ihn abschaltete. Daraufhin stand Anderl auf und machte ihn wieder an. Also schaltete ich ihn wieder ab, ... er wieder an.» Ohne daß die Männer ein einziges Wort sagten, ging es den Rest der Nacht so weiter.

Diese Episode hat Hias Rebitsch überliefert, der mit Anderl Heckmair wenige Jahre nach dem Krieg in den Karakorum aufbrach. Die beiden Herren hatten offenbar nicht die geringste Lust, sich dem Willen des anderen zu unterwerfen oder nachzugeben. Sie taugten nicht für Unterordnung und striktes Reglement, sie gehörten ein Leben lang zu den Unabhängigen, und das allein schon macht sie mir sympathisch.

Reinhold Messner und Anderl Heckmair im Sommer 1997 auf Schloß Juval im Vinschgau

Anderl Heckmair zählt zu jenem Dutzend Bergsteiger dieses Jahrhunderts, die Stars wurden und trotzdem unabhängig blieben. Dabei war Heckmair in seinen besten Jahren kein Einzelgänger oder genialer Sonderling. Er war aber ein «homo per se», eine unverwechselbare Persönlichkeit, und ist es bis ins hohe Alter geblieben.

Was haben die «Bergvagabunden» der dreißiger Jahre nicht alles an Strapazen auf sich genommen, um überhaupt in die Alpen zu kommen! Weil die Burschen aber, die damals die Szene beherrschten, arbeitslos waren und sich nicht anpassen wollten, entdeckten sie den Minimalismus. Stillschweigend einigten sie sich auf ein paar Regeln; trotz Rivalität pflegten sie Toleranz, und für die Besten war das Gesetz der freiwilligen Selbstbeschränkung verbindlich. So stiegen sie durch die Wände der Civetta, der Grandes Jorasses und des Eiger, in einem Stil, der mir heute noch Respekt abverlangt. Sie gingen beim Bergsteigen hohe Risiken ein – und sie hatten auch Spaß dabei.

Anderl Heckmair ist der Prototyp des Bergvagabunden. Auch er fand seinen Weg zwischen Kampf und Spaß, zwischen Weltwirtschaftskrise und Nazizeit, zwischen Karakorum und Anden. Und nur er fand 1938 den Weg aus der Eigernordwand heraus. Wie er die Viererseilschaft zuletzt durch den Götterquergang, die Spinne und die Ausstiegsrisse führte – verläßlich und eigenwillig, verantwortungsbewußt bis zur Selbstaufopferung –, das gehört zu den Sternstunden der Alpinistik.

Auch nachher, als Idol seiner Zeit, blieb Heckmair Bergführer, dazu Weltbürger und Patriot – ein Sucher, der wissen wollte, wo die Grenzen liegen, die respektiert sein wollen. Dabei hat er immer wieder vorgelebt, daß Spaß und Leistung beim Bergsteigen einander nicht ausschließen, sondern bedingen. Und weil auch die Gefahr zum Berg gehört, zählte die Solidarität in der Seilschaft mehr als große Sprüche, wenigstens solange man in der Wand war.

Warum ist die Heckmair-Führe in der Eigernordwand zu einer der ganz grossen Routen, ja gar zu einem Kunstwerk geworden? Weil sie nichts anderes ist als ein Ausdruck ernster und spielerischer Selbstverwirklichung von vier Bergsteigern, die, dem Stärksten in der Seilschaft vertrauend, in fairer Partnerschaft eine einmalige Leistung schafften – eine Leistung, die für alle vier einen persönlichen Erfahrungszuwachs bedeutete. Gibt es ein Mehr?

Anderl Heckmair hat auf dem Eigergipfel keine Fahne gehißt. Dem Triumph, den andere für ein Land, eine Ideologie, eine Rasse zu nutzen versuchten, hat er sich zwar nicht entgegengestellt, aber er verstand ihn nicht als Propaganda für das Dritte Reich. Sein gefährliches Spiel zwischen dem Hinterstoißer Quergang und dem Gipfeleisfeld war getragen vom Können und vom Willen, sein eigenes Ziel zu verwirklichen. Dabei war ihm zwar die Spitzenleistung seines Lebens geglückt – das Prestige aber, das mit diesem Sieg verbunden war, sollte nicht dazu herhalten, das Ansehen eines Volkes und einer Regierung zu steigern. Um so mehr gehört es bis heute zu seinem Weg, zur Heckmair-Route in der Eigernordwand!

Gewiß, auch die Eigernordwand ist dank Hubschrauberrettung und Vorgaben nicht mehr das, was sie damals war. Und die Zeit der Bergvagabunden ist längst vorbei und kommt nicht wieder. Wir sollten sie nicht glorifizieren. Wir dürfen sie aber auch nicht vergessen, denn die Eigenständigkeit, mit der Heckmair und seinesgleichen in den großen Alpenwänden den Gefahren trotzten und extreme Schwierigkeiten meisterten, ist Ausdruck jener Werte, die das Bergsteigen ausmachen – heute noch und hoffentlich auch morgen.

Reinhold Messner

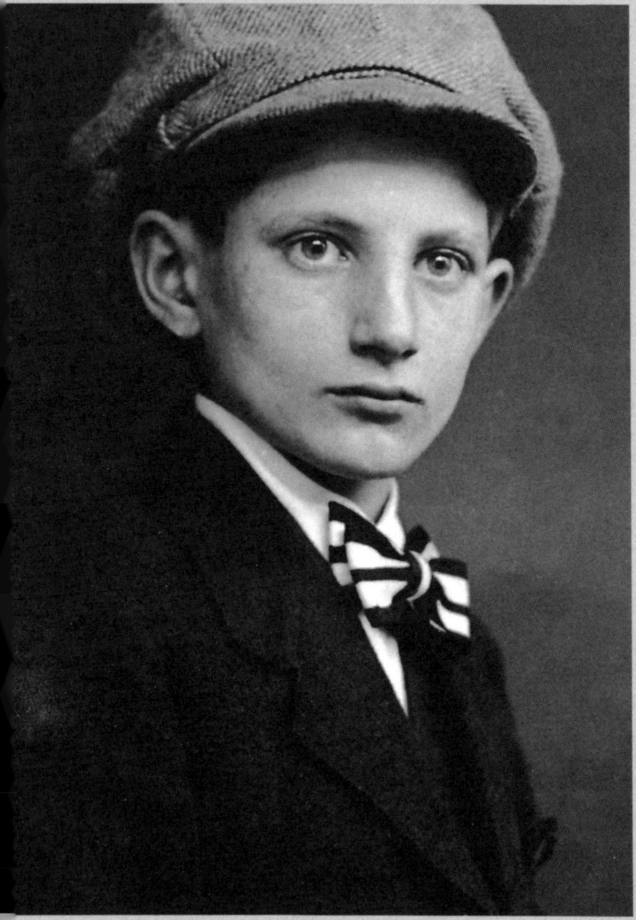

Anderl Heckmair als
Elfjähriger im
Waisenhaus München

AUF GEHT'S

Die Mutter: Magdalena Heckmair geb. Insch (1876–1962) im Alter von 80 Jahren

Der Vater: André Heckmair (1874–1916), Aufnahme nach 1900

Nach Erzählungen meiner Mutter war ich ein «Problemkind». Die Zeit von meiner Geburt am 12. Oktober 1906 bis fast zu meinem zweiten Lebensjahr überlebte ich buchstäblich in Watte gepackt. Meine Mutter konnte mich nicht stillen, und so wurde ich mit einem Milchpulver aufgepäppelt, das mir aber nicht bekam. Als ich der Watte entschlüpft war, wurde ich sehr lebhaft. Man steckte mich in einen Kindergarten, wo ich meine so lange zurückgehaltenen Lebensgeister austoben ließ und alles durcheinander brachte. Nach einigen Tagen schickte man mich wieder nach Hause.

Mein Vater stammte aus Bad Aibling, wo Generationen seiner Vorfahren eine Gärtnerei besaßen. Er war bei der Stadt München als Gartenbaumeister tätig und starb mit 42 Jahren mitten im Ersten Weltkrieg. Meine Mutter, in der «Au» geboren, also eine echte Münchnerin, konnte meinen um ein Jahr älteren Bruder Hans und mich von der geringen Pension nicht ernähren und mußte uns als Halbwaisen in das Münchner Waisenhaus geben. Dort verbrachte ich vier Jahre und besuchte auch die Schule. Meine Erinnerung an diese Zeit ist geprägt von den endlosen Gebeten der Klosterschwestern und vom Hunger, der unser ständiger Begleiter war. Oft schlichen wir uns heimlich in den Stall und stahlen den Schweinen die gekochten Kartoffeln. Vom Schweinefleisch hatten wir nie etwas zu sehen bekommen; dagegen gab's jeden Abend Graupensuppe, an der ich mich seltsamerweise nie abgegessen habe. Heute noch schmeckt sie mir beim Gedanken an den damaligen Hunger. In der Schule brillierte ich keineswegs. Erst in der letzten Klasse begann mich der Unterricht zu interessieren, besonders was Natur- und Erdkunde betraf, und meine Leistungen verbesserten sich zusehends.

1918, noch im Ersten Weltkrieg, hatten wir das Glück, zur Erholung während der großen Schulferien in die Schweiz verschickt zu werden. Wir waren 40 Kinder, betreut von zwei Klosterschwestern, die uns in der Umgebung von Stans spazierenführten. Händchen in Händchen, wie es sich für Waisenkinder geziemt, wandelten wir auf den Wegen am Bürgenstock. Dann klatschte die Schwester in die Hände und sagte: «Nun Kinderlein, jetzt dürft ihr frei herumspringen.» Sofort sausten wir eine steile, von Felsstufen unterbrochene Steinrinne hinauf und ließen, ungeachtet der Nachkommenden, lose Steine herunterpoltern. Es dauerte nicht lange, bis ein Mordsgeschrei anhob: Einer war von einem Stein getroffen und abgestürzt. Keiner durfte sich mehr vom Fleck rühren, bis wir alle von den Einheimischen heruntergeführt waren. Der Getroffene war tot. Mit einer Schwester mußte ich bis zur Bergung bei dem im Gras liegenden Toten bleiben. Das war mein erster Eindruck vom Ernst der Berge. Ich fand das ganz natürlich; es hat mich auch nicht abgehalten, alle meine Gedanken und Wünsche auf das Bergsteigen zu richten.

Im Jahr 1920 war meine Schulzeit beendet, und das Waisenhaus vermittelte mich als Lehrbub in eine Münchner Gärtnerei. Mein Meister war ein ausgesprochener Lehrlingsschinder. Nach einem Jahr Tätigkeit hatte ich noch kaum etwas anderes gemacht als gegrast (gejätet) und noch keinen Tag frei bekommen, denn in einer Gärtnerei mußten die Pflanzen auch am Wochenende gepflegt werden. Als ich mir an einem Sonntag die Freiheit nahm und ungefragt mit meinem Bruder zum Rodeln ging, kam es zum Konflikt. Ich verließ die Gärtnerei im Zorn und fand zum Glück einen anderen Betrieb, in dem ich die Lehre zu Ende führen konnte. Hier fühlte ich mich sehr wohl. Ich wurde nicht mehr ausgenützt, und der neue Meister erklärte mir alle Pflanzennamen, was der vorige nie getan hatte.

Mit Bruder Hans (rechts) beim Fest zur Ersten Kommunion, um 1913

Als ich eines Tages eine seltene Pflanze, die im Vorraum des Gewächshauses stand, vergessen hatte zu gießen und sie vertrocknete, wollte mir der sonst so gutmütige Meister eine runterhauen. Er stand unglücklicherweise neben seinem Holzverschlag, in welchem er die Buchhaltung erledigte. Als er ausholte, duckte ich mich blitzschnell, und er schlug mit dem Unterarm an die Kante und brach sich den Arm. Im gleichen Augenblick sprang ihn sein Hund, ein großer Bärenschnauzer, an und biß ihn in den anderen Arm. Darauf hatte der Meister den einen Arm in Gips, den anderen dick verbunden in der Schlinge. Von seinen Freunden, die ihn des öfteren besuchten, wurde er wegen der Geschichte verlacht. Mir aber geschah gar nichts, und mit meinem schlechten Gewissen hängte ich mich nun doppelt in meine Arbeit rein.

Als Zwanzigjähriger in Lederhosen

Als Bergsteiger wird man nicht geboren. Während meiner Lehrzeit habe ich trotz der körperlich schweren Gartenarbeit Sport aller Art, Turnen, Leichtathletik, Schwimmen und so weiter getrieben. An den Münchner Hausbergen, der Kampenwand, den Ruchenköpfen und dem Plankenstein, unternahm ich damals auch meine ersten Kletterversuche. Mein großer Bruder war mir Vorbild, immer wenn ich sein Können erreicht hatte und ihn zu überflügeln begann, hat er sich einer anderen Sportart zugewandt, und ich habe mich auch umgestellt. Dann verschlug mich das Schicksal nach Stuttgart, wo ich in einer Großgärtnerei eine Stellung erhielt.

Dort erhielt ich von meinem Bruder eine Karte aus dem Gebirge, und meine ganze Sehnsucht flammte aufs neue auf. Mein ganzes Trachten und Sinnen ging dahin, wieder näher ans Gebirge heranzukommen, um auch in die Berge gehen zu können. Ein Zufall verhalf mir zu einem Stipendium zum Besuch der höheren Gartenbauschule Weihenstephan bei Freising. Ich griff sofort zu. Wie ich es fertig brachte, mit 30 Mark im Monat zu studieren, zu leben und auch noch fast jedes Wochenende ins Gebirge zu fahren, ist mir selbst heute noch ein Rätsel.

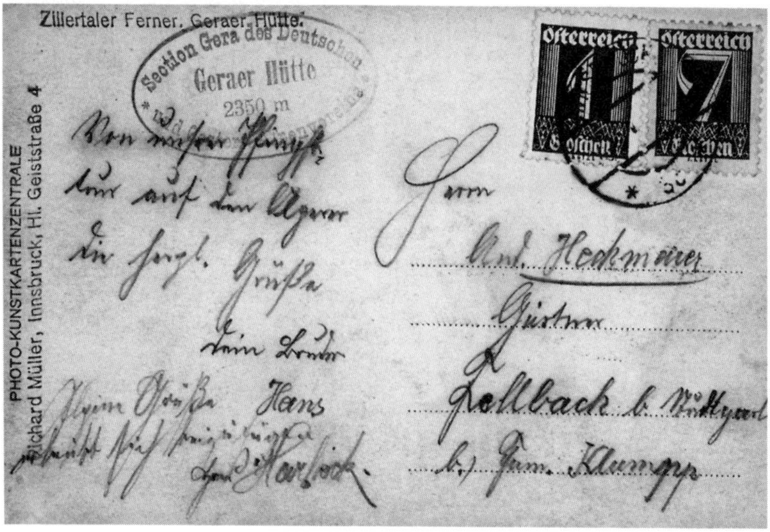

Mit dieser Karte von einer Pfingsttour in den Zillertaler Alpen lockte Hans Heckmair seinen Bruder Anderl aus Stuttgart wieder in die Berge zurück.

Ein Freundeskreis hat sich schnell gefunden. Es war Winter, ein Freund besorgte mir Ski und nahm mich mit auf eine Hütte. Noch nie zuvor hatte ich Ski an den Füßen, und ich kannte diese Bretter nur vom Hörensagen. Zum erstenmal im Leben empfand ich die Atmosphäre einer Hütte, und ich war ganz stolz und glücklich, dabeisein zu dürfen. Bis zur Hütte hatten wir die Ski auf einem vereisten Ziehweg in der Nacht getragen. Lange, häßliche Dinger mit einer komischen Riemenbindung. Am anderen Tag hatten wir sie dann angeschnallt. Irgendwelche Felle fanden sich auch; der Aufstieg auf den Brünstein begann am frühen Morgen. Das Steigen und Spuren war mir eine Lust, die Spitzkehre hatte ich sofort begriffen, so war ich den anderen stets um ein paar hundert Meter voraus. Den Gipfel erreichte ich in bester Verfassung, und die Abfahrt machte mir nicht die geringste Sorge. Ich stellte mir das wie eine Schlittenfahrt vor, nur daß man halt steht. Ich stand aber nicht lange, und schon haute es mich rein. Aha, so geht das! Also brauchte ich mir nur einen Fleck auszusuchen, auf den ich zufahren und mich reinfliegen lassen konnte. Ich fand das prima und bewältigte so die ganze Abfahrt, bis Bayrischzell. Dann aber war ich so fertig, daß ich nicht einmal mehr etwas essen konnte. Den anderen, die den Stemmbogen etwas beherrschten, ging's auch nicht viel besser. Das aber beeinträchtigte die Stimmung nicht, denn kein Mensch konnte zur damaligen Zeit Ski fahren. Es dauerte viele Winter, bis ich endlich, durch immer neue Stilarten hindurch experimentierend, das Skilaufen erlernte. Als ich 1932 meine Berufsskilehrer-Prüfung machte, sagte ein Zuschauer treffend: «So viel schlechte Skifahrer auf einem Haufen hab' ich noch nie gesehen!»

«Noch nie zuvor hatte ich Ski an den Füßen, und ich kannte diese Bretter nur vom Hörensagen.»

Mein Sinnen und Trachten galt den Bergen; das ist die tief in der Seele schlummernde Leidenschaft, die durch nichts zu erklären ist. Sie kann zu den höchsten Höhen führen, aber auch zum tiefsten Verderben.

Während ich die Schulbank drückte, war mein Bruder in meinen Augen zum richtigen Bergsteiger geworden. Da er meine unkontrollierbare Art kannte, dachte er gar nicht daran, mich mitgehen zu lassen. Ich wußte, er wird am nächsten Wochenende mit seinen Freunden nach Garmisch ins Wettersteingebirge fahren und auf die Meilerhütte gehen. In der geheimen

In den zwanziger Jahren beim Abseilen im Wilden Kaiser

Hoffnung, daß er mich vielleicht doch mitnehmen würde, begleitete ich ihn auf die Bahn. Er dachte aber gar nicht daran; traurig schlich ich wieder nach Hause. Es ging aber noch ein Zug nach Garmisch, der zwar erst um 23.30 Uhr dort ankam; aber warum sollte ich nicht einfach nachfahren? Gedacht – getan. Irgendwie stieg ich die ganze Nacht hindurch auf, und in der Morgendämmerung saß ich vor der Hütte auf der Bank. Die ersten, die aus der Hütte traten, waren mein Bruder und sein Freund. «Wie kommst denn du daher?» Verjagen konnten sie mich auch nicht, also nahmen sie mich mit auf den Musterstein.

Bei der nächsten Tour, einige Wochen später, wußten sie schon, daß es keinen Zweck hatte, mich nicht mitzunehmen, und so durfte ich mich auf die Fahrt in den Wilden Kaiser zum Kopftörlgrat anschließen. Brav und bescheiden ging ich hinterdrein beim Aufstieg von Hinterbärenbad zum Törl, und feierlich mit den Worten: «Auf daß du einmal ein großer Bergsteiger wirst!» wurde mir das Seil angelegt. Ich dachte mir, die spinnen halt ein wenig und das wird schon so ein Brauch sein. Staunend und auch ein wenig ängstlich verfolgte ich den Vorausgehenden, der keuchend und laut schnaufend sich in den Rissen und Rinnen emporarbeitete. Als ich an der Reihe war, dachte ich mir nur: «Warum muß man denn da so keuchen und schnaufen», aber das dachte ich mir nur und hütete mich, es zu sagen. Erst auf dem Gipfel erlaubte ich mir die Bemerkung: «War das alles?» Worauf mir mein Bruder Hans, der sich immer schon meine Erziehung anmaßte, eine schallende Ohrfeige gab.

Im gleichen Jahr ergab es sich, daß sich mein Bruder mit seinen Freunden im Wilden Kaiser auf dem Stripsenjochhaus zusammenbestellte. Es regnete jedoch in Strömen, Hans schlug mir vor, an seiner Stelle zu fahren, er zahle mir die Fahrt; so riskierte er nicht, umsonst zu fahren, und hatte trotzdem seine Freunde nicht versetzt. Mir war das recht, und das Wetter war mir völlig gleich. Bis Hinterbärenbad kannte ich den Weg schon. Von dort an wurde es dämmerig und dunkel. Natürlich hatte ich keine Lampe. Nacht und Nebel werden bekanntlich so dunkel wie die sagenhafte ägyptische Finsternis: daß man die Finger nicht vor den Augen sieht. Genauso war es jetzt. Mir blieb nichts anderes übrig, als mich hinzusetzen, um auf den Morgen zu warten. Immer noch regnete es. In der Nässe wurde es mir so kalt, daß ich mich unbedingt bewegen mußte. Sitzend tastete ich mit dem Hintern den Weg empor. Dabei war ich mir gar nicht so sicher, ob das auch der richtige Weg ist. Nach stundenlanger, feuchter Poporutscherei wurde es endlich heller, und ich konnte mich auf den Füßen vorantasten. Als ich die Hütte erreicht hatte, war der Regen in Schnee übergegangen. Ich klopfte zaghaft an der verschlossenen Tür und rechnete gar nicht damit, daß mir geöffnet wurde. Ein halbwegs trockenes Fleckchen hatte ich mir schon zum Niederlassen ausgesucht, als sich die Türangel drehte und ein verschlafenes, aber freundliches Mädchen mich in die warme Stube holte. Sie versorgte mich noch mit trockener Kleidung, und ich legte mich, herrlich geborgen, auf die Ofenbank. Gegen sechs Uhr, als ich aufwachte, kamen die ersten Touristen aus ihren Schlafräumen. Draußen war alles weiß überzuckert und der Himmel strahlend blau. Ich lauerte auf die Freunde meines Bruders, die aber waren anscheinend doch nicht da.

Im Wilden Kaiser, 1929

Am Tisch neben mir saß ein Bergsteiger und sortierte seine Haken und Karabiner. Von diesen Dingern hatte ich schon gehört. Fasziniert und von Hochachtung ergriffen, schaute ich zu. Da richtete er auf einmal die Worte an mich: «Bist auch allein; wenn du willst, können wir zusammen etwas unternehmen.» Bedenkenlos wäre ich in jede Wand mit ihm gegangen. Er schlug die Predigtstuhl-Nordkante vor, und mit Begeisterung war ich dabei. Schon die Rinnen und Kamine, die zum Einstieg führten, waren naß und vereist. Der Einstieg beginnt mit einem Quergang. Andächtig schaute ich zu, wie er sich bemühte, die Traverse zu meistern. Nachdem er ein paarmal abgerutscht war, meinte er: «Heute geht es nicht.» Ich bat ihn, es mich doch einmal versuchen zu lassen. Etwas spöttisch ließ er mich. Ich ging gleich tiefer und nahm die Tritte, auf denen er gestanden hatte, als Griffe, und schwups, war ich in der Rißreihe drüben und kletterte die ganze Seillänge aus. Als er nachgekommen war, sparte er nicht mit anerkennenden Worten und übernahm wieder die Führung bis zur nächsten schwierigen Stelle. Dort durfte ich wieder voraus. So kamen wir bis zum Gipfelaufbau.

Da wir den Normalaufstieg (das Opelband) nicht fanden, stiegen wir direkt an, dann geschah es: Ich war auf einem kleinen, aber ganz guten Stand und sicherte über eine Felsnase, als er an einer Platte, die wohl etwas eisig war, abrutschte und in die Fallinie herüberpendelte. Er hing am Seil und jammerte fürchterlich: «Laß nach, laß nach!» Zentimeterweise, damit mir das Seil ja nicht durchging, ließ ich ihn einige Meter hinab, bis zu einem Band, wo er stehen konnte. Was jetzt? Er hatte ja die Haken, den Hammer und die Karabiner. «Seil dich ab zu mir!» rief er rauf. «Ja, wie denn?» Ich hatte doch keine Ahnung, wie man das macht, außerdem wollte ich hinauf und nicht hinunter.

Nach langem Hin und Her kam er auf die Idee, die Schlosserei ans Seil zu binden, und ich zog sie zu mir herauf. Darauf schlug ich den ersten Haken meines Lebens, aber nicht, ohne mir auch kräftig auf die Finger zu klopfen. Zum Glück war der Kamerad höchstens zehn Meter unter mir, und ich konnte das Seil doppelt verwenden. Ein Ende fixierte ich, dann hantelte er sich herauf, mit dem anderen Ende gab ich ihm Zug. Käsweiß kam er endlich an. An ein Weitergehen war nicht mehr zu denken. Also zurück. Ich mußte ihn regelrecht wie einen Schüler hinunterdirigieren. Es fing an zu dämmern, er wollte um Hilfe rufen. Danach war mir aber gar nicht zumute. Beinahe hätte ich auch noch angefangen mit ihm zu streiten. Jedenfalls kamen wir im Stockfinstern wieder am Fuß der Kante an, und im Hinauftasten zur Hütte hatte ich ja schon Übung. Noch in der Nacht stieg ich allein ab nach Kufstein, um wenigstens den ersten Zug nach München zu erreichen. Am Bahnhof in München erwartete mich ganz aufgeregt mein Bruder. Ich war über seine Sorge ganz gerührt.

Damit hatte mich das Kletterfieber erst richtig gepackt. Es waren Schulferien, die ich, um auch etwas zu verdienen, mit Arbeit in München verbrachte. Jeden Abend nach Feierabend radelte ich das Isartal hinaus zum Klettergarten. Dort turnten einige ausgewachsene «Füchse» wie die Affen umher. So müßte man auch mal klettern können. Ich begnügte mich mit der knapp über dem Boden befindlichen «Fingerspitzeltraverse». Nach einigen Tagen ging es schon besser, und bald war auch ein Anschluß an die etwa Gleichwertigen gefunden, während die Matadore uns Anfänger gar nicht beachteten. Wir aber spitzten ihnen ab, wie man sich anseilt, und vor allem, wie man, das Gleichgewicht verteilend, sauber klettern und abseilen kann.

Zum eigenen Seil hatte ich es noch nicht gebracht, aber ein paar eigene Kletterschuhe waren mein ganzer Stolz.

Man fühlt sich zu demjenigen hingezogen, dem es nicht besser und nicht schlechter geht. So befreundete ich mich mit einem Kameraden, der nichts hatte, auch kein Seil. Dessen ungeachtet, vereinbarten wir die Besteigung der Lamsenspitz-Ostwand im Karwendel.

Trotz meines zweifelhaften Erfolgs an der Predigtstuhl-Nordkante war mein Selbstbewußtsein mächtig angeschwollen. Ich fühlte mich schon ganz als Führender, wenn auch noch ohne Seil. An Felsstufen, an denen der Kamerad Schwierigkeiten hatte, ließ ich ihm meine Kletterbluse hinab, und er zog sich daran hoch. Das erschien uns das Natürlichste der Welt. Tief befriedigt über die gelungene Tour, radelten wir wieder nach Hause.

In der Fleischbank-Ostwand, 1927

Acht Tage später stürzte der Freund in der Watzmann-Ostwand, die er mit anderen versuchte, tödlich ab. Das ist Bergsteigerschicksal; es hätte nur nicht so schnell zu kommen brauchen. Wieder eine Woche später stürzte ein anderer Klettergarten-Kamerad im Karwendel ab. Da dämmerte mir, daß das klettertechnische Können nicht das einzige ist, was man als Bergsteiger braucht. Trotzdem hielt mich nichts mehr zurück, nun auch einmal eine der namhaften Wände zu erklettern. Wieder war es ein Klettergarten-Kamerad, der Sohn eines Zahnarztes, der ein Seil besaß, mit dem ich nun die Fleischbank-Ostwand im Wilden Kaiser anging.

Mein Bruder hatte eingesehen, daß er mit dem Tempo meiner alpinen Entwicklung nicht Schritt halten konnte – er war immer schon der Vernünftigere –, wollte aber irgendwie in der Nähe sein und ging mit Hans Ertl in die Predigtstuhl-Westwand, gegenüber der Fleischbank-Ostwand. Rasch kamen wir höher. Die Tricks mit dem Seilzug-Quergang und das Begehen schwieriger Wandstellen hatten wir im Klettergarten gelernt und geübt. Ich wollte nun wirklich äußerst schwere Stellen kennenlernen, aber auch die, die als solche bezeichnet waren, fand ich nicht schwerer als Stellen, die ich schon gemacht hatte, und sie schienen mir noch lange nicht als «äußerst». Das Spiel mit dem Gleichgewicht, das das herrliche Gefühl von Freiheit gibt, war mir wohl angeboren. Ich war nie unbescheiden und gab mich gern mit kleinen Griffen zufrieden. Aber der Tod der beiden Gefährten war eine heilsame und

Sprung vom Friedrichsturm im Wilden Kaiser

schmerzhafte Lehre. Auch wenn man einen sechsten Sinn hat, muß man ihn üben, entwickeln, schärfen. Die frühen stürmischen Jahre sind die gefährlichsten. Sie waren es damals in ungleich höherem Maße als heute.

Hinüber und herüber, von einer Wand zur anderen, ertönten unsere aufmunternden Zurufe; da, plötzlich ein seltsamer Krach, und die andere Partie war auf einmal sehr still. Erst als wir auf der «Strips» nach der gelungenen Tour beisammen saßen, erfuhren wir, daß ein Alleingänger, der uns nachstieg, zu Tode gestürzt war. Hans Ertl und mein Bruder, die den Absturz direkt beobachtet hatten, stand der Schreck noch in den Gesichtern geschrieben.

Mein Gefährte von der Fleischbank-Ostwand ist im selben Jahr noch an den Vajolet-Türmen abgestürzt, darum verband ich mich mit Hans Ertl, mit dem ich noch einige schöne Touren im Wilden Kaiser, Karwendel und Wetterstein machte. Eine dieser Touren ist mir in der Erinnerung geblieben, weil es meine unfreiwillige erste Erstbegehung wurde. Hans Ertl hatte die Idee, die Ostwand des Oberreintalturms zu machen. Wir fanden aber nicht einmal den Einstieg, und meine Meinung war: «Wenn wir da gerade durchsteigen, kommen wir auch zum Gipfel.» Gesagt, getan. Hans Ertl war nicht besonders erbaut davon, aber als ihm kurz unter dem Gipfel ein von mir ausgelöster Stein auf den Kopf fiel und er blutüberströmt den Gipfel erreichte, war der Stolz über diese Erstbegehung kaum noch zu bändigen. Mir war das nicht recht begreiflich, denn ich genierte mich, zugeben zu müssen, daß wir die eigentliche Route einfach nicht gefunden hatten. Ganz mulmig wurde es mir aber erst, als beim Versuch der zweiten Begehung ein sehr sympathischer, guter Geher, der zu unserem Freundeskreis gehörte, Franz Singer, infolge unserer unzulänglichen Beschreibung tödlich abstürzte.

Dieses ereignisvolle Jahr 1928 endete damit, daß wir Gnade fanden bei den großen Bergsteigern, die wir schon im Klettergarten so bewunderten, und aufgenommen wurden in den extremen Bergsteiger-Klub «Hochempor». Aufgenommen wurde nur einer, der eine Anzahl schwerer Touren gemacht hatte und schafkopfen konnte, denn bei der wöchentlichen Zusammenkunft berichtete jeder über seine Tour vom letzten Wochenende, und dann wurde Karten geklopft. Wer das noch nicht konnte, gehörte nicht dazu. Das war nicht nur eine große Ehre, sondern auch ein großer Vorteil für uns. Hatte doch dieser Klub zwei Hütten für seine etwa 30 Mitglieder, die Bockhütte im Wetterstein und eine Skihütte auf dem Spitzing. Besonders letztere

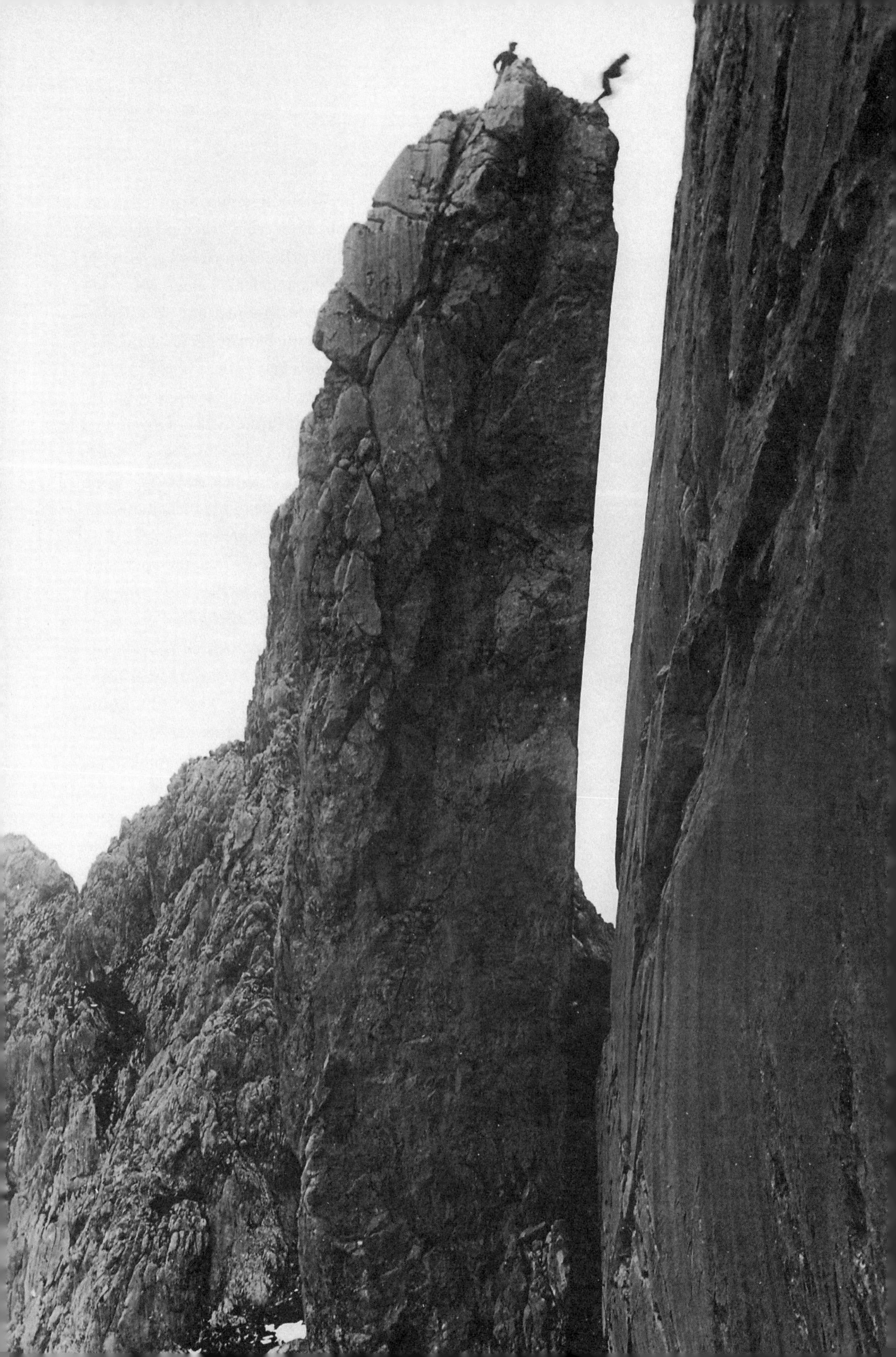

Anderl Heckmair (stehend) mit Kameraden beim Elmauer Tor im Wilden Kaiser, dreißiger Jahre

war jetzt interessant, denn ich wollte unbedingt mein kümmerliches skifahrerisches Können aufbessern. Die Klubkameraden waren aber alle schon Skikanonen und Rennläufer, die für mich Anfänger nicht viel Verständnis hatten.

Auf Neujahr war ein traditionelles Skispringen in Bayrischzell. Leo Rittler, der gemeldet war, brach sich beim Training einen Tag zuvor den Fuß. «Dann hupfst halt du statt ihm.» Mein Einwand: «Ich kann ja noch gar nicht Ski fahren» hatte nichts zu bedeuten. Leos Sprungski wurden mir verpaßt, und von Neuhaus nach Bayrischzell hängten wir uns hinter ein Auto und kamen gerade noch recht zum Beginn des Springens. Mir wackelten die Knie noch vom Skijöring, und beim Anblick der Schanze bekam ich das innere Zittern. Plötzlich kam ich dran, wenigstens meine Nummer, ich sprang ja für Leo; wenn's mich recht reinhaut, ist er blamiert, nicht ich. Das tröstete mich und gab mir Zuversicht. Nach dem Absprung tat sich eine furchtbare Tiefe vor mir auf, im nächsten Moment krachte ich auf die steile Aufsprungbahn. Beifall rauschte auf, doch niemand hat sich so gewundert wie ich: daß ich diesen Sprung gestanden hatte. Schon ganz «Star» stieg ich wieder hinauf zum Turm. Diesmal hat's mich reingehaut; das war normal. Gestandene Sprünge gab es nur sehr wenige. Ich dachte mir, das sei Künstlerpech, das nächstemal würde ich es euch schon zeigen. Das nächstemal haute es mich jedoch so furchtbar rein, daß die Ski in Fetzen um mich flogen und mich die Sanitäter abtransportieren mußten. Das dankbare Publikum veranstaltete eine Sammlung für mich, die so viel einbrachte, daß ich dem Leo seine alten Ski ersetzen und mir neue Sprungski kaufen konnte.

Im Frühjahr war der Beinbruch ausgeheilt; ich konnte nicht nur schon wieder laufen, auch die neuen Sprungski wollte ich unbedingt noch einweihen. Auf der Hochalm bei Garmisch gab's noch Schnee. Auf einer Naturschanze hopsten wir den ganzen Tag hinunter und sausten wieder hinauf. Zwar konnte ich nur geradeaus fahren, doch mehr braucht man ja zum Springen nicht. Die anderen, die Bögen übten, belächelte ich nur mitleidig. Ich fühlte mich haushoch überlegen, bis es mich wieder reinsteckte und ich abtransportiert werden mußte. Der Arzt hat ein dummes Gesicht gemacht, als man mich in München in dieselbe Klinik einlieferte, aus der ich als geheilt vor ein paar Wochen entlassen wurde. Ich tröstete ihn, daß es diesmal wieder etwas anderes war, nur das Knie – der geheilte Knochen vom letztenmal war noch ganz. Diesmal hatte es den Meniskus erwischt. Bis ich entlassen werden konnte, war auch das Frühjahr vorbei, und bis zum Sommer hatte ich mein Studium beendet. Das Zeugnis fiel besser aus, als ich es mir hätte träumen lassen. Darauf bekam ich auch eine Stelle in der Münchner Stadtgärtnerei. Dort ahnten sie aber nicht, was sie sich mit mir antaten. Am Sonntag machte ich eine schwere Klettertour, und oft mußte ich auch noch bei einer Bergung helfen. Am Montag und Dienstag war ich müde, am Mittwoch mußte ich auf die Beerdigung, da konnte man schlecht etwas dagegen sagen, und am Freitag bis Samstag mittags sparte ich meine Kräfte für die Tour am Sonntag. So ging es wochen- und monatelang, den ganzen Sommer hindurch. Kein Wunder, daß ich kein gutes Ansehen bei meinen Vorgesetzten genoß. Viel wichtiger waren mir meine Erfolge in den Bergen. Bevor ich mich auf Erstbegehungen konzentrierte, wollte ich unbedingt alle erreichbaren klassischen Wände durchsteigen, denn damals schon war mein Standpunkt: Ich gehe zu meinem Vergnügen und für mich in die Berge und nicht um andere zu beeindrucken.

Leo Rittler 1929 im Wilden Kaiser

Dieser Sommer 1929 bescherte mir die schönsten Bergerlebnisse. Der Reihe nach durchstieg ich mit wechselnden Gefährten all die Wände, die im Wilden Kaiser, Wetterstein und Karwendel zu den damals schwierigsten gehörten. Heutzutage sind diese Wände vielleicht nichts Besonderes mehr, aber damals waren sie kaum ein dutzendmal erstiegen. Nur wenige Bergsteiger beschäftigten sich überhaupt mit diesem Gedanken, und die, die das taten, wurden entweder in den Himmel gehoben oder zur Hölle verdammt. Uns kümmerte das wenig, wir trugen unsere eigenen Kämpfe aus. So hatte die Fleischbank-Südostwand, die nur wenige Jahre vorher von Wiessner und Rossi erstiegen worden war, nur ganz wenige Begehungen. Ein Wochenende vor uns hatten sie Leo Rittler und Peter Aschenbrenner durchstiegen. Unter der Woche blitzte eine Partie ab, und sie verkündete die Mär, die Kerle hätten sämtliche Haken entfernt. Ja und? Die ersten hatten ja auch keine Haken. Wir gingen trotzdem. Ich war mit Wiggerl Gramminger, von dem noch öfters die Rede sein wird, verbunden. Wir durchstiegen die Wand, fanden noch genügend Haken und entfernten, soweit uns das gelang, auch diese noch.

Das nächste Wochenende sah uns in der Laliderer Wand im Karwendelgebirge. Schon einmal, als ich als Bub noch ganz allein einen Streifzug durch das Karwendel machte, war ich unter dieser düsteren Nordwand entlanggegangen. Ich war zum Karwendelhaus marschiert, hatte dort im obersten Schlafraum ein Lager gehabt und den frühen Morgen verschlafen, weil die Fensterläden zu waren. Zornig und deshalb um so schneller bin ich zur Birkkarspitze hinauf und über den Westgrat zur Kaltwasserkarspitze hinüber und dann eine ganz steile Rinne, die zum Kamin wurde, hinunter und wieder aufwärts zum Hallerangerhaus – genau weiß ich den ganzen Weg nicht mehr. Aber auf einem schmalen Band war ich um ein Eck herum plötzlich einem ausgewachsenen Gamsbock gegenübergestanden. Ich weiß nicht, wer mehr erschrocken war. Als der Bock auf die Hinterläufe ging, dachte ich, er wollte angreifen, aber anders hätte er nicht drehen können. Krachend war er davongestürmt. Am Abend war ich auf der Falkenhütte gestanden. Nie mehr hat mich eine Wand so tief beeindruckt wie diese unglaubliche Mauer. So merkwürdig es klingt, auch nicht die Grandes Jorasses oder die Eigerwand. Der ehrfürchtige Eindruck der Jugend bleibt am tiefsten haften.

Aber jetzt standen wir am Einstieg, wohl gerüstet, denn wir hatten uns bei Dr. Wilo Welzenbach die Beschreibung geholt. Mit mahnenden Worten hat er uns alle Tücken erklärt. Wiggerl Gramminger war zweifellos der erfahrenere Bergsteiger. In seiner selbstlosen Art ließ er mir den Vortritt, denn das Führen macht doch das größere Vergnügen. Trotzdem empfand ich mich als der Geführte, denn er dirigierte mich von Meter zu Meter, und am frühen

Nachmittag waren wir durch die Wand durch. Beim Abstieg durch die Spindler-Schlucht erwischte uns ein Unwetter, und um nicht vom Steinschlag erschlagen zu werden, mußten wir wieder nach oben heraus.

Nun begann ein zwölfstündiger Marsch ins Roßloch nach Scharnitz hinaus, über das Karwendelhaus zur Falkenhütte, die wir bei Morgengrauen erreichten. Nach einer kleinen Stärkung ging's hinunter in die Eng, wo wir unsere Fahrräder hatten, und dann sind wir zurück nach München gestrampelt. In Grünwald fiel uns ein, noch ein bißchen im Klettergarten uns zu vergnügen, die Arbeit am Montag hatten wir sowieso schon versäumt. Dort trafen uns Kameraden, die uns aufgeregt berichteten: «Die Bergwacht (der auch wir angehörten) ist dabei, eine Suchaktion nach euch zu starten.» Einem fiel es ein, von der nächsten Wirtschaft aus anzurufen, daß sie uns im Klettergarten gefunden haben. Statt Anerkennung ernteten wir eine ganz schöne Abreibung.

Wir begingen halt den Fehler, den oft Anfänger in jedem Lebensalter machen, weil sie sich einfach nicht vorstellen können, daß sich andere um sie sorgen. Das war aber nicht der einzige Unmut, den wir auf unser schuldvolles Haupt geladen hatten: An diesem gleichen Wochenende waren wieder welche in die Fleischbank-Südostwand eingestiegen und fanden nur noch ganz wenige Haken, die zum Teil auch noch umgeschlagen waren. Sie kamen nicht durch und schoben die Schuld auf uns. Wie Verfemte wurden wir behandelt, wo wir auf Bergsteiger trafen. Mir war das gleichgültig. Ich stellte mich auf den Standpunkt, auf dem ich heute noch stehe, wenn man sich einer Wand gewachsen fühlt, dann darf man nicht erwarten, daß sie von anderen präpariert ist. Wiggerl Gramminger war anderer Ansicht und meinte, wir müssen unser Unrecht wieder gutmachen und gleichzeitig beweisen, daß wir auch ohne vorgeschlagene Haken durchkommen. Also wieder rein in die Wand und die notwendigsten Haken wieder angebracht. Unsere Ehre war wiederhergestellt, wenigstens in unserer Einbildung. Nun war ich anerkannt bei den extremen Bergsteigern.

Was ich nicht begriff, war, warum der Bergsteiger so oft nur nach den Schwierigkeiten seiner Unternehmungen gewertet wird. Es gibt doch viel anderes Schönes in den Bergen zu erleben. Dazu verhalf mir mein Beruf, der mir die Augen und Sinne für Botanik und Geologie öffnete. Auch die rauhesten Burschen unter uns waren offen für all diese Schönheiten. Ich bin überzeugt, es war schon immer so und wird auch immer so sein.

Mungo Herzog,
Anderl Heckmair und
Hans Brehm (v. l.) nach
der Civetta-Tour, 1929

ARBEITSLOS

Für den kommenden Winter habe ich mir fest vorgenommen, das Skilaufen zu erlernen. Vom Springen hatte ich genug, ich wollte überhaupt viel lieber Touren unternehmen, denn das Aufsteigen, das Spuren und Abfahren im tiefen Schnee – wenn auch nur geradeaus – machte mir höllischen Spaß.

Zufällig fand jedoch ein Langlauf statt, und die guten Freunde, die meine Ausdauer kannten, wollten unbedingt, daß ich da mitmache. Da kann mir ja nicht so viel passieren wie beim Springen. Ein bißchen reizte es mich auch, da Start und Ziel in Bayrischzell waren, wo sich mein Bruder als Goldschmied und Fotograf niedergelassen hatte. Er besaß Langlaufski, verpaßte sie mir und gab mir kurz vor dem Start auf einer Wiese schnell noch Unterricht, wie man mit diesen Brettern umgeht. Mit der Mahnung, mich am Anfang ja nicht zu verausgaben, band er mir die Nummer um und auf «drei, zwei, eins, los!» ging's los. Eingedenk der Mahnung bin ich nicht gelaufen, nur gegangen und wurde natürlich dauernd überholt. Ich dachte mir: «Wartet nur, wenn ich jetzt dann lauf', schnappe ich euch alle wieder!» Nach zehn Kilometern – es war ein 18-Kilometer-Lauf der Münchner Meisterschaft – wollte ich zu laufen anfangen, aber ich war schon zu müde, und ich bin den Rest der Strecke auch noch durchmarschiert. Auf der Liste war ich dann der Letzte und schämte mich fürchterlich.

Nicht lange danach war die Bayerische Meisterschaft im Langlauf, auch wieder in Bayrischzell. Diesmal drängte ich mich dazu, denn ich wollte meine Scharte vor mir selbst auswetzen und nahm mir vor, vom ersten Schritt weg zu laufen, bis ich umfalle. Das tat ich denn auch, und ich fiel nicht einmal um und hab' sogar sehr namhafte Läufer überholt. Ins Ziel hinein erwischte ich noch einen, der um zehn Nummern vor mir gestartet war. Das war wohl ein Guter, denn er sah mich ganz verblüfft an, gab mir die Hand und gratulierte mir. Wie ich viel später erfuhr, war dies Wiggerl Vörg, der in meinem Leben noch eine so große Rolle spielen sollte. Mit mir selbst zufrieden, war es mir ganz egal, welchen Platz ich errungen hatte. Bei der Plazierung kam jedoch heraus, daß Vörg, den ich doch eingeholt hatte, Minuten vor mir in der Liste lag. Wiggerl ließ das nicht auf sich beruhen und legte Protest ein, worauf er hochkant hinausgefeuert wurde. Ein Schiedsgericht irrt nie! Wenn das so ist, dann steigt ihr mir mit euren Wettläufen auf den Hut, ich gehe sowieso lieber auf Touren. Den Gerechtigkeitsfanatiker Vörg hab' ich aber nicht mehr vergessen.

Ich wollte wirklich keinen Wettlauf mehr mitmachen; zwar hatte sich mein skiläuferisches Können schon etwas gebessert, aber ich wußte genau, wie wenig ich konnte. Vielleicht wußten es die anderen nicht, denn sie forderten mich auf, einen kombinierten Staffellauf mitzumachen. Für die erste Strecke von der Rotwand bis zum Spitzingsee sei ich der für sie geeignete Mann. Ich glaubte es zwar nicht, aber ich konnte doch die Kameraden nicht im Stich lassen. Also stapfte ich hinauf zum Rotwandhaus an den Start.

Schneetreiben herrschte, kalt war's, eine Menge guter Läufer wartete auf ihr Zeichen. Ich kannte diese Abfahrt, sie lag mir im Magen, und ich sollte sie auch noch im Rennen fahren. So etwas schlägt sich auf die Eingeweide, ich spürte, kurz vor meiner Zeit, ein gewaltig menschliches Rühren. Das «00-Örtchen» war über einer Grube. Kaum saß ich auf der Öffnung, als es eine Explosion gab (wahrscheinlich durch die Gase unter der gefrorenen Kruste) und mich mitsamt dem stinkenden Dreck vom Sitz schleuderte. Einer wollte in das «Örtchen» nebendran, er hatte gerade die Tür geöffnet, als ihm die Exkremente ins Gesicht flogen. Mich hatte es wenigstens nur am Hinterteil erwischt. Nachdem der Schreck überstanden war, ertönte ein gewaltiges Gelächter, das brachte mich vollends in Wut. Ich streifte die Unterhose runter, wischte mich damit ab, warf sie weg und zog mich so gut es ging wieder an. Kaum war ich draußen, als auch schon meine Nummer gerufen wurde. Ich war froh, konnte ich doch dem schadenfrohen Gelächter und Grinsen entgehen. Außerdem lief ich vor meinem eigenen Gestank davon, überholte beim Aufstieg zum Sattel zwei Mann, die ich sonst nie erwischt hätte. In die Abfahrt stürzte ich mich nur so rein, alle Hänge erschienen mir flach, und fürs Tempo hatte ich überhaupt kein Gefühl. Es kam, wie es kommen mußte. Kurz vor dem Stafettenwechsel, wo die Männer der zweiten Stafette warteten, ragte ein kaum sichtbarer Stein aus dem Schnee, und genau auf den haute es mich drauf. Im Krankenhaus bekam ich als erstes ein Bad, deshalb war ich dem Steißbeinbruch, den ich hatte, direkt dankbar.

«Ich wollte wirklich keinen Wettlauf mehr mitmachen; zwar hatte sich mein skiläuferisches Können schon etwas gebessert, aber ich wußte genau, wie wenig ich konnte.»

Jetzt war's mit meinen Rennfahrergelüsten endgültig aus. Daß man an meiner Arbeitsstelle in der Stadtgärtnerei von meinen Ambitionen nicht begeistert war, verstand ich vollkommen, und ich wunderte mich gar nicht, als ich bei der beginnenden Arbeitslosigkeit meine Kündigung ins Krankenhaus bekam. Solange ich krank war, konnte ich aber nicht entlassen werden. Ich

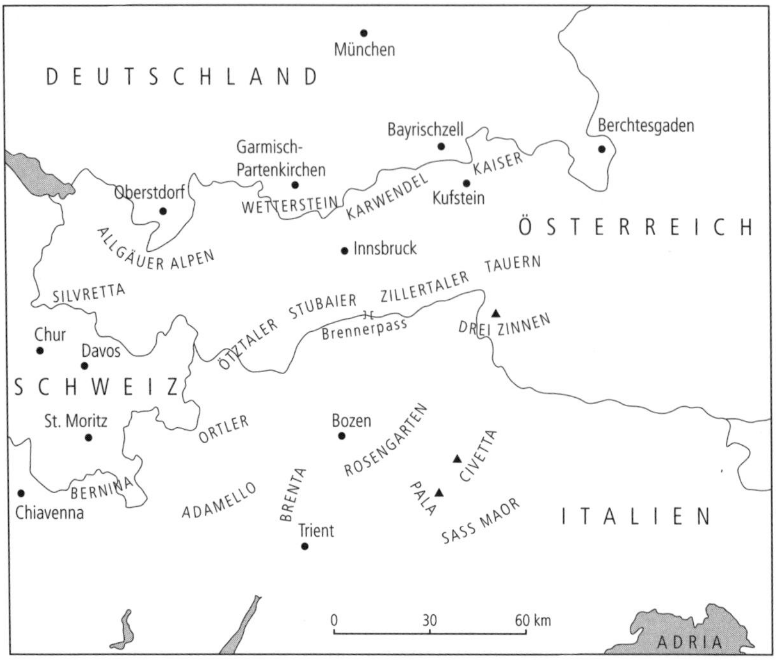

Mit dem «Gig» unterwegs in die Dolomiten, 1929

bekam meinen Lohn weiter, erhielt Krankengeld und von einer Versicherung auch noch etwas. Als ich entlassen wurde, hatte ich 1000 Mark. So reich war ich noch nie. Solange das Geld reicht, gehe ich erst einmal ins Gebirge. Freunde, die mithielten, waren schnell gefunden. Hans Brehm ließ sich nicht lange bitten, und Hans Ertl versprach, mit noch einem Kameraden nachzukommen. Der Sinn stand uns nach den Dolomiten. In der Sektion Bayerland des DAV hörten wir einen berühmten Bergsteiger, Walter Stößer, über die vierte Begehung der Civetta-Nordwestwand sprechen. Dabei erwähnte er: «Die Besteigungen dürften gezählt sein, denn die Einstiegs-Hangeltraverse bröckelt ab, dann ist die Wand nicht mehr zu erreichen.» Das glaubten wir tatsächlich (er wahrscheinlich auch), und uns drängte es sehr plötzlich, zur Civetta zu kommen.

Es kam gar nichts anderes in Frage als das Fahrrad, und zur Gepäckbeförderung konstruierten wir uns einen «Gig». Das ist ein Wägelchen, das wir hinten ans Fahrrad anhängten und mit unseren umfangreichen Rucksäcken beluden. Bis zum Brenner ging es ganz gut, doch vom Brenner bis Bozen war die Straße immer wieder aufgerissen und im Neubau. Da machte der Anhänger nicht mehr mit. Wir mußten ihn, zusätzlich zu den Rucksäcken, auch noch tragen. Tagelanges Schieben über den Karerpaß und übers Pordoi-Joch machte uns auch nichts aus. Autoverkehr gab es kaum, Alleghe erreichten wir nach einigen Tagen. Im See nahmen wir erst einmal ein erfrischendes Bad, ehe wir den Aufstieg zur Coldaihütte begannen. Auf den «Gig» wurden die Rucksäcke geschnallt, aber weit kamen wir nicht, und wir hatten wieder die Rucksäcke auf der Schulter und den verdammten «Gig» dazu. Unter der Hütte an einem Sattel überraschte uns auch noch ein Wetter. Schnell stellten wir das Zelt auf, und schon waren wir geborgen.

Beim Hühnchenbraten auf der Dolomiten-Tour 1929: Hans Brehm, Anderl Heckmair, Hans Ertl (v. l.)

Es war noch sehr früh im Jahr und die Wand noch voll Eis und Schnee. Das hat uns nicht gehindert, schon am nächsten Tag einzusteigen. Der Einstiegsquergang war tatsächlich erdig-brüchig, aber nur halb so schlimm, als wir ihn uns nach der Schilderung vorstellten. Man darf also auch den großen Alpinisten nicht alles glauben. Die Wand hatte es tatsächlich in sich, doch wir kamen zügig vorwärts bis zu einem Quergang. Als ich ihn bewältigt hatte, war es zehn Uhr vormittags. Hans Brehm stürzte schon gleich nach den ersten Metern des Quergangs und pendelte mindestens zehn Meter bis unter meinen Stand. Alles Ziehen und Zerren half nichts, ich brachte ihn nicht herauf und mußte ihn ein paar Meter hinablassen, daß er wenigstens stehen konnte. Es blieb mir nichts anderes übrig, als mich auch abzuseilen.

Nun saßen wir mit hängenden Köpfen da und dachten schon ans Aufgeben. «Probieren wir's halt nochmal.» Jetzt spannte ich von Anfang an ein Quergangseil ein, und endlich hatten wir es geschafft. Um zwei Uhr nachmittags standen wir nun auf demselben Platz, den ich um zehn Uhr schon erreicht hatte – und das in dieser größten und schwierigsten Wand, die wir bis dahin gemacht hatten! Wir hatten nicht einmal einen Biwaksack dabei. Da half nur Tempo, das wir auch durchhielten bis zum Gipfel, den wir abends acht Uhr erreichten. Es wäre noch hell genug gewesen zum Abstieg, wenn wir ihn gefunden hätten. Vom Grat weg bildete sich eine dichte Nebelwolke. Es blieb uns nichts anderes übrig, als uns hinter einen Stein zu setzen und auf besseres Wetter zu warten. Dabei hatten wir nach den überstandenen Strapazen in der Wand eine so frohe Stimmung, daß uns weder Nässe noch Kälte etwas ausmachten. In der Nacht lichtete sich der Nebel, es fing zu regnen an. Zur Morgendämmerung schüttete es in Strömen, aber wir konnten sehen und fanden den Abstieg ins Kar. Dort trafen wir auf einen Pfad und fingen an zu streiten, ob wir links oder rechts gehen sollten. Ich setzte mich durch, war mir aber meiner Sache gar nicht so sicher. Stundenlang ging es auf und ab von einem Kar ins andere. Dichter Nebel umfing uns wieder, als sich der Pfad in einer Wiese verlor. «Jetzt hast' den Dreck!» meuterte Hans Brehm. Plötzlich hörten wir etwas. Wir standen keine 20 Meter vor der Coldaihütte!

Bei einem Viertel Wein und einem Teller Pasta asciutta feierten wir unseren Erfolg und stiegen ab zu unserem Zelt, wo uns Hans Ertl und Mungo, der Bruder des berühmten «Rambo» (Otto Herzog), die nachgekommen waren, erwarteten.

Rechte Seite: Anderl Heckmair während der Zweitbegehung der Sass-Maor-Ostwand, 1929

«Wenn ich nicht gerade aktiv war, neigte ich mehr zur faulen Seite und war nicht zu bewegen, in den nächsten acht Tagen das herrliche Platzerl zu verlassen.»

Jeder Bergsteiger lebt nach seinem Stil. Wenn ich nicht gerade aktiv war, neigte ich mehr zur faulen Seite und war nicht zu bewegen, in den nächsten acht Tagen das herrliche Platzerl zu verlassen. Hans Ertl, der ein vorzüglicher Koch war, verwöhnte uns und päppelte uns hoch, bis wir wieder Auftrieb bekamen.

Die nächste Tour war die Sass-Maor-Ostwand, die Solleder und Kummer 1926 bestiegen hatten und die immer noch auf die zweite Begehung wartete. Wir kamen uns schon vor wie die Herren der Berge, aber beim Anblick dieser 1100 Meter hohen, gelben Wand gingen wir doch in die Knie. Sie erfüllte auch unsere Erwartungen und Befürchtungen, da wir alles frei gingen; wir kannten weder Seilleitern noch sonstige Hilfen.

Wohl aber gingen wir bereits mit Doppelseil. Die Idee, zwei Seile zu verwenden, kam uns aus einem ganz einfachen Grund. Damals gab es nur die 12 und 13 Millimeter starken Hanfseile. Da wir für unsere Touren schon 40-Meter-Seile brauchten, waren diese einfach zu schwer. Als ich auch noch erlebte, daß bei einer anderen Partie beim Sturz des Vorausgehenden das Seil riß – es war wahrscheinlich ein alter Strick –, beschlossen wir, zwei dünnere, leichtere Seile zu verwenden, von denen jeder eines zu tragen hatte. Daß dies zur Weiterentwicklung der Klettertechnik beitrug, kam uns bei der ersten Verwendung gar nicht in den Sinn. Wir dachten nur, wenn bei einem Sturz ein Seil reißt, dann wird das andere schon halten. Bei der Bewältigung eines Überhangs kamen wir

Beim Schachspiel mit Bruder Hans (rechts), 1947

sehr schnell dahinter, daß es so viel leichter ging, wenn man nur ein Seil in den Karabiner klinkte, dieses straffzog, um sich hinauslegen zu können, weiter außen dadurch wieder einen Haken anbringen konnte und das lockere Seil mit dem Karabiner einhängte und nun dieses straffzog und das andere wieder locker ließ. Mit dieser Methode konnten wir schon ganz ansehnliche Überhänge überwinden.

Über die Ersteigung der Ostwand des Sass Maor habe ich übrigens meinen ersten Artikel geschrieben und ihn an eine alpine Zeitschrift geschickt, die ihn sogar druckte. Als schließlich sogar ein Honorar kam, war ich zuerst verblüfft, und dann habe ich gesagt: Für eine so große Tour ein so kleines Geld. Schama tat i mi.

Geradezu als «Nachspeise» dünkte uns nach dem Sass Maor die Schleierkante, die wir am Tag darauf machten; sie wurde auch für die Zukunft meine Lieblingstour.

Der Faulheit frönend, verzichtete ich auf weitere Touren und strebte wieder heimwärts, wobei ich die Strecke Bozen–Bayrischzell mit dem Fahrrad, aber ohne «Gig» trotz der damals schlechten Straßen in einem Tag schaffte.

Meinem Bruder wollte ich etwas mitbringen und hatte italienischen Käse, Wurst, Brot, Obst und Schokolade im Rucksack. Nachts um elf Uhr, drei Kilometer vor Bayrischzell, überfiel mich der Heißhunger, und auf einem Holzstoß sitzend, habe ich alles aufgegessen. Ich konnte mich einfach nicht bremsen. Mit schlechtem Gewissen, weil mit leeren Händen, erreichte ich gleich darauf das Haus, in dem mein Bruder wohnte. Er war aber nicht da. Viele Wirtschaften gab es ja nicht, bald hatte ich ihn gefunden, er wurde gerade als Sieger eines Schachturniers gefeiert. Ich feierte gleich mit, wie wir dann nach Hause gekommen sind, wissen wir beide nicht mehr.

Noch war der Sommer nicht vorüber. Um meinem Bruder auch einmal eine Freude zu machen, ging ich mit ihm in die Totenkirchl-Westwand. Diese Tour wurde für mein weiteres alpines Schicksal ausschlaggebend, denn ich lernte während der Durchsteigung Gustl Kröner aus Traunstein kennen. Er hatte in diesem Sommer schwierige Eisfahrten in den Westalpen gemacht.

Ich konnte gar nicht genug hören von seinen Westalpenfahrten. Er erzählte mir von den Grandes Jorasses, von der Eiger- und der Matterhorn-Nordwand, die er alle schon wenigstens gesehen hatte. Er meinte, wenn wir uns zusammentun, könnten wir eine von diesen Wänden angehen. Ich hielt ihn für verrückt, ich war doch noch nie im Eis. «Das schadet nichts, wer so geht wie du im Fels, der kann auch im Eis gehen.» Außerdem brauchen wir doch nicht gleich in eine dieser Wände einsteigen, nur mal ansehen und dann vielleicht was anderes machen. Das leuchtete mir ein, aber welche wollen wir angehen? Im Montblanc gibt es die meisten Möglichkeiten. Der Name Grandes Jorasses gefiel mir auch am besten. Als wir auseinandergingen, war es eine beschlossene Sache, daß wir im Jahr 1931 die Fahrt in den Montblanc zusammen antreten würden.

Bartl Hütt

Es war noch lange nicht soweit. Erst mußte ich den Winter überstehen. Zwar hatte ich mich inzwischen als Arbeitsloser angemeldet, aber das Unterstützungsgeld reichte kaum zum Leben, noch viel weniger für das Gebirge. Noch einigen von unserem Klub «Hochempor» ging es nicht anders. Wir verzichteten auf die unzulängliche Unterstützung und nisteten uns auf unserer Skihütte am Spitzing ein. Diejenigen, die noch in Arbeit standen, brachten uns an den Wochenenden soviel Proviant mit, daß wir immer wieder recht und schlecht die Woche überstanden.

Mit einem freundete ich mich besonders an. Es war dies Bartl Hütt, mit dem ich schon einige Touren im Wilden Kaiser gemacht hatte. Aber jetzt waren wir schicksalhaft verbunden, und wir merkten, daß wir uns wunderbar ergänzten. Er war ein bärenstarker, schweigsamer Typ. Im Skifahren war er mir auch haushoch überlegen und bemühte sich, mir das Notwendigste zum Tourenfahren beizubringen. Das war genau das, was ich wollte, denn von jeglicher Rennfahrt hatte ich die Nase voll.

Bis zum Frühjahr waren wir zusammen auf der Hütte, da erst rückte er mit einem Plan heraus, nämlich, in die Zentralalpen zu gehen. Meinen Einwand, daß ich dafür noch nicht genügend kann, ließ er nicht gelten. Die Bedenken wegen des Geldes tat er damit ab: «Wenn wir auf Geld warten, kommen wir nie fort!» Das leuchtete mir ein, und bald waren die Vorbereitungen getroffen. Am ersten März 1931 zogen wir los. Mit je zwei Rucksäcken, einer auf dem Rücken, den anderen auf der Brust, vollbeladen mit ergatterten Lebensmitteln, zusammen mit 30 Mark in der Tasche. So verließen wir den Bahnhof Garmisch, um irgendwie ins Ötztal zu gelangen.

«Wir kamen uns schon vor wie die Herren der Berge, aber beim Anblick der 1100 Meter hohen, gelben Sass-Maor-Ostwand gingen wir doch in die Knie.» Anderl Heckmair während der Zweitbegehung der Wand, 1929

Wir wählten nicht die Straße über den Fernpaß, sondern spurten von Lermoos hinauf zur Wolfratshauserhütte und schleppten unsere vier Rucksäcke mit, denn wir hatten die Schnapsidee, von obenher, vom Grubigstein zum Fernpaß abzufahren. Außerdem wollten wir uns nur von Hütte zu Hütte hanteln, denn die Tölzer Richtlinien des Alpenvereins garantierten uns eine Aufnahme im Notlager zu 40 Pfennig, und das war das Äußerste, was wir uns leisten konnten. Irgendwie kamen wir auch zum Fernpaß hinunter, dabei bin ich sogar über ein Felswandl runtergeflogen. Die kostbaren Rucksäcke konnte ich halten, aber ein Skistock war gebrochen. Auf der Straße angelangt, bauten wir uns einen Skischlitten, beluden ihn mit den Rucksäcken und rodelten damit die Straße hinab.

Bartl war schon einmal auf der Walz gewesen und wußte, wie man sich Eingang in ein Kloster verschafft. Mit frommem Augenaufschlag bat er den Bruder Pförtner in dem kleinen Schlößchen unter dem Fernpaß um eine milde Gabe und ein Fleckchen für die Nacht. Beides wurde uns nach einem Gebet für die Armen gewährt. Nur mußten wir im Stroh mit einem frommen Bruder bei den Säuen übernachten.

Am nächsten Tag tippelten wir weiter bis Ötz, hier nahm uns ein Frächter mit nach Zwieselstein, wo der Fahrer entsetzt feststellte, daß er einen Skistock verloren hat. Ich getraute mich auch nicht dagegen zu protestieren, und er besorgte mir, unter vielen Entschuldigungen, ein anderes Paar.

Wochenlang durchstreiften wir die Ötztaler Alpen, uns auf den Hütten nützlich machend, zwischenhinein einige Touristen führend, immer darauf gefaßt, daß es diesmal die letzte Tour ist und wir dann per Schub nach Hause müßten. Wie ein Wunder ging es immer weiter, zeitweilig hatten wir mehr Geld in der Tasche als zu Beginn unserer Fahrt.

Das machte uns mutig, und wir wechselten durch das Gepatschtal hinüber in die Silvretta. Über Compatsch kamen wir auf die Heidelbergerhütte und merkten nicht, daß wir Schweizer Gebiet durchquert hatten. Nun wieder von Hütte zu Hütte, wo wir sofort unsere Lage bekanntgaben und um Beschäftigung baten. Holz machen, Proviant und Post holen, aber auch Decken legen und die Räume ausfegen empfanden wir nicht unter unserer Würde. Die meisten Hüttenwirte wollten uns gar nicht weiterziehen lassen, aber das lag nicht in unserem Sinn. Es gab viele Höhen und Tiefen, nicht nur in den Bergen, die wir durchzogen, auch mit Touristen, Hüttenwirten und Führern.

Schleierhaft ist mir heute noch, wie wir mit unserer mangelhaften Ausrüstung zurechtkamen – und das wochen-, monatelang bei täglich härtester

Beanspruchung. Nicht einmal sind wir wirklich aufgesessen, nur mit den davonfliegenden Stahlkanten führten wir einen ständigen Kampf, den wir damit beendeten, daß wir sie festnagelten und die Nägel auf der Oberseite der Ski umschlugen. Die erreichbaren Gipfel haben wir alle erstiegen. Wenn es Neuschnee hatte, haben wir fast immer die erste Spur hinaufgezogen, und die nachfahrenden Touristen und auch die Führer waren uns oft so dankbar, daß sie uns Essen und Trinken in der Hütte spendierten. Aber auch auf den Übergängen von Hütte zu Hütte schleppten wir Rucksäcke für Touristen. Die Idee, mit zwei eigenen zu gehen, haben wir sehr bald aufgegeben, dafür hatten wir meist einen zweiten Rucksack eines Touristen auf der Brust. Bartl schleppte häufig sogar drei. Ich machte lieber den Weg zweimal.

Wenn wir auf eine neue Hütte kamen, waren wir dort meist von Touristen vorangemeldet und dann auch schon bekannt. Auf der Wiesbadenerhütte empfing uns der Wirt mit den Worten: «Na, kommt ihr endlich, geht in die Küche und laßt euch zu Essen geben und fahrt runter nach Galtür, bleibt dort auf meine Kosten und kommt morgen mit den Sachen, die ich aufgeschrieben habe, wieder herauf.» Wir waren doch ein bißchen erstaunt, daß er so über uns verfügte, aber als wir den Betrieb sahen, es war gerade Ostern, war es klar, daß wir es taten. Unser Schaden war es auch nicht; als wir wieder auf die Hütte kamen und Post für die Gäste mitbrachten, hatten die schon eine riesige Osterplatte für uns gerichtet.

Sechs Wochen waren wir nun schon so unterwegs, saßen gerade auf der Tübingerhütte und hielten wieder einmal Kassensturz. Dabei kamen nur zwei Schillinge zutage. «Was machen wir? Gehen wir heim, oder schleichen wir uns über die Grenze in die Schweiz?» – «Zum Heimfahren reichen die zwei Schillinge auch nicht, gehen wir in die Schweiz!»

In Klosters war schon der Frühling. Probieren wir es erst auf einem Bau, ob wir da was verdienen können. Überall hätten sie uns gerne genommen, aber das war gegen die Bestimmungen. Dann versuchten wir es in einer Gärtnerei. Natürlich hatte ich keine Zeugnisse bei mir. Der Meister war erst mißtrauisch. Als ich ihm aber in einem Frühbeetkasten all die verschiedenen Pflanzen aufsagen konnte und er meiner Versicherung, daß ich auch von der Gartengestaltung etwas verstehe, Glauben schenkte, war er hell begeistert, besorgte uns Quartier – und das andere würde er schon richten. Wir sollen nur mal zu seiner Frau gehen und uns verpflegen lassen. Das ließen wir uns nicht zweimal sagen, hatten wir doch einen achttägigen Kohldampf im Bauch. Es war gegen Abend, die Frau stellte eine riesige Schüssel mit Nudeln

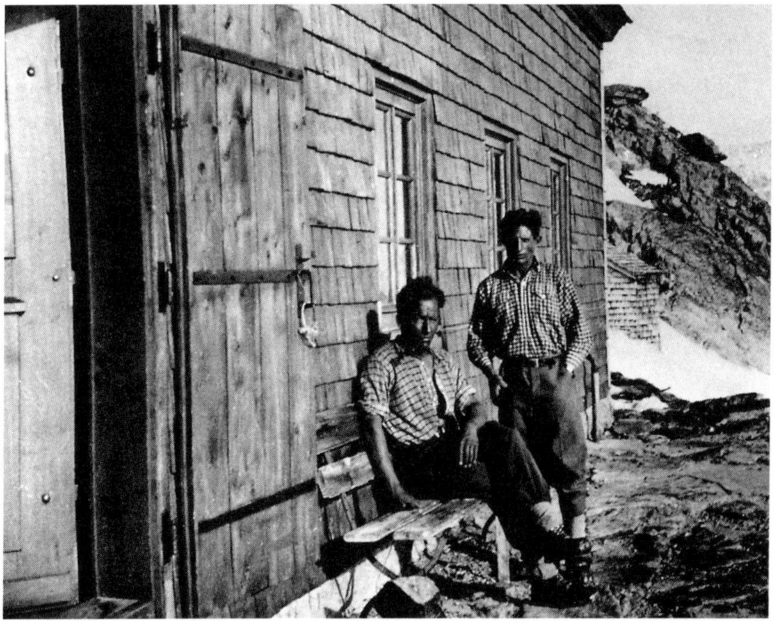

Anderl Heckmair (stehend) und Bartl Hütt vor der Lötschenhütte

und Kompott auf den Tisch und forderte uns auf, ruhig anzufangen, die anderen werden bald kommen. Das war ein Fehler, bei unserem Hunger konnten wir uns nicht beherrschen, und Bartl, der normal schon für zwei aß, hat für vier gegessen und ich für zwei der nichtanwesenden Tischrunde. Im Nu war alles verputzt. Als der Meister mit seinen Gesellen eintraf und nichts mehr vorfand, machte er ein dummes Gesicht, seine Frau war geradezu entsetzt, daß wir in dieser kurzen Zeit alles vertilgt hatten. Ungastlichkeit kann man den Schweizern nicht nachsagen. Als sich die anderen mit Kaffee begnügen mußten, haben wir nochmals kräftig mitgehalten. Nach acht Tagen Tätigkeit erschien der Gendarm und forderte uns auf, das Land zu verlassen. Der Patron gab uns Geld und sagte, wir sollten auf eine Hütte verschwinden. Er wird unsere Arbeitsgenehmigung schon durchsetzen. Besseres hätte uns gar nicht passieren können, und wir stiegen auf zur Parsennhütte, vergnügten uns mit den herrlichen Abfahrten, von deren Berühmtheit wir keine Ahnung hatten, bis der Meister uns wieder herunterholte. Er hatte die Genehmigung tatsächlich erhalten, aber schon nach wenigen Tagen kam der Gendarm wieder und entzog die Genehmigung, weil wir vorher schwarz gearbeitet hatten. Mit Proviant und einem anständigen Taschengeld versehen – der Meister hatte Tränen in den Augen, als er uns ziehen lassen mußte –, sind wir bei Nacht und Nebel aufgebrochen. Wir hätten außer

Landes gesollt, sind aber über die Vereinahütte ins Engadin und rauf in die Berninagruppe.

Auf der Bovalhütte trafen wir zwei berühmte Wiener Bergsteiger, Dobiasch und Vaitl, die am anderen Tag mit ihren Touristen zum Piz Palü hinaufspurten. Wir wollten eigentlich einen Tag ruhen, doch das schöne Wetter und die schöne Spur waren zu verlockend. Wir sind am späten Vormittag noch aufgebrochen und haben die Partie am Gipfel eingeholt. Statt Anerkennung holten wir uns einen Anraunzer, wegen Nachlaufens in der Spur. Wir hatten geglaubt, Berühmtheiten müßten über so etwas erhaben sein. Am nächsten Tag sind wir um drei Uhr aufgestanden und haben die Spur auf die Bernina gelegt. Diesmal waren es die Herren Vaitl und Dobiasch, die nachkamen; sie sparten dann aber nicht mit anerkennenden Worten über unsere Spur. Vaitl bekam große Augen, als er meinen Anorak mit Kapuze sah. Damals war so ein Bekleidungsstück noch völlig unbekannt. «Wo hast du denn den her?» Ich erzählte ihm, daß ich ihn am Einstieg der Civetta gefunden habe. «Dann ist es ja der meinige, ich habe ihn aus Lappland mitgebracht und unter der Civetta liegenlassen.» Solche Zufälle gibt es, die Freundschaft war geschlossen, und wir hatten keine Sorgen mehr wegen Verpflegung und Übernachtungsgebühren.

Als wir auch noch die Umgebung der Coazhütte abgegrast hatten, wobei eine Abfahrt im Firn bei untergehender Sonne von der Fuorcla da la Sella zu den schönsten Erinnerungen meines Lebens gehört, dachten wir allmählich an die Heimreise; war es doch inzwischen Ende Mai geworden.

Die Ski und alles, was wir entbehren konnten, schickten wir von St. Moritz aus nach Hause. Wir selbst machten uns auf Schusters Rappen. Dabei ärgerte uns ein Seil, das wir vergessen hatten mitzuschicken, mußten wir es doch jetzt als unnötigen Ballast schleppen. Das aber war ein Irrtum. Kurz vor Zuoz, als wir in einem Heuhaufen nächtigten, zog uns ein Bauer bei der Morgendämmerung an den Füßen heraus und schimpfte in seiner rätoromanischen Sprache ganz furchtbar. Ich fand, es wäre an uns gewesen zu schimpfen, weil er uns unnötig weckte. Als er gar nicht mehr aufhörte, sagte ich zu Bartl nur: «Verjag ihn!» Auf das hat Bartl nur gewartet, und im nächsten Moment tauchte der Bauer etwas unfreiwillig mit dem Kopf ins Heu. Dann rannte er auf das nahe Dorf zu. Da unsere Nachtruhe schon mal gestört war, haben wir uns auch auf die Socken gemacht und sind naiv und ahnungslos durch das Dorf marschiert, als uns plötzlich drei Männer den Weg versperrten. Einer davon war der Bauer und ein anderer der Polizist, aber in Zivil. Das war der kritischste Augenblick der ganzen Fahrt. Ein unrechtes Wort, und es wäre zu einer gewaltigen Rauferei gekommen.

Bartl stand schon in freudiger Erwartung. Der Gendarm beschwichtigte: «Macht doch keine Dummheit, wir wollen ja nur wissen, wer ihr seid und ob ihr nicht im Fahndungsbuch steht!» Das leuchtete uns ein, und wir gingen brav mit. In einem Haus führten sie uns eine steile Treppe empor, ließen uns höflich den Vortritt in ein Zimmer, knallten hinter uns die Tür zu und sperrten ab. Das war aber gar nicht fein, uns so in eine Falle zu locken. Aus dem Fenster schauend, stellten wir fest, daß wir in einem Turmzimmer eingesperrt waren und eine glatte Mauer von zehn bis zwölf Meter bis hinunter in einen Garten ging. Zu was haben wir das Seil dabei? Nach ein paar Minuten standen wir unten im Garten. Bergsteiger soll man halt nicht in einen Turm einsperren!

Jetzt aber ging's im Eilmarsch, die Grenzübergänge im steilen Wald umgehend, durch bis Ehrwald. Von da reichte uns endlich das Fahrgeld, wenigstens bis Pasing, einem Vorort Münchens. Der freundliche Bahnbeamte am Schalter zahlte den Rest aus seiner Tasche drauf, so daß wir bis zum Hauptbahnhof fahren konnten. Für die Trambahn nach Giesing, wo wir wohnten, fand sich kein so freundlicher Schaffner, und wir mußten mit unseren Blasen an den Füßen durch die Stadt marschieren.

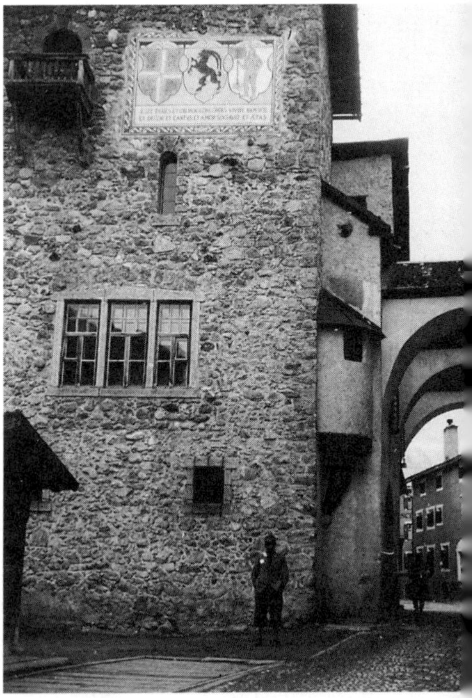

Nach der Befreiung: Bartl Hütt vor dem Dorfturm von Zuoz, 1931

Die Blasen vergingen bald wieder, die widrigen Momente des Abenteuers waren schnell vergessen; bleibend sind die Erlebnisse, die man sich nicht mit der dicksten Geldtasche der Welt erkaufen kann – und schon lockt das nächste Abenteuer.

Anderl Heckmair
(rechts) mit Gustl Kröner
beim Training im
Wilden Kaiser, 1930

VERSUCHE AN DEN GRANDES JORASSES

Bartl mußte sich wieder dem Arbeitsamt stellen, um überhaupt leben zu können. Ich hatte die Abmachung mit Gustl Kröner im Rückhalt, mit ihm zu den Grandes Jorasses zu gehen. Es war höchste Zeit, die notwendigen Beziehungen anzuknüpfen. Gustl hatte die Vorarbeit geleistet, und schon vier Wochen nach meiner Rückkehr aus der Schweiz saßen wir auf den Sätteln unserer Fahrräder, um nach Chamonix zu treten. Wir waren nicht allein. Leo Rittler und Hans Brehm hatten es auf die Matterhorn-Nordwand abgesehen. So fuhren wir zusammen bis Luzern, wo sich unsere Wege trennten. Die Verabschiedung war lautstark und derb. Sie wäre gefühlvoller gewesen, hätte ich geahnt, daß ich sie lebend nicht wiedersehe.

Unterwegs machten wir noch einen Abstecher zur Drusenfluh-Südwand, von der wir eine schaurige Mär vernommen hatten. Walter Stößer hat darüber berichtet anläßlich seiner direkten Durchsteigung, bei der er fünf Tote fand. Über der Wand lastete das Unheil. Der Erstersteiger kam durch, die zweiten stürzten ab, der dritte kam durch, die vierten stürzten wieder ab, und so ging das weiter, bis zu Stösser, der die neunte Partie bildete. Alle Partien mit der geraden Zahl wurden von der Wand verschlungen. Das konnte man im «Bergsteiger» lesen, den wir gerade noch vor der Abfahrt in die Finger bekamen. Also war die nächste Partie, die zehnte, wieder vom Unheil bedroht!

Das wollten wir genau wissen. Darum schwenkten wir von Feldkirch aus links ein und standen am nächsten Tag um drei Uhr nachmittags vor dieser gefürchteten Mauer.

Eigentlich sieht sie gar nicht so wild aus. Wir bezweifeln sogar, ob wir auch wirklich vor dieser so schauerlich geschilderten Wand stehen. Doch schon nach ein paar Seillängen hängt in einem Kamin ein alter Seilfetzen herunter.

Nach wenigen Metern liegen vor uns die ersten Toten. Sie sehen nicht gar so grauslig aus, weil sie zum größten Teil schon eingesandet waren. Wir wissen, nach der Beschreibung müssen wir jetzt nach links eine Schleife machen und nach 150 Metern die zweiten Toten finden. Stimmt auffallend, sie sind uns eindringliche Wegweiser. Abends 6 Uhr stehen wir schon auf dem Gipfel. Es war eine nette, nicht zu leichte, aber auch nicht zu schwere Kletterei.

Anderntags melden wir in Schruns diese Leichenfunde, wir werden zum Pfarrer, vom Pfarrer zum Bürgermeister, vom Bürgermeister wieder zu einer anderen Instanz verwiesen, aber niemand zeigt sich interessiert, und unser

Angebot, bei der Bergung behilflich zu sein, findet wenig Begeisterung. Dann halt nicht, uns ist es auch gleich. Uns war es nur um den «Fluch» zu tun, der uns in keiner Weise belastet hat, und unbeschwert setzten wir unsere Reise durch die herrliche Schweiz fort nach Chamonix. Viel schneller als wir annahmen, waren wir am Ziel.

Die Charmoz-Nordwand über dem Mer de Glace, von Anderl Heckmair und Gustl Kröner 1931 erstmals durchstiegen. Im Vordergrund Montenvers

Auf der Leschaux-Hütte, am Fuß der Grandes Jorasses, bezogen wir Quartier und schleppten unsere Sachen von Chamonix über Montenvers zur Hütte. Es waren jedesmal fünf bis sechs Stunden, denn die Bahnfahrt nach Montenvers kam für uns aus finanziellen Gründen nicht in Frage. Finanziert wurde unser Unternehmen unter strengster Diskretion teils von der Sektion Bayerland, teils privat. Vor allem Gustl Kröner, der zwar nicht gerade reich, aber auch nicht arm war, steckte seine ganzen Ersparnisse in unser Unternehmen. Ich hatte nichts zu bieten als meine Kameradschaft und mein Draufgängertum. Gustl war, solange es ihm nicht zuviel wurde, einverstanden.

In der Hütte gab es einen zweiflammigen Benzinkocher, mit dem wir sehr bald umzugehen wußten, so gut sogar, daß er auch nicht ging, wenn wir nicht wollten. Wenn sich Partien der Hütte näherten – das sahen wir immer schon zwei Stunden auf dem Leschaux-Gletscher voraus –, schalteten wir auf «nicht gehen» und schauten immer eine Zeitlang zu, wie sie sich mit dem Kocher abmühten. Dann sprangen wir als rettende Engel ein und hatten die Dankbarkeit der Neuangekommenen gewonnen. War Schlechtwetter, richteten wir vorher schon heißen Tee zurecht, und so hatten wir mit allen Hüttenbesuchern gleich besten Kontakt.

Es wurde Mitte Juli, als wir uns der Wand zum erstenmal vorsichtig näherten. Sie täuschte uns aus jeder Blickrichtung, und direkt am Fuß sah sie aus, als müßten wir ohne Schwierigkeiten in ein paar Stunden durch sein. Mein Urteilsvermögen war durch keinerlei Erfahrung getrübt. Gustl grinste nur. Beim Anlegen der Steigeisen machten wir eine kleine Zeremonie, war es doch das erstemal, daß ich so zackige Eisen an die Füße nahm. Bald waren die Schründe überwunden, und schon nach der zweiten Seillänge, in der steilen Eiswand, ließ mich Gustl vorangehen, damit ich mich auch daran gewöhnte. Ich fühlte mich auch sofort sicher. «Das ist ja herrlich, da braucht man nicht lang Tritte und Griffe suchen.» Die Steilheit störte mich nicht im geringsten. Die Tücken des Eises lernte ich erst in sehr unangenehmer Weise viel später kennen. Doch Gustl war vorsichtig, er schlug Stand- und Zwischenhaken und vergeudete nach meinem Dafürhalten viel zuviel Zeit. Auch schlug er, wenn er voranging, Stufe für Stufe. Ich verzichtete darauf und ging, wohlgemerkt mit Zehnzackern, gleich so los und das als echter Anfänger im Eis. Gustl ließ mich einfach nicht mehr vorausgehen. Sicher war das unser Glück, denn wir hatten erst das halbe Eisfeld hinter uns, als von Westen ein Gewitter aufzog und uns zur schleunigsten Umkehr zwang. Erst beim Abseilen merkte ich, wie steil das Eisfeld ist. Kaum hatten wir die Bergschründe wieder hinter uns, als das Unwetter losbrach. Es dauerte nicht lange, dann zischten Steinschlag und Lawinen aus der Schlucht, durch die wir hinauf wollten. Das kleine Gewitterchen, und gleich eine solche Auswirkung! Diese Schlucht bot vielleicht doch nicht die sicherste Aufstiegsmöglichkeit? Mit dieser Erkenntnis sind wir zurück zu unserer Hütte und feierten die Tatsache, daß wir noch lebten.

Der Sommer von 1931 war ein ausgesprochener Schlechtwettersommer. Kaum zwei bis drei Tage war es schön, als wieder eine Periode von Schlechtwettertagen folgte. So mußten wir fast eine Woche warten, bis wir wieder in die Wand konnten. Gewitzigt durch unsere Erfahrung, mieden wir die Schlucht und stiegen seitlich rechts zu einem Vorbau auf. Aber auch hier bekamen wir Steinschlag; ein faustgroßer Stein streifte mich, schlug mir den Pickel aus der Hand und das Seil halb durch. Ich blieb wie durch ein Wunder heil. Einen Schock hatten wir weg und zogen uns schleunigst wieder zurück.

Noch dreimal sind wir eingestiegen, sogar den später so berühmt gewordenen Walkerpfeiler haben wir versucht. Die Zeit war einfach noch nicht

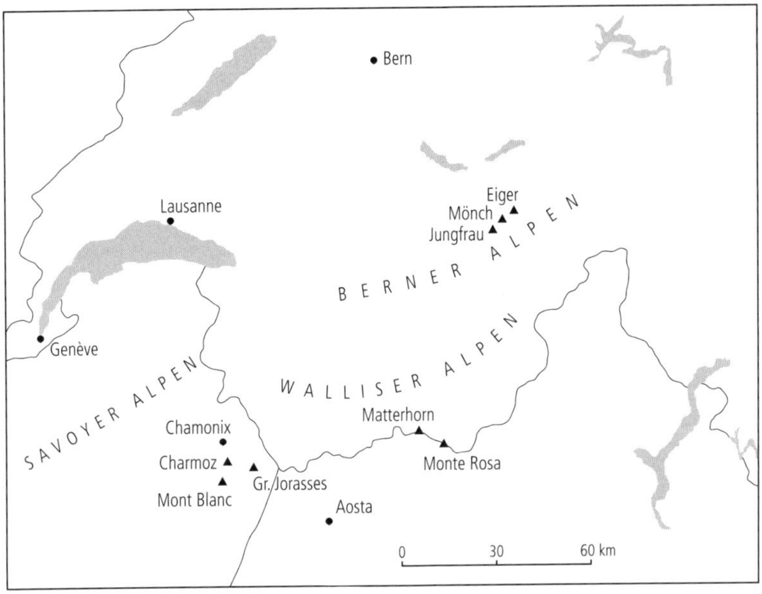

reif für die Grandes Jorasses. Heute weiß ich, daß wir mit unserem vermeintlichen Pech ein Riesenglück hatten, denn Draufgängertum und klettertechnisches Können allein genügen nicht. Die notwendige Ausrüstung und Erfahrung war für eine solche Tour, zur damaligen Zeit, einfach nicht vorhanden.

Weitaus größeren Alpinisten, mit denen wir uns überhaupt nicht vergleichen konnten, ging es nicht anders: Welzenbach und Merkl wurden einige Jahre vorher schon abgewiesen.

Nur immer auf diese Wand zu passen und unverrichteter Dinge umkehren zu müssen, war uns bald zu dumm, und wir wendeten uns anderen Unternehmungen zu. Als wir von der Grepon-Ostwand zurückkamen, trafen wir auf der Leschaux-Hütte Welzenbach und Merkl. Sie erzählten uns von ihrem Versuch an der Charmoz-Nordwand und daß sie oberhalb des großen Eisfeldes wegen eines Unwetters nach rechts zum Grat hinausqueren mußten. Nicht sehr taktvoll und völlig naiv erklärten wir, daß wir dann diese Erstbegehung zu Ende führen werden. Das hat ihnen scheinbar nicht gar so gefallen, denn ein paar Tage später stiegen sie, von Montenvers aus, wieder ein. In der oberen Wandhälfte überraschte sie ein Unwetter und nagelte sie drei Tage an ein und denselben Fleck fest. Die Zeitungen meldeten schon ein Bergdrama, wir wurden auch gleich als vermißt gemeldet, während wir in der warmen Hütte saßen und einen Pfannkuchen nach dem anderen backten.

«In Nizza haben wir uns mit lautem Geschrei in die Wogen gestürzt.»

Als das Mehl ausging, stiegen wir ab nach Chamonix und erfuhren von unserem Vermißtsein. Um Welzenbach und Merkl machten wir uns wirkliche Sorgen und stiegen sofort wieder auf, um am nächsten Tag in die Charmoz-Nordwand einzusteigen. Vorher wollten wir uns aber doch noch in Montenvers erkundigen, wo sie zuletzt gesehen wurden. Zu unserer Überraschung stand morgens um vier Uhr das Fenster ihres Zimmers, das wir kannten, offen. Wir berieten, was das wohl zu bedeuten hat, als eine Gestalt erschien. Es war Welzenbach. Sie sind bei immer noch schlechtem Wetter auf die Ostseite herausgequert, über den Gipfel abgestiegen und erst am fünften Tag nach ihrem Aufbruch nachts um zwölf Uhr nach Montenvers zurückgekommen, um dann bei offenem Fenster, als ob sie beim dreitägigen Dauerbiwak nicht genug frische Luft genossen hätten, zu schlafen. Dabei haben sie unsere halblaute Unterhaltung gehört und uns natürlich sofort aufs Zimmer geholt, wo wir zur Wiedersehensfeier eine Flasche Wein tranken – und das alles in der Früh um vier Uhr.

Der Tag war angebrochen, wir hatten unsere Ausrüstung dabei, also wollten wir den Tag auch nützen und sind zur Requin-Hütte aufgestiegen, um den Dent du Requin zu machen. Kurz unter dem Gipfel in einem restlos vereisten Kamin brach wieder ein Unwetter über uns herein. Jetzt hatten wir die Nase voll. Requin heißt Haifisch, sagten wir uns; jetzt fahren wir dorthin, wo diese Viecher schwimmen; es ist dort sicherlich wärmer. Ab nach Chamonix, rauf aufs Fahrrad und in Richtung Marseille losgestrampelt. Unterwegs kamen wir an ein Schild, da stand 250 Kilometer nach Nizza. Wir hatten das zwar nicht geplant; wenn es aber schon so auf dem Weg liegt, warum eigentlich nicht? Links um, Marsch in Richtung Nizza. Erst 20 Kilometer vor Nizza kamen wir aus den Bergen heraus; in Nizza haben wir uns mit lautem Geschrei in die Wogen gestürzt.

Nun bummelten wir die ganze Riviera entlang bis Marseille. Die Tour de France war auch gerade unterwegs, und wir wurden des öfteren trotz unserer Rucksäcke für abgesprengte Rennfahrer gehalten und entsprechend gefeiert, was wir uns gerne gefallen ließen.

In Marseille im alten Hafenviertel trafen wir auf Deutsche, die uns Arbeit bei einer Schiffsentladung vermittelten, die wir gerne zur Auffrischung unserer Reisekasse annahmen. Man mutete uns das Tragen von 100-Kilogramm-Säcken zu. Gustl, der noch schwächlicher war als ich, hat diese Zumutung sofort abgelehnt. Ich aber beobachtete einen ausgemergelten, alten Araber, der ohne mit der Wimper zu zucken einen Sack nach dem anderen die Hühnerleiter im Trab vom Schiff herunterschleppte. Da packte mich der Ehrgeiz, und ich ließ mich einreihen. Der erste Sack hätte mich fast erdrückt, aber dann gewöhnte ich mich daran, doch nach zwei Stunden war ich schlagartig am Ende. Mir knickten die Knie ein. Gustl hatte inzwischen Fässer gerollt und mich grinsend und schadenfroh beobachtet. Jetzt war er sofort zur Stelle und half mir auf die Beine. Auch die Herren «Kollegen» waren äußerst freundlich, voll Anteilnahme.

Ich habe mich zwar fürchterlich geschämt, das Handgeld aber, das wir erhielten, war jedoch ein handfestes Trostpflaster, das wir sogleich in ein kräftiges Mittagessen umsetzten. Zur Übernachtung wurde uns das Obdachlosen-Asyl empfohlen, wo es nichts kostete und man eine warme Brotsuppe erhielt. Am Abend um sechs Uhr mußte man einpassieren und morgens sechs Uhr wurde man wieder entlassen. Das hat uns nicht besonders gefallen, außerdem wollten wir auch etwas von der sündigen Stadt erleben, wozu im alten Hafenviertel mehr als nur eine Gelegenheit geboten wurde. Aber nicht ohne Geld. Wir wären zu jedem Abenteuer aufgelegt gewesen, gemeinerweise verlangte «sie» aber immer vorher «payer», und da wir nicht zahlten, flogen wir überall hinaus. Bis nachts ein Uhr hatten wir trotzdem unseren Spaß. Da die Nacht so schon futsch war, schwangen wir uns wieder auf die Räder und fuhren zurück nach Chamonix, wo wir nach zweieinhalb Tagen eintrafen und sofort zur Leschaux-Hütte aufstiegen.

«Ich aber beobachtete einen ausgemergelten, alten Araber, der ohne mit der Wimper zu zukken einen Sack nach dem anderen die Hühnerleiter im Trab vom Schiff herunterschleppte. Da packte mich der Ehrgeiz, und ich ließ mich einreihen.» Im Hafen von Marseille, 1931

Als wir unter der Charmoz-Nordwand vorbeikamen, sah diese so einladend aus, daß wir beschlossen: «Jetzt pack' ma's!» Vernünftigerweise wollten wir erst ausschlafen, ausruhen, gut essen und dann an das Vorhaben herangehen. Gegen Mittag des nächsten Tages waren wir gesättigt, und von Müdigkeit spürten wir nichts mehr. Also gingen wir und biwakierten am Einstieg. Um drei Uhr saßen wir schon dort. Viel zu früh zum Biwakieren. Weiter oben wird sich auch etwas finden, überlegten wir uns.

Rein in die Wand! Der Vorbau, etwa 600 Meter hoch, bot keine nennenswerten Schwierigkeiten. Zwar war alles brüchig, eisig, wasserüberronnen, aber bei dem Tempo, das wir vorlegten, hatten wir gar keine Zeit, uns deshalb Gedanken zu machen. Um 18 Uhr hatten wir das große Eisfeld erreicht. Unsere Meinung war, für heute genüge es, und wir begannen am Rand zwischen Fels und Eis einen Biwakplatz zu richten. Da kam, doch zu unserem Glück seitlich von uns, der ganze Firn, der das Eis bedeckte, ins Rutschen und sauste donnernd als Lawine über den Vorbau hinab. Hatten wir ein Glück,

Gustl Kröner beim «Training» an der Leschaux-Hütte, 1931

Rechte Seite: Anderl Heckmair beim Eisklettern an den Grandes Jorasses. Zeichnungen von Gustl Kröner, 1931

daß wir da schon draußen waren. Doch unser Fleckchen gefiel uns auch nicht mehr so gut; wer weiß, was da noch alles kommt. Gehen wir wenigstens bis zum oberen Rand des Eisfelds.

So etwas Kurioses habe ich dann auch nie wieder erlebt. Das Eis war oberflächlich hart, sobald man aber eine Stufe schlug, spritzte das Schmelzwasser wie aus einer Quelle hervor. Ich kam mir vor wie Moses, der auf den Stein klopfte; nur hatte ich niemand zum Tränken; uns floß das überflüssige Naß nur in die Schuhe. Dann halt ohne Stufen! Zwölfzacker hatten und kannten wir nicht, weil es die damals noch gar nicht gab. In möglichstem Tempo alle zehn Zacken der Steigeisen einsetzend, eilte ich immer die ganze Seillänge durch, dann erst schlug ich Stand und einen Eishaken und ließ mir das Wasser über die Füße spritzen. Kein Wunder, daß wir bei dieser riskanten Methode sehr rasch höher kamen und den oberen Rand des Eisfelds bald erreichten.

Dieser war aber so steil und das Eis so morsch, daß an einen Biwakplatz nicht zu denken war. Wo sind denn Welzenbach und Merkl ausgestiegen? Wir wären auch gerne heraus, gerieten aber in die östliche Eisrinne, die zum Gipfel führt. Es fing schon an zu dunkeln. In Montenvers blitzten die Lichter auf. Wir hatten noch soviel Licht, um zu sehen, daß wir hier unmöglich biwakieren können. Der Ansatz der Rinne schien mir fast senkrecht. Im Fels daneben zog sich, parallel zum Eis, ein Riß hoch, in den man mit den Händen hineinfassen konnte und der gerade so weit vom Eis entfernt war, daß man die Füße mit den Steigeisen ins Eis verkrallen konnte. Das ging ja ausgezeichnet, nur fand sich nicht der geringste Stand. Gustl, dem diese Turnübung gar nicht behagte, mußte gleichzeitig mitgehen. Endlich kam ein Knick, das Eis der Rinne war wieder mit Firn bedeckt, und ich konnte darin stehen. Das war höchste Zeit, denn der Riß im Fels hatte sich verloren, und es war schon fast dunkel. Der Ausstieg war nun zum Greifen nah, allerdings mit einer Riesenwächte versehen. Ich traute dem unheimlichen Gebilde nicht und wies Gustl in volle Deckung, wo er sogar das Seil zweimal um einen Fels legen konnte. Das war gut so, denn kaum hatte ich begonnen, von unten her schräg nach oben einen Kanal zu graben, als auch schon die ganze Schneewalze über mich herabbrach und mich mitriß. Gustl hat eisern gehalten, und ich hing japsend im Seil. Aber nicht lang, und ich hatte mich hochgehantelt. Nun war es kein Problem mehr, über die abgebrochene Wächte zu kommen. Als wir nach einer kurzen Felskletterei den Gipfel gemeinsam erreichten, ging gerade der Vollmond auf. Wir waren überglücklich und fielen uns um

Gustl Kröner auf dem Gipfelgrat der Charmoz nach der Erstdurchsteigung der Nordwand mit Anderl Heckmair, 1931

den Hals und brüllten aus lauter Kehle unseren heimatlichen Bergsteigergruß.

Naß ist kein Ausdruck für das, was wir waren. Das konnten wir nicht ändern. Gustl, der Vorsichtige, hatte wenigstens einen Schlafsack, allerdings nur für einen Mann, in den zwickten wir uns zusammen hinein. Ein Haferl Reis hatte er auch noch mitgeschleppt. Was wollten wir mehr, Mondschein hatten wir, naß waren wir, die herrlichste Aussicht, die man sich denken kann, kalt war uns, aber windstill war's, und der Morgen kam auch wieder.

Dies alles, vereint mit dem Gefühl der überstandenen Gefahr und der innersten Zufriedenheit mit der eigenen Leistung, kann ein Bergsteiger erleben. Eine äußere Anerkennung war uns damals völlig fremd, und als wir Montenvers noch vormittags erreichten, leisteten wir uns zur Feier eine halbe Bier und blickten dabei hinauf in die bezwungene Nordwand. Da kam uns jede Phase des Ringens und der Gefahr nochmals zum Bewußtsein. Wir schämten uns fast, daß wir noch lebten, denn wir hatten das Schicksal herausgefordert. Nun aber gönnten wir uns die wohlverdiente Rast auf der Hütte tagelang. Gustl sorgte für das leibliche Wohl, und ich schwelgte in Geologie und Botanik, indem ich die Hütte mit Blumen schmückte und Kristalle suchte, für die wir in Chamonix genügend Abnehmer fanden. Dafür konnten wir wieder besondere Schmankerln auf die Hütte schleppen.

Vor der Jorasses-Nordwand bekamen wir immer noch mehr Respekt. Bei unseren unzulänglichen Mitteln überstehen wir keinen Wettersturz, und mit einer ganzen Woche Schönwetter war nicht zu rechnen.

Auch bei der Überschreitung der Aiguille du Dru jagte uns ein Unwetter nach Hause, das sich gewaschen hatte. 19 Stunden hatten wir gebraucht, und als wir bei Dunkelheit über den Leschaux-Gletscher zur Hütte zurückstolperten, erhellten nur die grellen Blitze das Eis. Wir kamen dem Erschöpfungszustand nahe in der Hütte an. In Ermangelung von etwas Besserem haben wir uns Kartoffeln auf den Benzinkocher gestellt. Bis die gekocht waren, legten wir uns hin und verschliefen restlos. Als einer wach wurde, war blauer Rauch und ein komischer Geruch in der Hütte, und es war noch – oder schon wieder – dunkel. Es war aber das «schon wieder», denn wir

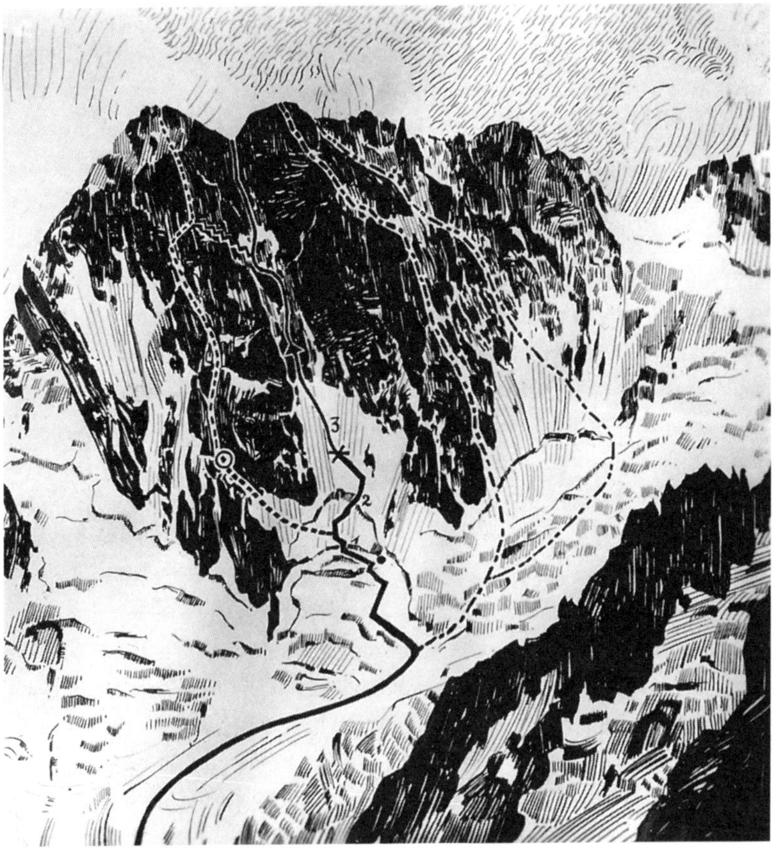

Die Grandes-Jorasses-Nordwand, Zeichnung von Gustl Kröner. Die Linien zeigen die von Heckmair und Kröner für möglich gehaltenen Durchstiegsrouten. 1 untere Randkluft, 2 obere Randkluft, 3 Umkehrstelle 1931. Das Dreieck markiert die vermutliche Absturzstelle von Hans Brehm und Leo Rittler, der Kreis die Umkehrstelle einer Seilschaft von 1928.

hatten einen ganzen Tag verschlafen, und die Kartoffeln im Topf sahen aus wie verrunzelte Kohlen.

Daß wir die Zeit an der Dru so unterschätzten, hatten wir unserer Überheblichkeit zu danken, die wir uns ein paar Tage vorher am Rochefort-Grat holten. Dort ist uns, dank guter Verhältnisse, alles derart leicht gefallen, daß wir von uns selbst glaubten, wir sind halt so gut, daß wir die im Führer beschriebenen Strecken von zwei Stunden in 20 Minuten machen können. Darum rechneten wir an der Dru mit sechs Stunden und haben 19 gebraucht. Das war wie ein seelischer Tiefschlag, der unsere Überheblichkeit zu einem Nichts zusammenschrumpfen ließ. Darum das Zögern an den Jorasses.

Untätig blieben wir deshalb noch lange nicht. Wir wechselten hinüber nach Courmayeur, stiegen auf zur Gamba-Hütte, wollten den Peuterey-Grat angehen, wurden durch Hundewetter wieder zurückgejagt und hatten im Tal

Grabinschrift für Hans Brehm und Leo Rittler auf dem Friedhof von Chamonix

wieder das schönste Wetter. Rauf auf die Turinerhütte (natürlich alles zu Fuß, eine Bahn gab es nicht) über das Mer de Glace runter, um bei Schneesturm wieder die Leschaux-Hütte zu erreichen.

Wie fast immer war die Hütte von außen versperrt, innen aber herrschte die Unordnung eines überstürzten Aufbruchs. Mir fuhr es wie ein Schlag in die Glieder: «Der Leo Rittler und Hans Brehm sind hier!» Hatten wir doch auf der Turinerhütte schon gehört, daß die Matterhorn-Nordwand bezwungen worden ist. Aber nicht Leo und Hans, die mit uns München verlassen und nach Zermatt geradelt waren, hatten die Matterhorn-Nordwand erstiegen, sondern die Gebrüder Schmid. Wir gönnten ihnen den Erfolg und freuten uns auch darüber, denn Franz und Toni gehörten zu unserem Freundeskreis. Wie aber werden sich Leo und Hans damit abfinden? Der Verdacht stieg auf: Vielleicht kommen sie zu uns rüber nach Chamonix, um sich an unserem Ringen um die Jorasses zu beteiligen. Nun war der Verdacht Gewißheit. Ein Griff in die an der Wand hängende Jacke, und ich hatte den Paß von Hans Brehm in der Hand.

Jetzt gab es keinen Zweifel mehr. Draußen tobte der Sturm mit unvorstellbarer Wucht, und unsere Freunde sind in der Wand. Vielleicht sind sie auch nochmals nach Chamonix, um Proviant zu ergänzen. Daran glaubte ich aber nicht. Zu gut kannte ich Leo und Hans. Die sind in ihrer Enttäuschung über die Matterhorn-Nordwand sicher sofort in die Grandes Jorasses eingestiegen. Es bestand aber die Möglichkeit, daß sie zurückkommen, war es doch erst früher Nachmittag. Auf jeden Fall stellten wir Tee auf. Der Nebel lichtete sich ein bißchen. Da, draußen fast am Fuß der Wand, da bewegt sich etwas! Ich stürze hinaus und schreie. Nichts. Die Bewegung habe ich mir nur eingebildet. Es war ein Stein, gar nicht so weit weg, über den der Nebel hinwegzog. Den Tee konnten wir selbst trinken. Es kam die Nacht, die Hoffnung schwand. Der nächste Tag wieder schlecht. Gustl schlug vor: «Gehen wir nach Chamonix, vielleicht treffen wir sie doch dort unten.» Wir trafen zwar eine Menge Bergsteiger, aber keinen Leo und Hans. Mit hängenden Köpfen gingen wir zurück zur Hütte. Das Volk, das wir in Montenvers trafen, schauten wir überhaupt nicht an. Was wissen die von unseren Kämpfen und Sorgen. Als wir uns am Abend der Hütte näherten und es auch schon etwas aufklarte, kam nochmals eine kurze Hoffnung. Aber wieder nichts. Jetzt ist es sicher, sie sind in der Wand. Gustl, der meine Sorgen verstand und auch teilte, war nicht so mit ihnen befreundet, so daß er immer wieder optimistische Gedanken fand.

Am nächsten Morgen, als es endlich wieder schön war, spurten wir sofort hinauf zu den Bergschründen, mit dem festen Vorsatz, in die Wand einzusteigen und so weit zu gehen, bis wir vom Schicksal unserer Kameraden Gewißheit haben. Soweit kam es aber nicht; schon am untersten Schrund sah ich eine Hand aus dem Schnee herausragen. Steif und starr, mit Neuschnee bedeckt, noch mit dem Seil verbunden, so fanden wir unsere Freunde. Die Sonne streifte die Gipfel der Grandes Jorasses, die Wand wurde lebendig. Da wir genau in der Fallinie der Schlucht waren, gab es kein Zaudern. Wir schleppten die Körper der Freunde aus dem gefährlichen Bereich, gruben sie nochmals im Schnee ein, kennzeichneten die Stelle und eilten zurück zur Hütte, um Meldung zu machen. Diese übernahmen die inzwischen eingetroffenen Bergfreunde, und bald rückte die Bergungsmannschaft an. Nun waren wir die Zuschauer, und da erst hat mich das heulende Elend erfaßt. Bei der Beerdigung in Chamonix waren viele hochstehende Persönlichkeiten anwesend. Ich wußte nicht, woher sie kamen, und erst recht nicht, warum. Wir waren plötzlich ganz unwesentlich und mußten weit hinten im Trauerzug gehen. Unseren aus Latschen und Erika selbstgemachten Kranz durften wir gerade noch als die letzten hinlegen.

Für diesen Sommer war uns der Montblanc samt seinen Jorasses verleidet. Wir begaben uns auf die Heimfahrt, aber nicht ohne unter der Wand den feierlichen Schwur zu tun, wieder zu kommen.

«Wir schleppten die Körper der Freunde aus dem gefährlichen Bereich, gruben sie nochmals im Schnee ein, kennzeichneten die Stelle und eilten zurück zur Hütte, um Meldung zu machen.»

«Auf eine tätliche Auseinandersetzung mit Bartl Hütt wollte sich niemand einlassen...»

FRÜHJAHRS-SKITOUREN

Nach tagelanger Fahrt wieder zu Hause, mußten wir uns um unsere bürgerliche Existenz kümmern. Bei Gustl kein Problem, hatte doch sein Vater ein gut florierendes Malergeschäft in Traunstein; bei mir aber ein wirkliches Problem. Zaghaft meldete ich mich am Münchner Arbeitsamt, teils in der Hoffnung, Arbeit zu finden, teils in der Furcht, eine solche angeboten zu bekommen. Und tatsächlich, ein liebenswürdiges Fräulein eröffnete mir: «Auf einer Versuchsstelle im Rheinland werden Gartenbautechniker gesucht.» Die Fahrt nach Oppan würde finanziert. Mir fuhr ein tiefer Schreck in die Glieder. Nicht irgendeine Arbeit habe ich gefürchtet, sondern eine Versetzung irgendwohin. Es gab jedoch keine Zwangsversetzung, meine Weigerung hatte lediglich die Folge, daß ich keinerlei Unterstützung erhielt.

Wenn es einem persönlich schlechtgeht, noch dazu aus eigenem Verschulden, geht man am besten jedem Bekannten aus dem Weg. Darum war es mir geradezu unangenehm, als ein Lieferwagen neben mir hielt und ein alter Spielkamerad aus der Jugendzeit vom Wagen sprang und mich freudigst begrüßte. «Wie geht's, was machst du?» usw. Als ich ihm bekannte, daß ich nur einen knurrenden Magen habe, sonst nichts, machte er mir das Angebot, sein Kompagnon zu werden. Er fuhr Obst und Gemüse aus der Großmarkthalle aufs Land und brauchte dringend einen zweiten Mann. Mit Begeisterung war ich dabei. Der Wagen aber hatte seine Tücken. Es war ein Ford-T-Modell und sah mehr wie ein Leichenwagen als wie ein Gemüsewagen aus. Um drei Uhr morgens mußte man aufstehen, unter dem Motor ein Feuerchen anzünden und dann eine halbe Stunde kurbeln, bis er ansprang.

In der Großmarkthalle wurde eingekauft und bei den Läden auf dem Land die Ware mit 100 Prozent Aufschlag wieder abgesetzt. Das mußten wir haben, denn außer dem enormen Benzinverbrauch benötigte das alte «Vehikel» drei Liter Öl auf 100 Kilometer. Dazu mußten wir bei jeder Fahrt drei- bis viermal einen Reifen flicken, denn Reservereifen hatten wir nicht. Rad abnehmen, Reifen abmontieren, Schlauch raus, das Loch mit Benzin gesäubert und einen vorbereiteten Flicken draufpappen, einmontieren, 600 Mal mit der Handpumpe aufpumpen – dann konnten wir einige Kilometer weiterfahren, bis der nächste Reifen krachte. Mit der Zeit kamen wir darin so in Übung, daß es uns nicht mehr viel ausmachte. Das Dumme war nur, daß wir nie pünktlich sein konnten und die Kunden vergrämten. Den ganzen Winter fretteten wir uns so durch, bis es bei einer Heimfahrt kurz vor Pasing – ich war ganz allein im Wagen – einen gewaltigen Krach gab und sich dieser Verdrußwagen keinen Millimeter mehr rührte. Dampfen tat er wie eine

Lokomotive, dazu hingen braune Eiszapfen vom Kühler; der war immer leck, und wir stopften ihn mit Zichorie-Kaffeepulver.

Ich schaute dumm drein, denn ich wußte schon, was passiert war. Die Kurbelwelle war gebrochen.

Ein Polizist kam herangeschlendert und meinte, der Wagen hüpfe auch auf den letzten Füßen. «Der hat schon ausgehüpft!» Was soll ich tun? Nach scharfem Nachdenken riet mir der Polizist, ich soll halt die Nummernschilder abmontieren, die brauche ich zur Abmeldung, denn alles müßte seine Ordnung haben, und den Wagen soll ich ruhig stehenlassen, der wird schon mal abgeholt werden. Mein Kompagnon war recht traurig, aber ändern konnte er auch nichts. Wir teilten noch, was wir hatten. Ich ging zum Bartl, um ihn zu fragen, ob er nicht wieder Lust zu einer kleinen Frühjahrs-Skitour hätte.

«Immer brauchten wir die Räder nicht zu schieben, häufig mußten wir sie auch tragen.» Im Berner Oberland, 1932

Diesmal wollten wir ein bißchen weiter bis ins Berner Oberland und, wenn's geht, auch noch ins Wallis. Mit dem Fahrrad hatte ich ja beste Erfahrungen, also schickten wir unsere Ausrüstung und die Ski nach Gletsch, schwangen uns aufs Rad und radelten hinunter in das Rhonetal. Der Anfang war nicht sehr verheißungsvoll. Am ersten April 1932 um drei Uhr mitten in der Nacht bei heftigstem Schneegestöber holte ich Bartl ab. In Pasing mußten wir uns im Wartesaal des Bahnhofs aufwärmen und trocknen. Das focht uns nicht allzu sehr an. Hell wurde es auch wieder, das Schneegestöber hatte nachgelassen. Frohgemut setzten wir die Reise fort und kamen noch am ersten Tag bis Kaufbeuren.

Genau wie das launische Aprilwetter wechselte auch unsere Stimmung vom unbeschwerten Optimismus bis zum nachdenklichsten Pessimismus; ob dieses Abenteuer gut hinausgehen kann? Hatten wir doch diesmal zusammen nur 50 Mark in der Tasche. Trotzdem, jetzt waren wir schon unterwegs. Irgendwie erreichten wir auch unser erstes Ziel. In Brig erkundigten wir uns nach unserem Gepäck und mußten hören, daß es in Gletsch wohl einen Bahnhof, aber keine Bahn gab, denn die sei über den Winter eingestellt. Der freundliche Bahnbeamte telefonierte die halbe Schweiz ab, bis er herausbekam, wo unsere Sachen lagen. Vor zwei Tagen kann es aber nicht hier sein. Als er merkte, was wir für arme Teufel waren, hat er uns seine Gastfreundschaft angeboten, beherbergte und verköstigte uns, bis alles eingetroffen war. Es kam auch ins Gespräch, warum wir uns auf so eine abenteuerliche Fahrt einließen. Unsere Erklärung, daß wir die Zeit nicht mit Warten auf Arbeit und mit Almosen vertrödeln wollen, dafür lieber Strapazen, Entbehrungen und Hunger auf uns nehmen, wenn wir dabei das Leben mit Erlebnissen ausfüllen können, leuchtete ihm ein. Die Berge sind nun mal unser Ideal, da fühlten wir keinen sozialen Unterschied mehr, und was wir brauchen, findet sich immer. Er wünschte uns aus ehrlichem Herzen viel Glück und gab uns auf den Weg mit, was wir an Lebensmitteln tragen konnten. So lernt man auch Menschen kennen und sicher besser, als wenn man mit einer prallen Brieftasche reist.

Nun schoben wir die schwer beladenen Räder hinauf nach Fiesch und quartierten uns in der Jugendherberge ein.

In zweitägigem Aufstieg erreichten wir die Konkordiahütte und erklärten sie zu unserem Stammquartier. Kein Gipfel der ganzen Umgebung war vor uns sicher. Sooft wir glaubten, jetzt geht uns das Holzgeld – denn jedes Scheit Holz, das wir brauchten, mußte bezahlt werden – oder der Proviant aus, kamen immer wieder Touristen, die mehr als genug hatten. Erstaunlich war es, wer sich alles von den Holz- und Hüttengebühren drücken wollte. Wir paßten auf wie die Schießhunde, und auf eine tätliche Auseinandersetzung mit Bartl wollte sich niemand einlassen. Bei so einer Auseinandersetzung, wo es ziemlich hart auf hart ging, beobachteten uns schweigend ein paar Schweizer. Als wir triumphierend die genau abgerechneten Gebühren in die Kasse steckten, stellten sie sich als Funktionäre der Sektion, der die Hütte gehörte, vor, und wir bekamen eine Art Freibrief für alle Hütten.

Der ganze April war vergangen, als wir uns zur Abfahrt nach Fiesch rüsteten. Eine Militärgruppe hatte die Hütte in Beschlag genommen. Die Hartwürste hingen an Kleiderhaken im Vorraum. Wir konnten der Versuchung nicht widerstehen und steckten eine in den Rucksack. Dann suchten wir das Weite über den Aletschgletscher. Es herrschten Nebel und diffuses Licht, so daß es uns einfach nicht möglich war, durch die Spalten beim Knick an den Märjelen-See zu finden. Die Entscheidung, zu biwakieren oder

Die Konkordiahütten über dem Großen Aletschgletscher in den dreißiger Jahren

zurück auf die Hütte zu gehen, fiel uns arg schwer, aber letzten Endes siegte die Vernunft. Wir sagten uns, wenn sie den Wurstdiebstahl merken, werden sie uns auch nicht gleich an die Wand stellen. Sie hatten nur gemerkt, daß wir fort waren, und waren froh, daß wir vor Dunkelheit wieder eintrafen, denn das Wetter hatte sich sehr zum Schlechteren gewendet. Die Würste hängten wir wieder unbemerkt an Ort und Stelle, und seelisch erleichtert nahmen wir bereitwillig mitten in ihrem Kreis Platz. Es blieb nicht aus, daß wir von unseren Touren und unseren weiteren Vorhaben, noch ins Wallis zu gehen, erzählten. Wir wurden wie Wundertiere bestaunt, und am nächsten Morgen brauchten wir keine Wurst mehr zu zwicken, sie gaben uns von ihren Vorräten soviel mit, wie wir nur schleppen konnten.

Drei Wochen waren wir oben in den Bergen. In der Jugendherberge, wo wir unsere Räder hingestellt hatten, herrschte helle Aufregung. Sie hatten uns schon als vermißt nach Bern gemeldet. Wir konnten nur schwer begreifen, so wichtig zu sein, daß es jemand einfällt, sich um uns zu kümmern. Mit dem Ratschlag, uns zwischendurch zu melden, wenn wir irgendwo länger abwesend sein sollten, wurden wir verabschiedet. Nun ging's hinunter nach Brig, Visp und hinein ins Nikolaital nach Zermatt. Nach Zermatt gab es keine Straße, nur einen Pfad. Immer brauchten wir die Räder nicht zu schieben, häufig mußten wir sie auch tragen. Als Auftakt regnete es in Zermatt gleich drei Tage ununterbrochen. Wir hausten in einem Heustadel und waren mit unseren Vorräten für die Hütte, aber nicht für einen Talaufenthalt eingestellt. Unsere Hauptnahrung bestand aus Polenta, dazu hatten wir Fett, Salz und

Zucker. Das bißchen Wurst, das uns noch verblieben war, wollten wir für besondere Anlässe aufheben. Bartl sang in seinem Galgenhumor aus voller Inbrunst: «Lieber Himmelvater, schick uns a Geld, dann laß' ma's aufmarschieren, daß sich der Tisch muaß biang!» Der Himmelvater erbarmte sich nicht, und so zogen wir, mit schon hungrigen Mägen, hinauf zur Monte-Rosa-Hütte. Da erst konnten wir uns an unserer Polenta gütlich tun. Das gab Auftrieb gleich für die Monte-Rosa-Tour, die wir auch ohne viel Anstrengung, da wir gut im Training waren, leicht in einem Tag schafften. Oben hatten wir Pulverschnee, nur eine kurze Zone Bruchharsch und an der Moräne einen so herrlichen Firn, daß die Schneesulz bei jedem Schwung über die aperen Felsen spritzte. Die Freude, die uns im Gesicht stand, fand ein Echo, denn auf der Hütte war eine ganze Gruppe eingetroffen, die unsere Abfahrt verfolgt hatte. Wir aber waren über diese Gruppe nicht so erfreut, denn das Alleinsein auf einer Hütte ist immer das Schönste. Doch die Trübung unserer Freude wurde gemildert durch die freundliche Aufnahme bei der Gruppe. Hatten doch die Führer Friedrich Schneider und Toni Matt für uns schon Tee bereitet und waren entsetzt, daß wir nur mit unserer Polenta vorliebnehmen wollten.

Am anderen Tag versuchte die Gruppe, durch den zerrissenen Zwillingsgletscher den Castor zu erreichen, während wir den Grenzgletscher hinaufzogen und den Lyskamm erstiegen. Der nach beiden Seiten überwächtete Grat machte uns, wie noch jeder Partie, schwer zu schaffen, und nicht nur einmal brach der eine mit einer Wächte ab, während der andere gleichzeitig sich auf die andere Seite fallen ließ. Darüber haben wir gar keine Worte verloren, das hatten wir ja schon am Grünhorn im Berner Oberland geübt. So erreichten wir bis am Mittag den Gipfel und waren am späten Nachmittag wieder auf der Hütte.

Nicht viel später kamen auch Matt und Schneider mit ihrer Gruppe zurück, die jedoch keinen Durchschlupf durch das Spaltengewirr des Zwillingsgletschers gefunden hatten. «Wie weit seid ihr gekommen?» – «Bis zum Gipfel.» – «Das gibt es ja gar nicht!» Sie werteten es als glatte Aufschneiderei und ließen uns am Abend mit unserer Polenta sitzen.

Am nächsten Tag wechselten wir unsere Ziele. Natürlich gingen wir nicht da, wo die Gruppe nicht durchgekommen war, sondern versuchten gleich dort, wo es uns möglicher erschien. Wir hatten Glück und erreichten den Gipfel.

Die anderen hatten es auf unserer Spur nicht schwer, ebenfalls den Gipfel zu erreichen, und entschuldigten sich am Abend auf der Hütte vielmals für ihr Mißtrauen und ihre Ungläubigkeit. Das gute Einvernehmen war wiederhergestellt. Als das Gespräch gar noch auf die Civetta, die Grandes Jorasses und die Charmoz kam, kannte ihre Hochachtung keine Grenzen mehr. So war es klar, daß sie (die damals besten Skifahrer der Welt – den Unterschied zu den Alpinisten kannten wir noch nicht) uns baten, mit ihnen auf den Castor zu gehen. Das Wetter wurde zwar schlecht, uns machte es aber Riesenspaß. Bei dem Tempo, das wir gezwungen durch die Wetterverhältnisse vorlegten, konnte gerade noch Toni Matt mithalten. Die anderen mußten im Sattel auf unsere Rückkehr warten. Zusammen fuhren wir ab. Bartl und ich voraus, noch ohne Seil, weil wir das nicht so gern hatten; die anderen vorsichtig am Seil hinterdrein. Bis Schneider uns anschnauzte: «Ihr könnt gemacht haben, was ihr wollt, aber jetzt legt auch ihr das Seil an, ich kann diesen Leichtsinn nicht länger dulden!» Bartl meinte zwar: «Ihr seid ja Leut' genug, uns rauszuziehen, wenn wir reinfallen.» Aber wir fügten uns doch der sehr ernst gemeinten Aufforderung.

Auf dem Lyskamm

Nach noch einigen gemeinsamen Touren schieden wir in größter Freundschaft. Auch sie ließen uns ihre Vorräte da und übernahmen die Begleichung der Hütten- und Holzgebühren. Damit hat uns der liebe Gott, wenn auch auf Umwegen, doch geholfen. Wir blieben, bis das letzte Krümelchen verzehrt war.

Eine Besteigung des winterlichen Matterhorns gelang uns nicht; selbst das Hörnli erreichten wir nicht. Mit der Erkenntnis, daß die Verhältnisse immer stärker sind als man selbst, haben wir uns auf die Heimfahrt gemacht.

Mit Arwed Möhn (links) im
Hafen von Barcelona, 1932

NORDAFRIKANISCHE IMPRESSIONEN

Bartl bekam wieder eine Beschäftigung. Bei mir lohnte sich nicht einmal die Nachfrage, denn durch Gustl Kröner hatte sich in der Zwischenzeit etwas ganz anderes ergeben. In der Sektion Bayerland kam irgendwie die Idee einer Expedition nach Marokko in den Hohen Atlas auf. Gustl Kröner wurde als junger Bergsteiger mit eingeladen. Er stellte sofort die Bedingung, auch mich mitzunehmen. Manche waren dafür, andere entschieden dagegen. Um die Entscheidung abzuwarten, zog ich mich zurück auf unsere Klubhütte am Spitzing. Dort mußte ich aber auch von etwas leben. Als ich gar nichts mehr hatte, habe ich mich aufgemacht, über die Rotwand nach Bayrischzell zu gehen, um bei meinem Bruder Unterschlupf zu finden. Gerne tat ich es bestimmt nicht. Darum bin ich der Einladung eines «Bayerländers», der auf der Kleinen Tiefentalalm war, gern gefolgt. Er rief mir zu: «Anderl, komm rein, trink einen Tee!» Zwei Monate blieb ich bei ihm.

Eine Maß Bier und ein Radi vor der Abreise: Arwed Möhn, Gustl Kröner, Anderl Heckmair (v. l.)

Bis dahin war auch unser Unternehmen geklärt. Die Expedition wurde wegen finanziellen Schwierigkeiten abgesagt. Wir faßten den Entschluß, halt mit dem Fahrrad zu fahren. Unterstützung wurde uns nur gewährt, wenn wir wenigstens eine Mannschaft zu viert bildeten.

Mein Hüttengefährte, der mich zum Tee eingeladen hatte, war Arwed Möhn, bekannt durch seine Durchquerung der Alpen von Wien bis Chamonix mit Skiern, und er schlug seinen Bruder Felix als vierten Mann vor.

Wir hatten gar keine andere Wahl, als diesen Vorschlag anzunehmen.

Bevor es soweit war, ereignete sich für meine weitere Laufbahn Ausschlaggebendes. Ich muß zurückgreifen auf das Jahr 1930. Leo Rittler machte mit Karl Brendl die Mittelgipfel-Westwand des Predigtstuhls im Wilden Kaiser. Dabei stürzte Karl Brendl, der zu den besten Kletterern der damaligen Zeit zählte und dem die erste Begehung des Aiguille-Noire-Südgrats gelang, tödlich ins Seil. Bei dem Versuch, den Sturz zu halten, verbrannte sich Leo mit dem Seil die Hände. Gleich darauf hatte er einen Amerikaner zu führen, der besonders scharf auf schwierige Touren war. Mit seinen verbrannten Händen traute sich Leo die Führung der Scharnitz-Südwand im Wetterstein nicht zu. Er bat mich mitzugehen. So kam ich indirekt zu meiner ersten Führung. Nach dem Tod Leo Rittlers in den Grandes Jorasses blieb mir der Amerikaner, namens Edwards, treu und nahm mich als Führer – obwohl ich noch keiner war – ins Gesäuse und in die Dolomiten mit.

Letzte Vorbereitungen vor der Abfahrt

Zwei Jahre später waren wir wieder im Wilden Kaiser. Mit von der Partie war noch ein Kamerad von mir. Es war Hans Steger aus Bozen, der zu den besten Alpinisten damals zählte. Wir führten unseren Amerikaner durch die Fleischbank-Südostwand und waren mächtig stolz – trotz der Dreierseilschaft –, nur zweieinhalb Stunden für die Durchsteigung benötigt zu haben. Der Amerikaner teilte diesen Stolz nicht; er war sogar erzürnt: «Ich will für mein Geld, das ich euch dafür bezahle, mindestens zehn Stunden in der Wand zubringen und daher die Tour morgen wiederholen!» Eine derartige Einstellung war uns nicht nur fremd, sondern in diesem Augenblick nicht begreiflich. Gehorsam machten wir aber die Wand am nächsten Tag noch mal und wußten gar nicht, was wir mit der uns gestellten Zeit anfangen sollten. Wir turnten deshalb die Risse rauf und runter, machten den Quergang zwei-, dreimal und pelzten uns auf den Standplätzen. Schließlich machte uns das selbst solche Freude und Spaß, daß wir uns sagten: Diese Einstellung von Mr. Edwards ist eigentlich die einzig richtige, wenn man das «Erlebnis Berg» bis zur Neige auskosten will.

Mr. Edwards wollte unbedingt noch die Schleierkante machen. Mir brannte aber die Zeit unter den Nägeln, denn ich hatte mich Mitte Juli auf die Abfahrt nach Afrika mit meinen Kameraden festgelegt. Von der Schleierkante zurückgekehrt, stellte mir Mr. Edwards seinen Wagen samt Chauffeur zur Verfügung, der mich nach Bayrischzell brachte. Dort hatte ich nur eine Stunde Zeit, um meine hergerichteten Sachen zusammenzupacken. Nach einem kurzen Abschied fuhr er mich weiter nach München, wo die anderen bereits mit den frisch geschmierten Rädern einen Tag auf mich gewartet hatten. Unmittelbar darauf, an einem Nachmittag um vier Uhr, traten wir die Fahrt in Richtung Südwesten gegen Afrika an. In einem Wirtsgarten kauften wir uns noch einen Radi und jeder eine Maß Bier, wohl wissend, daß solche Genüsse für lange Zeit ausgeschlossen sein würden.

Die Radfahrt ging durch die Schweiz, dann hinab durchs Rhonetal, über Nîmes nach Montpellier–Sête und bei Port Bou über die Grenze nach Spanien. Im Zeitalter der Motorisierung ist es überhaupt kein Problem, aber mit dem Fahrrad bei den damaligen Straßenverhältnissen darf man das schon als Leistung betrachten. Wir waren selbst erstaunt, daß wir die Strecke bis Barcelona in acht Tagen schafften. Dort allerdings stellte sich heraus, daß ein Kollektiv-Bahnbillett weitaus billiger kommt als die zeitraubende Fahrradfahrt, noch dazu, da wir über Madrid mußten, weil das Visum von Felix nicht in Ordnung war. In Madrid hatten wir keine wesentliche Schwierigkeit, diese Angelegenheit auf dem Konsulat in Ordnung zu bringen. In Schwierigkeiten sind wir erst geraten, als wir uns in einem Park vor dem pompösen Postgebäude auf einer Anlagebank zur Nachtruhe begeben wollten. Es war gerade so ein kleines Revolutiönchen im Gang, und irgendwelche Flüchtende sausten an uns vorbei. Hinterdrein kam die Polizei. Da sie die Flüchtigen nicht erreichen konnten, nahmen sie uns fest. Unsere Eispickel schienen ihnen sehr verdächtige Mordinstrumente zu sein. Auf der Wache wurden wir erst einmal in eine Zelle gesperrt, wo zu unserer großen Genugtuung ganz passable Liegestätten waren. Kaum aber hatten wir es uns gemütlich gemacht, als wir auch schon wieder herausgeholt und zum Verhör geführt wurden. Ein Dolmetscher übersetzte, doch vom Alpinismus hatten sie nur eine ganz vernebelte Vorstellung. Immerhin wurden sie etwas freundlicher.

Rast am Straßenrand in Südfrankreich

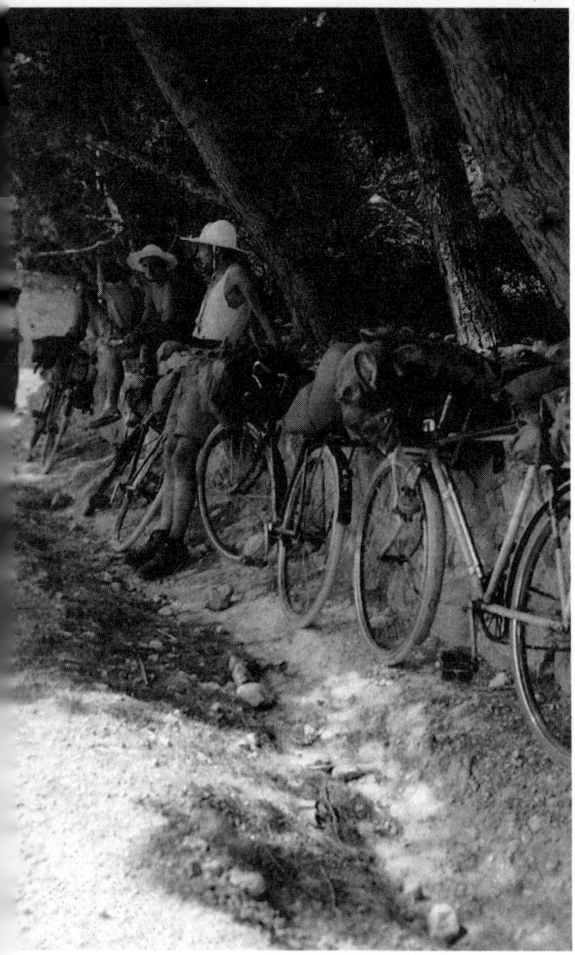

Als ein Alpinist aufgetrieben wurde, der Deutsch konnte, wurde der Ton sogar herzlich. Sie spendierten uns Kaffee und Zigaretten, und wir mußten genau erklären, wozu der Eispickel dient, wie Seil und Haken angewendet werden. Unsere noch mit Eisen beschlagenen Bergschuhe fanden besondere Aufmerksamkeit, hatten sie doch so etwas noch nie gesehen. Man wollte uns wieder laufenlassen. Da wir aber kein Quartier hatten und das Übernachten im Freien zu gefährlich erschien, durften wir im Kittchen bleiben. Am nächsten Tag wurden wir mit einer Eskorte zur Bahn gebracht. Das war für uns ein ganz unerwartet großer Vorteil, denn auf dem Bahnhof herrschte ein Gedränge und Getümmel. Die Züge waren derart überfüllt, daß wir ohne unseren Begleitschutz nie durchgekommen wären.

«Für Europäer gab es vornehme Busse. Die waren uns aber zu teuer, und wir zogen es vor, mit einem Bus der Einheimischen zu reisen.» Unterwegs nach Marrakesch

Von Algeciras aus fuhren wir mit dem Schiff vorbei an Gibraltar, nach Ceuta. Das erste Bad an der afrikanischen Küste war sogleich ein Reinfall. Es blies trotz hochsommerlicher Hitze ein kalter Wind. Die Klippen waren auch nicht gerade schön und voller Seeigel, in deren Stacheln wir sogleich hineintappten. Dann klatschten uns auch noch ein paar Quallen auf die Hand, die ärger brannten als Brennesseln, so bedient, zogen wir uns zurück aufs Land. Dort ging unser Dilemma weiter. Ein ganzes Rudel Araberbengel verfolgte uns und hatte ein Riesenvergnügen, als wir mit unseren genagelten Bergschuhen auf den leicht an- und abfallenden Straßen, deren Oberflächen durch die Schweißfüße der Araber blankpoliert waren, immer wieder ausrutschten und hinknallten, bis wir die Schuhe auszogen und auch barfuß liefen.

Eine kurze Bahnfahrt brachte uns nach Tetuan. Von hier aus ging es mit dem Bus über das Rifgebirge nach Larache. Für Europäer gab es vornehme Busse. Die waren uns aber zu teuer, und wir zogen es vor, mit einem Bus der Einheimischen zu reisen. Morgens um acht Uhr sollte er am Marktplatz abfahren. Wir mit unserer deutschen Pünktlichkeit waren zur Stelle, aber nicht der Bus. Von allen Seiten wurde uns versichert, daß er schon kommen werde. Wir machten es wie die Araber und setzten uns in den Staub und warteten ergebenst. Endlich mittags war es soweit. Mit lautem Geschrei wurde der Bus erstürmt. Mit unserem Gepäck ergatterten wir einen Platz auf dem Dach. Dafür hatten wir frische Luft, einen schönen Zugwind und herr-

Postkarte aus Marrakesch von Anderl Heckmair an seinen Bruder Hans: «Marrakesch ist unbändig, bloß ein wenig warm. Im Schatten 43–48 Grad. Fühlen uns aber dabei sauwohl.»

liche Aussicht. Wir waren ganz zufrieden, bis bei der Dämmerung mitten im Gebirge Schüsse fielen. Mit Vollgas fuhr der Chauffeur eine steile, steinige Straße bergab, daß wir bald vom Dach gefallen wären.

Erst am nächsten Abend erreichten wir bei wunderbarem Sonnenuntergang die atlantische Küste. Weiter ging die Fahrt über Rabat, Casablanca nach Marrakesch. Jetzt waren wir unserem ersten Ziel, dem Hohen Atlas, so nah wie München dem Schliersee. Von den Bergen sahen wir nichts; dafür von der Stadt um so mehr. Marrakesch ist eine große Oasenstadt mit einem Europäer- und einem Araberviertel. Dazwischen ein wundervoller Palmenpark, in dem wir uns häuslich niederließen. Wieder ergaben sich unerwartete Schwierigkeiten. Marrakesch war vor noch gar nicht so langer Zeit, wie man sagte, «friedlich» unterworfen worden. Unser Zielgebiet im Hohen Atlas lag jenseits der Demarkationslinie. Um die Erlaubnis zu erhalten, diese Linie zu überschreiten, mußten wir eine Kaution hinterlegen, die wir nicht hatten. Dafür hatten wir Empfehlungsschreiben vom Deutschen Alpenverein und vom Schweizer Alpen-Club. Das mußte erst nachgeprüft werden. Telegramme gingen hin und her. Das dauerte mehrere Tage, die wir, soweit es Gustl und mich betraf, nicht ungenützt vergehen lassen wollten.

Unsere Erkundungen im Araberviertel «Medina» wurden immer ausgedehnter, und bald hatten wir heraus, daß das eigentliche Leben erst nach Sonnenuntergang begann. Der Marktplatz belebte sich. Märchenerzähler und Schlangenbeschwörer fanden ihren Zuschauerkreis. Dazwischen waren Stände, die allerhand Leckerbissen anboten. Wir naschten auch davon, und

In den Straßen von Marrakesch

neben uns standen zwei tiefverschleierte Araberinnen, die uns mit ihren Augen anblitzten. Die Blitze schlugen ein, wir packten sie unterm Arm und bedeuteten ihnen, daß wir zu ihnen gehen möchten. Anscheinend hatten sie sofort verstanden und waren gleich dabei. Damit die Sache auch den nötigen Schwung bekommt, erstanden wir noch eine Flasche Wein, und erwartungsvoll ließen wir uns führen. Das Viertel wurde düsterer, und dunkler, bis endlich eine der Frauen an ein Tor klopfte, das geöffnet wurde. Ein romantischer, mit mehreren Petroleumfunzeln erhellter Innenhof tat sich auf. Auf Matten kreuz und quer schliefen oder dösten Araber und nahmen von uns keinerlei Notiz. Im Hintergrund führte, völlig unromantisch, eine eiserne Treppe zu einer Zellenreihe im oberen Stock empor. In eine dieser Zellen führten uns unsere Schönen, wir ließen uns auf den arabischen Lederpolstern erwartungsvoll nieder. Viel reden konnten wir nicht, dafür um so mehr greifen. Um die Stimmung zu heben, prosteten wir uns erst einmal zu und reichten die Flasche, großzügig, wie wir waren, auch unseren Eroberungen. Bei der Gelegenheit wollte es Gustl genau wissen, was wir uns da eingehandelt hatten, und riß der einen den Schleier vom Gesicht. Darauf sahen wir eine platte Nase, aufgeworfene, mit Rufernschmarrn bedeckte Lippen, und die Jüngste konnte sie auch nicht mehr sein. Entsetzt sprangen wir auf, die beiden fingen zu schreien an wie aufgespießt. Wir packten unsere Flasche Wein, stürmten zur eisernen Treppe und sausten diese mit unseren Nagelschuhen hinab, daß die Funken sprühten. Ich tappte einem Schlafenden auch noch auf den Bauch. Im Nu war ein Aufruhr in der ganzen Behausung, daß sich kein Mensch mehr auskannte. Wie durch ein Wunder ging das Tor auf, und wir kugelten auf die Straße. Ich lag noch im Dreck und rief: «Gustl, hast' dir was getan?» – «Nix feit, bin scho' da!» In diesem Augenblick patrouillierten Soldaten der Fremdenlegion durch die Straße, und einer rief ganz erstaunt: «Ihr seid ja Deutsche? Da habt ihr aber Glück gehabt!» Beim Anblick der Legionäre strömten die Araber zurück, das Tor donnerte zu, und wir erhoben uns. «Wie kommt ihr hierher? Wir sind auch Deutsche und in der Legion. Kommt mit, wir bringen euch raus, das hier ist ein ganz gefährliches Viertel.» Wir hatten wirklich Glück gehabt.

Nach dem üblichen Gefrage «woher, wohin, zu was» setzten sie uns in einem Café ab. Wir sollten warten, sie kämen in Zivil zurück. Es war kein gewöhnliches Café, sondern mehr ein Cabaret, in dem von exotischen Schönheiten Brust- und Bauchtänze vorgeführt wurden. Gemessen an dem bewegten Abenteuer, das wir gerade überstanden hatten, langweilten uns die Darbietungen. Froh waren wir, als unsere neugewonnenen Freunde wieder erschienen. Sie bezahlten unsere Zeche und sagten: «Wir werden euch jetzt Marrakesch zeigen.» Wir waren schon ganz gespannt. Sie führten uns geradewegs in ein Bordell. Da saßen die «Damen» unverschleiert in nachthemdartigem Gewand und machten uns schöne Augen. Einer nach dem anderen verschwand mit einer Auserwählten, auch der Gustl packte eine z'am. Nur ich saß herzklopfend da und hatte genau das, was Karl Valentin so klassisch formulierte: «Woll'n hätt i scho, aber dürfen hab' i mir nicht getraut.» Mit dem mitleidigen Blick von den Legionären, «da kann man halt auch nichts machen», verließen wir das «freie» Haus, und sie führten uns auf verschlungenen Gassen zu einem Viertel, in dem Frauen und Kinder der Araber eingeschlossen werden, die aus der Wüste kommen und nach Casablanca weiterziehen, um ihre Geschäfte zu tätigen. Das Viertel wurde schwer bewacht. Die Legionäre durften es nicht betreten. Uns aber als Touristen, nachdem wir uns ausgewiesen hatten, wurde der Zugang nicht verwehrt. Drei Tage und Nächte blieben wir in diesem Viertel. Geld hatte keine Bedeutung, aber meine Unschuld war dahin. Als wir wieder herauskamen und unsere Kameraden trafen – sie waren von den Legionären unterrichtet, wo wir waren –, haben sie uns aufgenommen wie verlorene Söhne. Die Genehmigung zur Weiterreise war inzwischen auch erteilt.

Auf einem Gipfel im Hohen Atlas: «Wir hatten einen faszinierenden Fernblick nach Süden in die Wüste. Da keimte in mir der Wunsch, auch einmal in diese Unendlichkeit einzudringen.»

Die Berge des Hohen Atlas waren zwar interessant, aber gar nicht imposant. Wir suchten uns die reizvollsten Anstiege über felsige Grate und durch schroffe Wände, erstiegen den höchsten, den 4100 Meter hohen Tubkal, und hatten einen faszinierenden Fernblick nach Süden in die Wüste. Da keimte in mir der Wunsch, auch einmal in diese Unendlichkeit einzudringen. Ich ahnte nicht, daß sich dieser Wunsch tatsächlich einmal erfüllen würde. Wir erstiegen viele Gipfel. Was bedeuten schon solche «Erstbesteigungen». Uns hat es Spaß gemacht, aber nach vier Wochen hatten wir genug.

Die Heimfahrt war nicht weniger abenteuerlich. In Barcelona holten wir unsere eingestellten Fahrräder ab. Wir waren froh, nicht mehr auf Fahrplan und Zeiteinteilung angewiesen zu sein, und fuhren die Riviera entlang wieder nach Marseille, aber diesmal vorbei, und über Genua, durch die Po-Ebene und über den Brenner zurück in die Heimat. Wir hatten noch einige Lire übrig, die wir schnellstens in Schillinge umtauschten, um noch acht Tage im Wilden Kaiser zu bleiben. Das erst war der richtige Ausklang unserer alpinen und anderen Erlebnisse.

Anderl Heckmair als
Skilehrer in der Schweiz

VON IRGEND ETWAS MUSS MAN LEBEN

Zu Hause angekommen, stand ich – wie immer – vor dem Problem, wie und wovon ich leben soll. Die Münchner Wohnung hatte ich aufgegeben und zog zu meinem Bruder nach Bayrischzell, dem ich aber auch nicht auf Dauer meine Ernährung zumuten konnte.

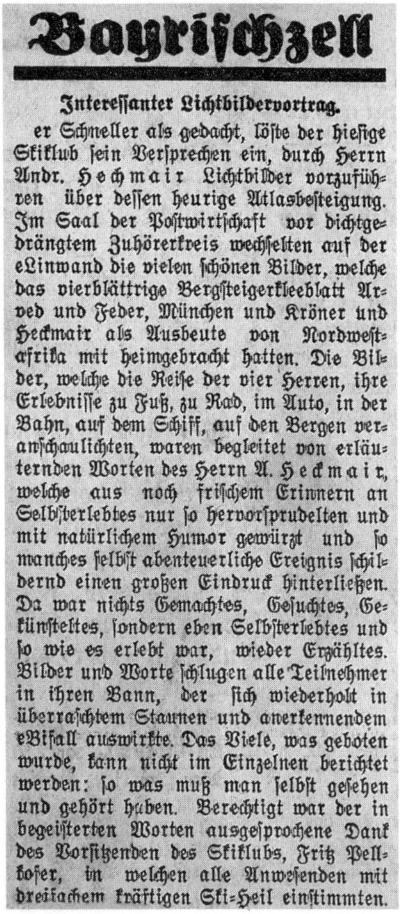

Bayrischzell

Interessanter Lichtbildervortrag.

er Schneller als gedacht, löste der hiesige Skiklub sein Versprechen ein, durch Herrn Andr. Heckmair Lichtbilder vorzuführen über dessen heurige Atlasbesteigung. Im Saal der Postwirtschaft vor dichtgedrängtem Zuhörerkreis wechselten auf der eLinwand die vielen schönen Bilder, welche das vierblättrige Bergsteigerkleeblatt Arved und Feder, München und Kröner und Heckmair als Ausbeute von Nordwestafrika mit heimgebracht hatten. Die Bilder, welche die Reise der vier Herren, ihre Erlebnisse zu Fuß, zu Rad, im Auto, in der Bahn, auf dem Schiff, auf den Bergen veranschaulichten, waren begleitet von erläuternden Worten des Herrn A. Heckmair, welche aus noch frischem Erinnern an Selbsterlebtes nur so hervorsprudelten und mit natürlichem Humor gewürzt und so manches selbst abenteuerliche Ereignis schildernd einen großen Eindruck hinterließen. Da war nichts Gemachtes, Gesuchtes, Gekünsteltes, sondern eben Selbsterlebtes und so wie es erlebt war, wieder Erzähltes. Bilder und Worte schlugen alle Teilnehmer in ihren Bann, der sich wiederholt in überraschtem Staunen und anerkennendem eBifall auswirkte. Das Viele, was geboten wurde, kann nicht im Einzelnen berichtet werden: so was muß man selbst gesehen und gehört haben. Berechtigt war der in begeisterten Worten ausgesprochene Dank des Vorsitzenden des Skiklubs, Fritz Pellkofer, in welchen alle Anwesenden mit dreifachem kräftigen Ski-Heil einstimmten.

«Halt einen Vortrag über deine Erlebnisse!» Das tat ich zwar nicht gerne, aber der Not gehorchend, stopselte ich einen Vortrag über «Schwere Fels- und Eisfahrten» zusammen, den ich erstmals in Bayrischzell, vom Manuskript ablesend, hielt. Zu meinem Erstaunen waren alle ganz begeistert, am meisten beeindruckte mich die Anerkennung eines Millionärs, der in Bayrischzell wohnte. Er drückte mir die Hand und sagte: «Ich hab' die ganze Welt gesehen, aber um Ihre Erlebnisse beneide ich Sie.» Das sagte mir ein Millionär! Für den Vortrag erhielt ich 10 Mark, was mir schon sehr bedeutend vorkam. Auch in München interessierten sich einige Sektionen für meinen Vortrag, und ich erhielt schon 20 bis 40 Mark.

Mit dem Geld kaufte ich Lebensmittel und zog mich zurück auf unsere Alm auf dem Spitzing, wo ich nun den ganzen Winter über hauste. Alle vier Wochen ein Vortrag genügte, um den ganzen Monat davon leben zu können. In dieser Zeit baute ich auch einen zweiten Vortrag über die Marokko-Fahrt zusammen, mit dem ich bei der «Uraufführung» wieder in Bayrischzell nicht weniger Erfolg hatte. Auch Kurgäste waren anwesend; einer aus der Sektion Hamburg lud mich ein, in Hamburg zu sprechen.

So fuhr ich in den für mich tiefsten Norden, wo ich schon am Bahnhof mit einem eleganten Wagen von einem Chauffeur abgeholt wurde. In einer vornehmen Villa an der Alster war ich zu Gast und wurde besonders von der erwachsenen Tochter und dem Sohn des Hauses betreut. Darüber habe ich meinen Vortrag fast vergessen.

Als «Bergführer» im Film «La croix des cimes», 1935

Ich weiß auch nicht mehr, wie es kam, daß ich mich ganz allein, mit einem Stangenanzug angetan, gerade noch termingerecht zu dem Vortragshaus durchfragte. Es war ein mächtiger Bau. Vor dem Portal stand ein uniformierter Portier, der mich schon gar nicht hineinlassen wollte, bis einer von der Sektion kam und mich holte. Als ich den Saal sah, erschrak ich nicht

wenig. Er faßte 2000 Personen, war gerammelt voll und strahlte von gepflegter Atmosphäre. Und da sollte ich sprechen! An einem Tisch bei einem Glas Wein wurde ich beruhigt. Die Bilder gab ich ab, das Manuskript legte ich auf das Vortragspult und harrte der Dinge, die da kommen sollten. Endlich war es soweit. Nach der Einführung des Vorredners betrat ich das von Mikrophonen gespickte Pult, schlug das Manuskript auf und erstarrte. Die abgegebenen Bilder waren von Afrika und das Manuskript von meinem Vortrag über «Schwere Eis- und Felsfahrten». Es verschlug mir die Sprache. Im Saal herrschte auf einmal atemlose Stille. Kein Mauseloch tat sich auf, in dem ich verschwinden konnte. Irgend etwas mußte ich unternehmen. Da packte mich die Wut, ich schlug mit der Hand auf das verdammte Manuskript, daß es, durch die Mikrophone verstärkt, wie ein Donnerschlag erklang, und sagte ganz einfach: «Es tut mir furchtbar leid, jetzt habe ich die Bilder von einem und das Manuskript vom anderen Vortrag. Da Sie aber meine Mundart sowieso nur zur Hälfte verstehen, sehen Sie sich doch wenigstens die Bilder an.» Dröhnendes Gelächter im ganzen Saal, das mich aber auch nicht mehr erschüttern konnte. So habe ich den ersten freien Vortrag, ohne Zettel, ohne Manuskript, meines Lebens gehalten, einen durchschlagenden Erfolg gehabt und nie mehr ein Manuskript verwendet.

Ein Gedanke beschäftigte mich schon seit langem. Leo Rittler hatte seine Anwartschaft als Bergführer gemacht. Wir hatten ungefähr den gleichen alpinen Werdegang, warum sollte ich nicht versuchen, an seiner Stelle die Prüfung zu machen. Mit diesem Problem wendete ich mich wieder einmal an Dr. Wilo Welzenbach. Er versicherte mir, er würde sehen, was sich tun ließe. Welzenbach hatte großen Einfluß: Im Juni 1933 bekam ich meine Einladung zur Teilnahme am Bergführerkurs und zur Prüfung nach Innsbruck.

Sechs Wochen dauerte die Ausbildung: Vier Wochen Theorie in einem Raum der Universität und zwei Wochen Praxis auf einer Hütte und darauf die Prüfung. Mit meiner Vorschulung durch Gartenbauschule, Praxis in Fels und Eis habe ich mich wirklich nicht schwer getan. Deshalb bin ich auf meinen «Einser» auch nicht besonders stolz gewesen.

Die Grandes Jorasses waren nicht vergessen, im Gegenteil: Gustl drängte auf einen neuen Versuch. Doch gerade um Gustls willen hatten mich Hemmungen gepackt. Er hatte sich inzwischen verlobt, sein Vater hatte einen Betrieb mit zehn Gehilfen, den er einmal führen sollte, und Gustl selbst hatte

Als Skilehrer in Davos, um 1935

künstlerische Talente zum Verschenken. In der Kunstakademie in München hatte er studiert. Die führende Zeitschrift für angewandte Kunst «Die Mappe» brachte von ihm ein Sonderheft heraus. Seinen Zeichen- und Malblock hatte er immer dabei, um jedes Motiv, das ihm gefiel, festzuhalten. So hat er, weil es einfach unmöglich war, in solcher Situation zu fotografieren, die einzelnen Szenen in der Charmoz-Nordwand zeichnerisch festgehalten. Meine Ansicht war, daß man bei einer solchen Anhäufung von Plusfaktoren einfach kein solches Risiko, wie wir es vorhatten, mehr auf sich nehmen dürfe. Wir kamen fast zum Streit. Er wollte meine Argumente nicht gelten lassen. Daher verbündete er sich mit einem nicht minder fanatischen Bergsteiger aus Pforzheim, Walter Stößer. Beim Versuch der zweiten Begehung der Matterhorn-Nordwand ist er durch Steinschlag ums Leben gekommen. Für mich war der Tod des Freundes erschütternd.

Die Nachricht erhielt ich in den Dolomiten, wo ich auch gerade eine steinschlaggefährdete Tour gemacht hatte. Stahlhelme aus dem Ersten Weltkrieg lagen überall herum, und ich nahm mir einen zur Erprobung gegen den Steinschlag mit nach Hause. Ich wollte es genau wissen, wie das ist, wenn ein harter Schlag darauf erfolgt, und forderte meinen Bruder auf, mit einer Eisenstange auf den Helm zu schlagen, den ich mir auf den Kopf gesetzt hatte. Der Helm hat die Wucht des Schlages sehr gut abgehalten, aber mir tat eine Woche lang das Genick so weh, daß ich zum Doktor ging.

Da die Führungen so spärlich waren, daß ich nicht davon leben konnte, verdingte ich mich bei einer Reisegesellschaft, der ich im Winter den Skilehrer machte, als Reiseleiter. Die erste Reise ging durch das bayrische Oberland. Ich war selbst erstaunt, wieviel ich zusätzlich zu dem Programm, das ich mitbekam, wußte. Bergsteigen kann auch bildend sein. Die nächste Reise ging in die Dolomiten, dann nach Venedig und zuletzt dreimal in die Westalpen. Einmal hatten meine Omnibusgäste Pech mit mir, oder ich mit ihnen. Es war eine schwäbische Lehrervereinigung, die den ganzen Omnibus gemietet hatte. Ich wurde von Anfang an scheel angesehen und, um mich zu testen, schon im Stadtgebiet gefragt: «Herr Reiseleiter, was ist das für ein Denkmal?» – «Tut mir leid, ich bin Bergführer und nur aushilfsweise als Reiseleiter eingesetzt, weil dies eine Alpenfahrt ist.» Darauf hatte ich Ruhe, bis die ersten Berge auftauchten. «Was sind das für Berge?» Es waren die Mythen, die ich auch nicht kannte, und ich gab zur Antwort: «Vorberge.» So kann nur ein Schulmeister einen abkanzeln, wie ich nun ausgeschimpft wurde.

Endlich in Zermatt. Es regnete zu meiner Schadenfreude zwei Tage ununterbrochen. Drei Tage Aufenthalt hatten wir, und in der Nacht zum dritten Tag klarte es plötzlich auf. Um drei Uhr nachts marschierte einer der Lehrer im Nachthemd mit einer Kerze in der Hand wie der Darmolmann durch die Gänge des Hotels und rief mit lauter Stimme für alle, die es hören und auch nicht hören wollten: «Das Matterhorn ist frei, das Matterhorn ist frei!» An meiner Tür rüttelten gleich mehrere, daß ich ja die erste Bahn auf den Gornergrat für die Gesellschaft bestelle. Das gelang mir auch, und oben angekommen, war ich selbst überrascht von diesem strahlenden Tag. Alles war mit Neuschnee tief überzuckert, der Himmel hatte ein unwahrscheinliches Blau. Ich stellte mich auf einen Stein und erklärte die Berge ringsum, wann sie erstiegen wurden und was sich da und dort für Siege und Dramen ereignet hatten. Immer größer wurde mein Zuhörerkreis, auch von anderen Leuten, die dann begeistert Beifall spendeten. Nicht so ein mickriges Männchen aus meiner «Herde», der mit Karte und Buch meine Ausführungen verfolgte. «Den Berg haben Sie falsch genannt!» Wahrscheinlich hat er woanders hingesehen. «Und diesen Berg haben Sie ganz unterschlagen und nicht genannt!» Weil er für mich nicht wichtig war. Mich übermannte der Ärger, ich bot ihm den Götz von Berlichingen an und sprang vom Stein. Das hat mir eine gerichtliche Klage eingebracht, die aber in Deutschland nicht angenommen und in der Schweiz als Bagatelle abgewiesen wurde.

Die Hörnlihütte und das Matterhorn zu Beginn der dreißiger Jahre

Von der Reiseführerei hatte ich genug. Zu Hause angekommen, wartete schon die nächste Gruppe, wieder Lehrer von derselben Vereinigung, für die gleiche Reise. Von der Leitung wurde ich händeringend gebeten, noch einmal einzuspringen und die Fahrt zu übernehmen. Was blieb mir anderes übrig. Die Stimmung war jedoch wie ausgewechselt. Alles verlief in schönster Harmonie, und mir trug es die Erkenntnis ein, daß die Masse der Menschen sich immer nach einer Minderheit richtet, im positiven wie auch im negativen Sinne, und daß ein Kollektivurteil das Verkehrteste ist, was es gibt. Eine Erkenntnis, die mir gerade in dieser Zeit der Hochblüte des Nationalismus sehr zustatten kam.

Auch mit dieser zweiten Gruppe war ich wieder drei Tage in Zermatt, sehr zu meiner eigenen Freude, bei schönstem Wetter. Da ich mir auch einen Tag freinehmen konnte, wollte ich aufs Matterhorn gehen. Ich war aber sozusagen in Zivil, hatte weder die richtige Bekleidung noch die nötige Ausrüstung. Darum nahm ich meinen Vorsatz selbst nicht ganz ernst. Meine Halbschuhe ließ ich mir noch schnell nageln (Gummisohlen kannte man noch nicht), ein Paar Strümpfe und einen Pullover kaufte ich mir. So verließ ich um vier Uhr morgens mit einem Lunchpaket unterm Arm das Hotel. Das Notwendigste steckte ich mir in die Taschen und das übrige warf ich als Fischfutter in die reißende Visp. Um halb acht Uhr war ich schon oben am Hörnli. Ein österreichischer Bergführer erkannte mich und sagte mir auf den Kopf zu: «Du gehst ganz bestimmt hinauf!» – «Nein, nur so weit, wie es leicht und gut geht.» – «Nimm wenigstens meinen Pickel mit!» Das tat ich dann auch und eilte weiter. Auf der Solvayhütte überholte ich schon die erste Partie. Ich wollte bestimmt kein Rennen unternehmen oder gar einen Rekord aufstellen, aber ich war zu einem beschleunigten Tempo aufgelegt und von niemand behindert. Über der Schulter an den fixen Seilen mußte ich wegen einer absteigenden Partie warten. Das war mir schon nach fünf Minuten zuviel, und ich suchte mir einen anderen Durchstieg. Oberhalb dieser Steilstufe traversierte ich am Rand von Fels und Eis wieder zur normalen Route zurück. Ein Führer saß da und sicherte seinen Touristen. Als er mich erblickte, erstarrte er und hat mich wohl für einen Berggeist oder einen Wahnsinnigen gehalten. Ich konnte es ihm auch nicht verdenken, hatte ich doch eine lange Flanellhose an, den Pickel unter dem Arm geklemmt, die Hände in den Taschen, denn es war kalt, und doch nur den Pullover an, von den Halbschuhen gar nicht zu reden. Endlich bekam er Luft und stieß die Frage aus: «Wo kommen Sie denn her?» Ich konnte es mir nicht verkneifen, die Komik der Situation reizte mich auch, so daß ich antwortete: «Aus dem Gebirge.» Jetzt erst brach Zorn bei ihm aus, und er schimpfte, womit ich ihm durchaus recht geben mußte. «Das ist ja Gott versucht!» Bevor er weiterschimpfen konnte, machte ich ihn aber gleich auf einen Fehler von ihm aufmerksam. In seiner Überraschung hatte er weder auf sein Seil noch auf seinen Touristen, der im Abstieg war und von uns nichts hörte und sah, acht gegeben. Das Seil rollte von den losen Schlingen ab. «Was machen Sie denn, wenn jetzt Ihr Tourist fällt?» Hastig griff er wieder ins Seil, ich ging gleich weiter, denn zu langen Erklärungen hatte ich weder Lust noch Zeit. Noch ein paar Partien überholte ich. Am Gipfel saß ich allein. Es war so windstill, daß die Streichholzflamme, mit der ich mir eine Zigarette anzündete, völlig ruhig brannte. Ich war noch öfters auf diesem Gipfel, aber das habe ich nie wieder erlebt.

Als die zuletzt überholte Partie heraufkam, bin ich sofort abgestiegen. Ich wollte mit niemand sprechen, denn es hätte mich doch niemand begriffen. Direkt peinlich war es mir, alle Partien nun im Abstieg wieder überholen zu müssen, und ich bin absichtlich in die Ostwand ausgewichen. Genau der Bergführer, mit dem ich zuvor das Techtelmechtel hatte, rief mir zu: «Die Route ist viel weiter links am Grat!» Ich bedankte mich und hab' mich nun brav auf der Route gehalten. Zum Fünf-Uhr-Tee war ich wieder im Hotel, und niemand hat mir geglaubt, daß ich oben war. Mir war es gleich, ich hatte meinen Spaß und, ehrlich gesagt, meine innere Befriedigung, die mir mehr wert war als alle äußere Anerkennung. Nur der österreichische Bergführer, dem ich den Pickel zurückbrachte, zweifelte keinen Augenblick: «Ich hab's doch gleich gewußt, daß du raufgehst, auch wenn du dich noch so tarnst, mir hast du nichts weisgemacht.»

Er hatte eben Augen im Kopf. Da habe ich schon weniger scharf hingesehen, als ich – es war wohl der Sommer 1933 – von Ellmau zur Gaudeamushütte hinaufging und am Weg Hans Steger begegnete, der zwei recht auffällig zurechtgemachte Damen führte. Mein Gedanke war, wie kann man mit so etwas überhaupt ins Gebirge gehen, und ich schlug mich seitwärts in die Büsche. Auf der Hütte trafen wir aber natürlich doch zusammen, und an den folgenden Tagen herrschte Sauwetter. Wir veranstalteten unseren gewohnten Hüttenzauber, der weder leise noch zimperlich ist. Die beiden Damen saßen still in der Ecke und freuten sich offenbar an der Gaudi. Bei unseren bescheidenen – bei Mutter Maria aber immer reichlichen – Mahlzeiten stand immer wieder Wein auf dem Tisch. Das Eis schmolz, und wir ließen die beiden Damen an unserem fröhlichen Tun aus Dankbarkeit für die vielen Viertel Roten Anteil haben, nahmen sie, als es aufgeklart hatte, ans Seil und machten ein paar Touren, wobei sie sich nicht einmal ungeschickt anstellten.

Unvergessene Memy...

Worauf mich die, der ich mich besonders widmete, einlud, den Winter in St. Moritz zu verbringen und in ihrem Klub als Skilehrer zu fungieren. Das war für mich die Erfüllung von Wunschträumen. Es entwickelte sich ein freundschaftliches Verhältnis, das dazu führte, daß der Mann meiner «Freundin», der Filmproduzent war, mit dem ganzen Stab von Filmleuten in den Kaiser kam, um unter unserer Mitwirkung einen Film zu drehen. «La Croix des Cimes» war der Titel. Zur Synchronisierung mußten wir dann mit nach Paris und lernten das Leben von einer wieder ganz anderen Seite kennen. Unvergessene Memy...

Ein paarmal hat es so in meinem Leben Kreuzungen gegeben, und jedesmal habe ich den Weg genommen, der mich wieder in die Berge brachte. Auch wenn eine Frau da stand. Hätte ich einen anderen genommen, wäre mein ganzes Leben anders gelaufen. Vielleicht wäre ich ein Playboy geworden, vielleicht Adoptivsohn einer einflußreichen, bezaubernden französischen Familie. Vielleicht...

Anderl Heckmair 1935
in Paris – fast wie
ein Filmstar

GEHÖRE ICH SCHON ZUM ALTEN EISEN?

Vom Reiseleiten hatte ich genug, Geld hatte ich auch, also konnte ich wieder in die Berge gehen. In München wußte ich noch einen Freund, der scharf auf die Grandes Jorasses war und zu den besten Kletterern gehörte. Es war Martin Maier, der gleich für meinen Plan eingenommen war. Wir vereinbarten das Nötigste und trennten uns wieder.

Inzwischen bekam ich eine Führung in die Dolomiten; vorher fuhr ich nochmals nach München, um Einzelheiten mit Martin zu vereinbaren, doch den Martin traf ich nicht mehr an. Es wurde mir nur ausgerichtet, er sei verreist. Wohin, mit wem, war unbekannt. Sehr enttäuscht schlich ich durch Münchens Straßen, und um eine Hausecke herum traf ich auf einen anderen Bergkameraden, Ludwig Steinauer. «Du wolltest doch auch schon mal in die Grandes Jorasses gehen?» – «Mit dir gehe ich sofort, wann gehen wir?» – «Ich muß erst in die Dolomiten, bin aber am dritten August auf der Leschaux-Hütte. Ich brauche aber einen Pickel, Steigeisen und dies und jenes.» – «Abgemacht, ich komme und bringe alles mit.» Frohgemut fuhr ich in die Dolomiten, absolvierte meine Führung und war am ersten August in Courmayeur.

Am nächsten Tag wollte ich auf die Turinerhütte und dann hinab übers Mer de Glace zur Leschaux-Hütte. Allein über die Gletscher zu gehen, paßte mir nicht. Einen Führer zu nehmen, kam mir gar nicht in den Sinn. Bei meinem Bummel in Courmayeur fiel mir außerhalb ein Zelt auf; vielleicht sind es Bergsteiger, die auch da hinüber wollen. Bergsteiger waren es nicht, aber junge Dänen, die wirklich nach Chamonix wollten. «Da habt ihr aber Glück, ich bin Bergführer und nehme euch mit über das Montblanc-Massiv.» Sie wären ganz bescheiden über den Kleinen St. Bernhard gewandert. Morgens sechs Uhr warteten sie schon abmarschbereit, mittags um zwölf Uhr waren wir auf der Turinerhütte. Nach einer kleinen Rast konnten wir gleich weitergehen; sie waren trotz ihres schweren Gepäcks wirklich gut gegangen. Daß sie nur Shorts und ein sehr unzulängliches Schuhwerk anhatten, genierte mich nicht weiter. Vor Betreten des Gletschers seilte ich sie an und gab ihnen die notwendigen Anweisungen. Schon nach den ersten 500 Metern stürzte der Vorausgehende in eine Spalte. Bald hatten wir ihn, ziemlich bleich, wieder heraußen. «Da braucht ihr gar nicht so erschrecken, das ist auf einem Gletscher so üblich, darum seid ihr ja angeseilt.» In Wirklichkeit war ich froh, daß ich auch am Seil war. Durch mehrere Spaltenflüge unterbrochen, dirigierte ich sie in Richtung Requin-Hütte.

Es kam eine Gruppe entgegen und in etwa 100 Meter Abstand ein Einzelgänger. Auf Sichtweite erkannte ich den Martl; mit Freudengeheul haben wir uns umarmt. «Warum hast du in München nichts mehr von dir hören lassen?» – «Ich hab' dir doch einen Brief hinterlassen!» – «Den ich aber nicht bekommen habe, jetzt bin ich mit dem Steinauer auf der Leschaux-Hütte verabredet. Der wird heute oder morgen kommen, und meine Sachen bringt er auch mit, da ist nichts mehr zu ändern. Wir müssen halt zu dritt gehen.» Von der Idee war Martl gar nicht sehr begeistert. Ich nahm Martl kurz vor mir ans Seil, ließ die Dänen weitergehen. Wir unterhielten uns und paßten nicht auf, bis wir gewahrten, daß wir in ein fürchterliches Spaltengewirr geraten waren. Es half nichts, in eine breite Spalte mußten wir uns abseilen und auf der anderen Seite, die recht und schlecht erkletterbar war, wieder raus. Die armen Dänen, denen solche Manöver völlig neu waren, waren zuletzt ganz zerschunden, als wir auf der Requin-Hütte anlangten. Von hier aus ging ja ein Weg nach Montenvers. Sie blieben über Nacht, und wir eilten noch zur Leschaux-Hütte, wo Steinauer tatsächlich schon da war. Die Begrüßung zwischen ihm und Martl war etwas frostig, aber auch er mußte sich in die gegebene Lage fügen.

Die Leschaux-Hütte vor dem zerfurchten Leschaux-Gletscher

Zuerst galt es, ein paar Tage zu überbrücken, die der Vorbereitung dienten. Die Leschaux-Hütte war im Umbau, wir verzogen uns in eine Höhle 100 Meter oberhalb. Da kamen Konkurrenten, Peters und Harringer, auch aus München, die ihr Zelt 100 Meter unter der Hütte auf einer Felsplatte aufschlugen. Einer belauerte den anderen. Ein Annäherungsversuch meinerseits, bei welchem ich Peters undiplomatisch ansprach, sie sollten erst abwarten, was wir machten, beantwortete er damit, er wisse schon selbst, was er zu machen habe. Beleidigt zog ich mich zurück. Das Wetter war so, daß man mit dem besten Willen nichts unternehmen konnte. Eines Tages war es so schlimm, daß uns die Arbeiter aufforderten, unsere Höhle zu verlassen und zu ihnen in die Hütte zu kommen. Das taten wir auch, und die Arbeiter bedeuteten uns, unsere Kameraden aus dem Zelt zu holen. Ich stieg ab zum Zelt und sagte: «Seid doch nicht so stur, die Arbeiter lassen uns in die Hütte. Kommt rauf, bei euch schwimmt ja schon alles.» Harringer folgte meiner Aufforderung, nicht so Peters. Er blieb im Zelt. Wir mußten uns bei den freundlichen französischen Arbeitern für dieses Verhalten förmlich entschuldigen. Sie glaubten, wir hätten den größten Streit.

Das Wetter tobte, wie es nur in den Bergen toben kann. Wir waren froh, ein trockenes Plätzchen zu haben, und verstanden den Peters auch nicht. Plötzlich war draußen ein heller Flammenschein, Peters' Zelt brannte lichterloh. Sein Benzinkocher war explodiert. Wir rannten hinunter und halfen ihm, das Feuer auszutreten. «Jetzt gehst aber wohl mit rauf?» – «Wieso, ich kann da in den Büschen auch weiterschlafen, ich habe noch einen Schlafsack, und die Nässe macht mir nichts aus.» Ich zweifelte an seinem Verstand, der Peters hielt wirklich was aus und war dabei noch in bester Laune, auch als sich das Schlechtwetter noch tagelang hinzog.

Rudolph Peters (links) und Martl Maier gelang 1935 die Erstdurchsteigung der Grandes-Jorasses-Nordwand.

Da nach einem solchen Wettersturz wieder mindestens acht bis zehn Tage vergehen mußten, bis sich die Verhältnisse in der Wand normalisierten, machte ich meinen Freunden den Vorschlag, sie sollten allein auf die Wand passen. Ich hatte noch eine andere Verpflichtung, der ich nachkommen wollte. Sie waren nicht gerade begeistert von meinem Entschluß, aber meine Argumente mußten sie anerkennen.

Als ich abgereist war, geschah folgendes: Bei erstbester Gelegenheit stiegen Ludwig Steinauer und Martl Maier in die Wand, daß ihnen Peters und Harringer ja nicht zuvorkämen. Sie erreichten den ersten Vorbau rechts der Schlucht und biwakierten dort. Nachts bekam Martl Hunger und machte sich über die Vorräte her. Darauf am nächsten Morgen fürchterliches Geschimpfe von Steinauer. Es kam zum Streit, an ein Weitergehen war nicht mehr zu denken, sie mußten zurück. Steinauer ist darauf auch abgereist, Martl blieb in der Hoffnung, sich Peters und Harringer anschließen zu können. Peters dachte nicht daran, zu dritt zu gehen, ließ Martl sitzen und stieg mit Harringer in die Wand. Die Verhältnisse waren immer noch schlecht, und schon weit oben mußten sie sich am dritten Tag zur Umkehr entschließen. Bei dem anschließenden Biwak rutschte der nicht gesicherte Harringer aus und verschwand mitsamt einem Rucksack, in dem die Biwakausrüstung war, lautlos in der Tiefe.

Peters mußte eine schaurige Nacht überstehen und sich am nächsten Tag mit einem ihm verbliebenen Rest eines Seils abseilen. Schneeblind wurde er auch noch. So erreichte er das große Eisfeld, in dem er von Bergsteigern in der Leschaux-Hütte bemerkt wurde, die ihm sofort zu Hilfe eilten. Darunter war auch Martl Maier. Jetzt erst war Peters bereit, sich mit Martl zu verbinden, und nahm diesen mit dem Motorrad auf seinem nun verwaisten Soziussitz mit nach München zurück. Im nächsten Jahr 1935 gelang ihnen dann zusammen die erste Durchsteigung der Grandes-Jorasses-Nordwand.

Hans Lucke, Eugen Minarek und Anderl Heckmair (v. l.)

Auch in diesem Jahr war ich vom Pech verfolgt. Ich wußte von dem Zusammenschluß Maier-Peters und war ihnen deshalb nicht gram. Für mich galt es nur, einen neuen Gefährten zu finden und der Konkurrenz möglichst zuvorzukommen. Der Gefährte war schnell gefunden: Hans Lucke aus Kufstein, mit dem ich schon viele Touren im Wilden Kaiser gemacht hatte und der mit unverwüstlichem Humor zu allem bereit war. Noch hatten wir eine lange Zeit der Vorbereitung und Finanzierung vor uns. In der Schweiz verdiente ich mein Geld als Skilehrer bei jener Gesellschaft, bei der ich Reiseleiter gespielt hatte. Jede Mark, jeder Franken wurde gespart. Eine Unterstützung konnten wir nicht erwarten. Beziehungen zu sehr reichen Leuten hatte ich auch schon, denen aber konnte und wollte ich nicht die moralische Verantwortung aufhalsen für den Fall, daß es bei uns schiefginge.

Wir reisten, diesmal mit der Bahn, bereits Mitte Juni nach Courmayeur. Beim Aufstieg zur Turinerhütte begann schon unterhalb des Pavillon Menfreddi der Schnee, der derartig sulzig war, daß wir beschlossen, erst einmal hier zu biwakieren. Am nächsten Tag hatten wir Bruchharsch über der Sulz. Das war noch schlimmer, also blieben wir noch einen Tag. Zu allem wurde das Wetter noch schlecht. «Weißt' was, wir sind um drei bis vier Wochen zu früh dran. Steigen wir wieder ab und fahren nach Portofino, da habe ich Freunde, die haben ein Häuschen. Wir warten die Zeit ab, bis sich die Verhältnisse bessern.» Hansei ist mit allem einverstanden, und wir fuhren in Richtung Genua nach Portofino, wo wir mit unseren Skiern, Eispickeln und Nagelschuhen nicht schlecht Aufsehen erregten.

Wir wurden mit Freuden aufgenommen, glaubten diese Freunde doch, sie könnten uns von unserem waghalsigen Vorhaben abhalten. Wir ließen uns gerne verwöhnen und verbrachten drei herrliche Wochen, schwimmend,

Anderl Heckmair am 3. August 1935 in der Nordwand der Großen Zinne

wandernd und «kletternd», denn wir fanden in versteckten Buchten herrliche Kletterfelsen, an denen wir ganz geheim bestens trainieren konnten.

Den Tag unserer Rückreise zum Montblanc hatten wir schon festgesetzt. Am Nachmittag vorher nochmals schnell zu unserem Kletterfelsen, nur so aus reinem Übermut und reiner Freude, und gerade da geschah es, daß ich abspringen mußte und mir den Fuß brach. Das war bitter. Statt nach Courmayeur konnte ich nun zehn Tage später im Gipsverband nach München fahren. Einem Freund in München hatte ich von meinem Unglück Mitteilung gemacht. Er holte mich an der Bahn ab und hatte schon ein so komisches Grinsen aufgesetzt und eine Zeitung unter dem Arm. In großen Lettern war da zu lesen: «Die Grandes-Jorasses-Nordwand durch Peters und Maier bezwungen». Sie haben es also gepackt! Mein Freund tröstete mich: «Sei nicht traurig, wer weiß, für was es gut ist, daß du mit solchem Pech gesegnet wurdest. Außerdem, du bist jetzt bald 30 Jahre alt und gehörst auch schon zum alten Eisen. Such dir eine solidere Lebensbasis und gib diesen Krampf mal auf.» Das waren gut gemeinte, aber harte Worte, an denen ich schwer zu kauen hatte.

Die nächsten Wochen mußte ich im Krankenhaus verbringen, bis mein Bein wieder in Ordnung war. Ich war nicht sehr unterhaltsam, starrte nur auf die Decke und ging mit mir selbst ins Gericht. Bin ich ein Versager? Gehöre ich wirklich schon zum alten Eisen? Dann kann ich es auch nicht ändern, ich werde weiterhin Bergführer bleiben und erst recht nur auf die Berge gehen und durch die Wände steigen, die mir Freude machen, und mich nicht mehr durch ehrgeizige Pläne plagen lassen. Mit der Zeit wurde ich ganz heiter, und nicht nur mein Beinbruch wurde ausgeheilt, sondern auch meine seelische Blähung, von der der Onkel Doktor keine Ahnung hatte.

Kaum entlassen, hatte ich eine Lehrerin in die Dolomiten zu führen. Beim Aufstieg zur Zinnenhütte kamen mir ein paar Nürnberger Bergfreunde entgegen, die mir freudestrahlend erzählten, sie haben die fünfzehnte Begehung der Zinne-Nordwand gemacht, die vorher von Comici durchstiegen wurde und als die schwierigste Kletterei galt. Schon zwickte mich wieder der Ehrgeiz, dem ich doch im Krankenhaus ganz feierlich entsagt hatte. Verstohlen musterte ich meine Lehrerin, ob ich es ihr wohl zumuten konnte, mit in diese Wand zu gehen? Das wäre aber doch zu verrückt gewesen, und ich ließ diesen Gedanken wieder fallen und wollte ganz ehrlichen Herzens der brave Bergführer sein, der seinem Touristen nie mehr zumutet, als dieser zu leisten imstande ist.

In der nur mäßig besetzten Hütte fiel mir einer auf, der mit größtem Appetit sich eine dreifache Abendmahlzeit einverleibte. Es war ein lang aufgeschossener, sympathischer junger Mann. Ich rückte in seine Nähe und bandelte mit der Frage an: «Hat's geschmeckt?» Er musterte mich erstaunt und nickte nur mit dem Kopf. Ich nahm einen neuen Anlauf: «Bist wohl sehr hungrig geworden von einer schweren Tour?» Jetzt endlich würdigte er mich einer Antwort: «Meine Freunde sind schon abgezogen, ich aber habe einen Tag länger Urlaub und wollte nur meine Lire aufzehren.» Schon am Klang seiner Aussprache merkte ich, daß er auch Nürnberger ist. Er gehörte zum Kreis meiner Freunde und war etwas verschnupft, weil er bei der Zinne-Nordwand passen mußte. «Dann können ja wir zusammen reingehen!» Er war mit Wonne dabei, und meine Lehrerin war mit ein oder zwei Tagen Pause auch gerne einverstanden.

Ich war bis zum Rand aufgeladen mit Auftrieb und konnte kaum den nächsten Tag erwarten. Am Morgen trommelte der Regen auf das Dach, unter dem wir schliefen. So paradox es klingt: Bergsteiger sind im allgemeinen bequem und oft auch faul, und ich war von diesen Eigenschaften auch nicht ausgeschlossen. Wenn eine Tour durch das Wetter vereitelt wurde, freute ich mich mit bestem Gewissen, den ganzen Tag verschlafen zu können. Aber in diesem Falle brachte ich vor Ärger kein Auge mehr zu. Gegen sieben Uhr ließ der Regen nach, und eine Stunde später zogen nur noch naßkalte Nebel um die Berge.

Der Kamerad – wir haben uns endlich namentlich vorgestellt, Theo Erpenbeck hieß er – hatte schon den Rucksack gepackt, um ins Tal abzumarschieren. «Bei diesem Wetter kann man doch nicht in eine solche Wand einsteigen, außerdem ist es schon viel zu spät.» Ich bat ihn, wenigstens mit zum Einstieg zu kommen und nur die ersten zwei bis drei Seillängen raufzugehen, dann können wir uns wieder abseilen und ich wäre schon zufrieden. So standen wir schließlich um halb zehn Uhr am Einstieg unter einer Wand, die noch nie ohne Biwak gemacht worden war. Auf dem Vorbau seilten wir an, ich versicherte ihm nochmals, nur zwei bis drei Seillängen zu gehen, dann packte ich an. Nicht einen Haken brauchte ich zu schlagen, es steckten nach meinem Geschmack viel zu viel. Zum Rausschlagen aber nahm ich mir auch keine Zeit, ich hängte nur nicht bei jedem ein, so viel Karabiner hatte ich gar nicht dabei. Nach der dritten Seillänge dachte ich gar nicht mehr ans Umkehren. Theo konnte auch nichts sagen, denn er hatte den Stand noch gar nicht erreicht, als ich schon die Sicherung hinwarf und weiterkletterte.

Nur einmal kam es mir seltsam vor, weil mindestens auf 15 Meter kein Haken mehr steckte. Da sah ich etwa fünf Meter seitlich von mir in einer leicht überhängenden Verschneidung eine ganze Hakenreihe. Das Hinüberqueren zu diesen Haken ohne jegliche Sicherung war nicht ganz so einfach. Einen Haken konnte ich auch nicht schlagen, denn sonst hätte der Freund auch außerhalb der Route heraufgemußt. Als ich den Stand erreicht hatte und nachkommen ließ, hörte ich nur die vorwurfsvolle Stimme: «Hängst du jetzt überhaupt nicht mehr ein?» Kurz vor der Schlucht war so ein halber Meter Dachüberhang. Ich hatte schon gehört, daß andere da eine Schlinge einhängen. Ich hatte keine und reckte mich verzweifelt hinaus und fand einen phantastischen Griff, in dem ich, im Zug hängend, auch die zweite Hand benützen konnte. Auf das Kommando «Nachlassen» baumelten sofort meine beiden Beine in der Luft. Gut, daß ich in der Jugend ein guter Turner war. Ein Klimmzug mit Übersetzung, und ich stand oben. In der Schlucht hätte ich am liebsten das Seil abgelegt, aber dem armen Theo, der schon taubes Gefühl in den Armen hatte, war das gar nicht recht. Die eigentlichen Schwierigkeiten waren vorüber, vom Umkehren brauchten wir nicht mehr zu sprechen. Um drei Uhr nachmittags saßen wir auf dem Gipfel. Theo zog aus dem Rucksack eine Flasche Tee mit Wein, die er nur bis unter die Wand tragen wollte. So köstlich hat mir noch kaum ein Tropfen geschmeckt.

Da wir schon mal im Hetzen und Eilen waren, sind wir auch noch wie die gestutzten Hunde runter und zurück zur Hütte, wo wir mit der Frage: «Wo seid ihr umgekehrt?» empfangen wurden. Wieder einmal wurde ich mit verachtungsvollen Blicken bestraft, als ich antwortete: «Wir sind schon durch und können auch nichts dafür, daß wir schon da sind.» Mein innerer Friede war wiederhergestellt, ich wußte, zum alten Eisen brauchte ich mich noch nicht zu rechnen. Geduldig führte ich meine Lehrerin auf alle von ihr gewünschten Touren. Theo ist schon am nächsten Tag abgereist, und erst nach Jahrzehnten sah ich ihn wieder, nachdem er eine schwere Krankheit überstanden hatte. Von so schwierigen Touren wollte er nichts mehr wissen. Ich dafür um so mehr.

Eine Wand war ja immer noch unbezwungen, und nachdem ich mir mein Selbstvertrauen zurückerobert hatte, konzentrierte ich all mein Sinnen und Streben auf die Eigernordwand.

Anderl Heckmair
beobachtet im Sommer
1937 mit dem Fernglas
die Eigernordwand.

EIGERNORDWAND – VORGESCHICHTE UND ERSTER VERSUCH

Jahre vergingen, bis es soweit war, jedoch in diesem Jahr 1935 wurden die ersten Versuche in der Eigernordwand unternommen. Interessiert verfolgte ich das Geschehen. Aus den Erfahrungen an den Grandes Jorasses wußte ich, daß so eine Wand nicht gleich im ersten Anlauf zu machen ist. Das mag an der Matterhorn-Nordwand möglich gewesen sein, an den Grandes Jorasses schon war es anders und an der Eigernordwand wohl unmöglich.

Max Sedlmayr und Karl Mehringer waren die ersten, die diese mörderische Wand versuchten. Der Bruder von Max, Heini Sedlmayr, war ein guter Freund von mir. Er war aber mehr Skiläufer als Bergsteiger. Von Max Sedlmayr und Karl Mehringer hatte ich noch nie etwas gehört, obwohl sie auch Münchner waren. Jedenfalls haben sie vollen Einsatz geleistet. Die Überwindung der ersten Wandstufe, nach dem Vorbau der Wand, nötigt heute noch höchsten Respekt ab. Sie erreichten das dritte Eisfeld, allerdings erst am vierten Tag. Das Wetter schlug um, und beide kamen ums Leben. Das war der Auftakt zum Ringen um die Eigernordwand.

Karl Mehringer (links) und Max Sedlmayr, die beiden ersten Eigernordwand-Opfer, im August 1935 auf Alpiglen

Die Erregung in den sogenannten Fachkreisen war ungeheuer. Während die einen den Wagemut und die Opferbereitschaft der Akteure in den Himmel priesen, haben andere den Leichtsinn und den Fanatismus, mit denen diese Bergsteiger die Wand an- und in den Tod hineingegangen sind, in die Hölle verdammt. In der Schweiz wurde sogar ein gesetzliches Verbot des Versuchs einer Begehung der Eigernordwand erlassen, später aber auf Einspruch sehr namhafter Schweizer Alpinisten wieder aufgehoben. Diese sagten mit Recht: Wo ist die Grenze? Für den einen ist schon eine Bergwanderung ein Risiko, für den anderen dürfte auch eine Eigernordwand eine Tour, wenn auch eine schwierige, wie jede andere sein. Damit war ein wahres Wort gesprochen, das sich in der Zukunft bewährte, und das Verbot wurde wieder aufgehoben.

Wahrscheinlich hätten wir uns durch dieses Verbot nicht sehr gestört gefühlt, denn es ging um mehr als ein paar Wochen Kittchen. Bis es soweit war, sollte aber noch viel geschehen.

Im Winter 1935/36 war ich Skilehrer in Arosa, Davos, St. Moritz. Im Sommer blieb meine private Tourentätigkeit gegen meine Berufsführungen zurück. Eine Meniskus-Operation hat mich erheblich behindert. Aber auch das ging vorüber, und bald war ich wieder fit.

An der Eigernordwand hat sich im Jahr 1936 allerhand gerührt. Es trafen, unabhängig voneinander, gleich drei Partien mit demselben Ziel am Fuß der

Wand zusammen. Es waren die Münchner Herbst und Teufel, der Reichenhaller Andreas Hinterstoißer und der Berchtesgadener Toni Kurz sowie zwei Innsbrucker, Edi Rainer und Willy Angerer. An ein Zusammengehen war vorläufig überhaupt nicht gedacht. Im Gegenteil, sie gingen sich aus dem Weg, so gut es ging. Zu einem ernstlichen Versuch in der Wand war es noch zu früh in der Jahreszeit. Herbst und Teufel wollten nicht untätig sein und machten als Trainingstour die Erstbegehung der Nordwand des Schneehorns im Jungfrau-Massiv. Beim Abstieg durch die Eiswülste des Jungfraugletschers stürzte Teufel und riß seinen Gefährten mit. Teufel war sofort tot, Herbst mußte in schwerverletztem Zustand geborgen werden. Die Bergung führten die Schweizer Bergführer durch. Auch wenn sie dafür eine Entschädigung erhielten, so stand das in keinem Verhältnis zu den Anstrengungen, Strapazen und Gefahren, denen sie sich dabei aussetzten. Es war nur zu leicht zu verstehen, daß diese Bergführer nicht gut auf die sogenannten Eiger-Kandidaten zu sprechen waren. Was dann, wenn in der Eigernordwand etwas passiert? Und genau das, was die Bergführer befürchteten, ist eingetreten.

Wohl unter dem Eindruck des vorausgegangenen Unglücks haben sich die beiden anderen Seilschaften zusammengeschlossen und traten am 18. Juli um zwei Uhr morgens ihren verhängnisvollen Gang an.

Anderl Hinterstoißer war wohl der führende Mann, und er wich nach Überwindung des Vorbaues, der überhängenden Felszone, nach rechts aus, bewältigte unter der Roten Fluh den sogenannten «Schwierigen Riß». Nach einer relativ leichten Zone machte er einen Seilzug-Quergang von oben her zum ersten Eisfeld herunter. Dieser Quergang wurde nach ihm für alle Zeiten als «Hinterstoißer-Quergang» berühmt. Doch gerade dieser Quergang wurde ihr Verhängnis, denn auch sie mußten – durch einen Wetterumsturz zur Umkehr gezwungen – den Rückzug antreten. Bei der nun völligen Vereisung war es ihnen nicht möglich, diesen Quergang im Rückzug zu bewältigen. Sie mußten sich zu dem verhängnisvollen Entschluß durchringen, ihr Heil durch freies Abseilen zum Vorbau

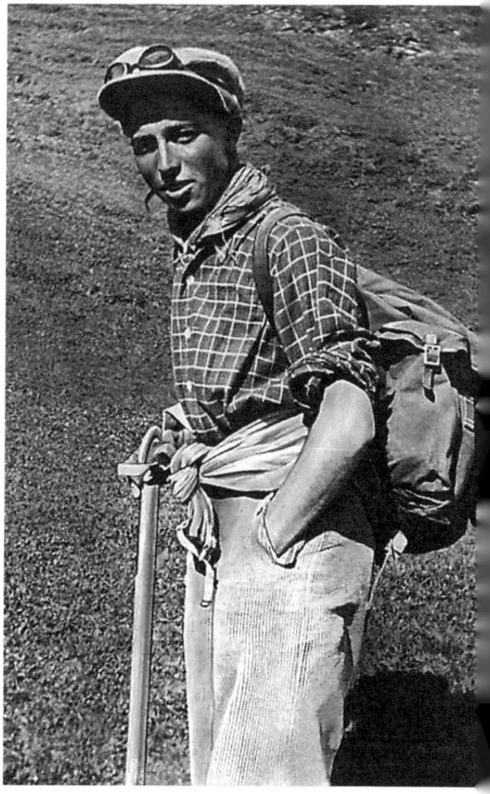

Die Opfer von 1936: Edi Rainer und Willy Angerer (oben), Anderl Hinterstoißer (unten)

Toni Kurz hängt tot im Seil.

zu suchen. Dabei stürzte Hinterstoißer ab. Rainer und Angerer wurden durch Steinschlag tödlich verletzt, übrig blieb nur noch Toni Kurz, der gellende Hilferufe zu Tale schickte. Diese Hilferufe wurden gehört. Sofort fanden sich drei Bergführer bereit, den Rettungsgang anzutreten, trotz der ausgegebenen Parole: «Die Führer brauchen nicht einzugreifen, wenn ein Unglück sich in der Wand ereignet.»

Die Jungfraubahn stellte einen Sonderwagen zur Verfügung, der die Retter bis zum Auswurfstollen in die Eigernordwand brachte. Von hier aus brauchten sie nur einige hundert Meter im Vorbau zu queren, bis sie Rufverbindung mit Toni Kurz herstellten. Es war ihnen jedoch nicht möglich, an die Stelle heranzukommen, an der Toni Kurz hing. Kurz schilderte ihnen die Situation, daß Hinterstoißer abgestürzt ist und die beiden anderen erschlagen unter ihm am Seil hängen. Die Führer rieten ihm, das Seil von den Toten abzuschlagen, die einzelnen Fäden aufzudrehen (es waren gedrehte Hanfseile), die Fäden zusammenzubinden und mit einem Stein beschwert herabzulassen. Dieses Manöver dauerte Stunden. Inzwischen wurde es dunkel. Die Führer mußten sich in den Auswurfstollen zurückziehen und Toni Kurz wie einen zum Tode Verurteilten in der Wand hängen lassen. Beim Morgengrauen waren die Führer wieder zur Stelle und, was sie kaum erwartet hatten: Toni Kurz gab mit verhältnismäßig noch frischer Stimme Antwort auf ihre Fragen. Dann kam der aufgedrehte Seilfaden herunter, an dem sie zwei neue Seile, Haken und Proviant befestigten.

Das zog Toni Kurz zu sich empor. Endlich schwebte er am fixierten Seil herab. Er war bereits in Reichweite der Führer, doch er hing zu weit von der Wand weg, da diese überhängend war, als etwas Unvorhergesehenes dazwischenkam: Der Knoten ging nicht durch den Karabiner, mit dem sich Toni abseilte. Er murmelte etwas Unverständliches vor sich hin. Die Führer gaben ihm gute Ratschläge. Dann war seine Energie zu Ende, er kippte vornüber und hing tot im Seil. Erst acht Tage später konnte er mit einem an einer Stange befestigten Messer abgesäbelt werden. Doch der Körper von Toni Kurz, den zu sichern unmöglich war, stürzte nochmals den ganzen Vorbau ab. Erst einige Zeit später wurde er in einer tiefen Randkluft am Fuß der Wand gefunden.

So tief ich persönlich das Schicksal der vier Bergsteiger bedauerte, so war es mir doch klar, daß sie sich ganz einfach in dieser Wand getäuscht hatten. Wenn man in den Westalpen Touren solchen Schwierigkeitsgrads unternimmt, dann braucht man auch Westalpen-Erfahrung, und die hatte keiner. Auf das Glück allein kann man sich nicht verlassen, besonders nicht in einer Eigernordwand.

Toni Kurz

Von dem Gedanken, diese Wand zu begehen, war ich so besessen, daß ich jetzt erst recht nicht darauf verzichten wollte. Es war mir jedoch vollkommen bewußt: nur hinzufahren, durchzusteigen, die Lorbeeren einzuheimsen und wieder nach Hause zurückzukehren – so geht es nicht. Vielleicht könnte man das Glück beim Schopfe packen, aber darauf verlassen wollte ich mich nicht. Es ist schon viel gewonnen, wenn man die Wand wochenlang studiert, wenn möglich einen Versuch macht, mit dem vorherigen Entschluß zum Rückzug.

Das waren meine Überlegungen, daran habe ich mich auch gehalten, als ich mich 1937 mit meinem Klubkameraden Theo Lesch wieder einmal per Fahrrad aufmachte, diese Wand zu belagern. Die Geheimhaltung war nun noch dringender geworden, weniger wegen der Rivalen als vielmehr wegen der öffentlichen Meinung. Auch wollte man sich nicht gerne als Spinner und fanatischen Phantasten, der aus Ehrgeiz zum Selbstmord bereit ist, ansehen lassen. Das ging so weit, daß es sogar verpönt war, unter uns

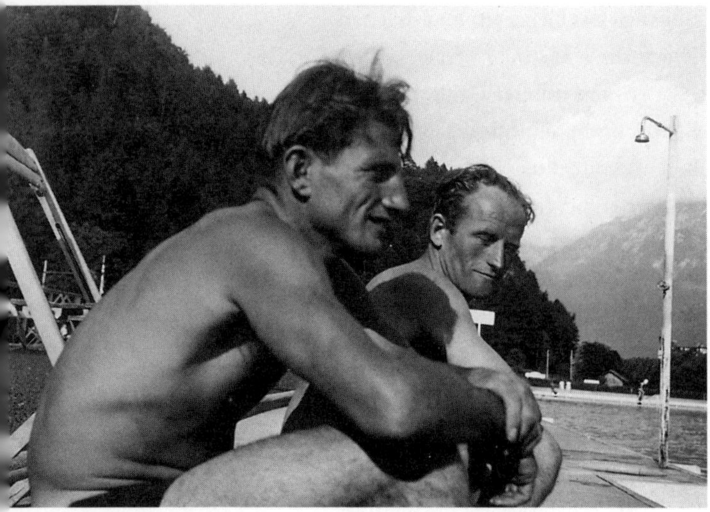

Mit Theo Lesch (hinten) im Strandbad Interlaken, Juli 1937

Bergsteigern von der Eigernordwand zu sprechen.

So kam es, daß ich im Frühjahr 1937 mit Hias Rebitsch im Wilden Kaiser schwere Touren unternahm, in der Absicht, mich für den Eiger zu trainieren. Ich hatte Hias in dem schweren Verdacht, dasselbe Vorhaben zu hegen, aber keiner sprach zum anderen auch nur ein Wort davon. Vielleicht wäre alles ganz anders gekommen, wenn wir uns nicht so stur an die unausgesprochene bergsteigerische Abmachung gehalten hätten. Der tiefere Grund für unser Verhalten war wohl, daß er nicht mich und ich nicht unbedingt ihn brauchte, das Vorhaben zu verwirklichen. Jeder fand seinen Begleiter, und ich radelte mit Theo Lesch Anfang Juli 1937 in die Schweiz.

Wir ließen uns in Grindelwald erst gar nicht blicken, sondern bezogen in Interlaken im Strandbad beim Bademeister, mit dem ich befreundet war, eine Dauerkabine, in der wir uns häuslich einrichteten. Dort erfuhren wir auch von dem Verbot der Besteigung der Eigernordwand. Wir vermieden es weiterhin, uns irgendwie als Nordwand-Kandidaten bemerkbar zu machen. Deshalb radelten wir nach Grindelwald ohne Gepäck hinauf und stiegen auf nach Alpiglen. Dort gewährte uns der Alphornbläser Unterschlupf und hütete unser Geheimnis. Sobald jemand nahte, warnte er uns mit einem Posaunenstoß. Nach und nach hatten wir unsere Ausrüstung nach oben geschafft und machten Vorstöße in den unteren Wandaufbau. Bei schlechtem Wetter zogen wir uns zurück nach Interlaken, wo wir uns, harmlos, unter die Badegäste mischten.

Trotzdem erwischten uns zwei Journalisten, die sich als Spaziergänger getarnt hatten und uns in ein Gespräch verwickelten. Unser Mißtrauen erwachte erst, als sie uns knipsten. Tatsächlich war zwei Tage später unser Bild in den Zeitungen mit dem Text: «Zwei anonyme Eigernordwand-Anwärter, die ihre Namen nicht nennen wollen.»

Zum Glück hatten wir wenigstens das vermieden. Im Grunde wäre uns auch das gleichgültig gewesen, aber in Bergsteigerkreisen hätte das doch einiges Aufsehen erregt, denn da waren wir nicht mehr ganz unbekannt.

Leider gab es auch andere Partien, die genau das Gegenteil zu erreichen suchten. Diese erzählten jedem, der es wissen oder auch nicht wissen wollte, von ihrem Vorhaben an der Nordwand. Sie stiegen in aller Öffentlichkeit, wozu sie eigens ihre Interessenten zur Beobachtung einluden, am Vorbau umher, ließen sich in Grindelwald freihalten und pflückten Vorschußlorbeeren, wo sie sie nur erwischen konnten. Zu unserem Leidwesen waren es auch noch Münchner, und die Grindelwalder Führer waren mit Recht erbost. Zur Beruhigung sei berichtet, daß sie doch noch ihre verdienten Prügel bekommen haben und am Schluß ihres Unwesens auch noch per Schub aus der Schweiz hinausflogen. Wir wurden noch vorsichtiger und trauten niemandem mehr.

Dann kam der Tag, an dem wir alles zu einem ernsten Anlauf rüsteten. Um zwei Uhr morgens wollten wir aufbrechen. Als wir aufwachten, schien die Sonne ins Zelt. Wir hatten gehörig verschlafen! «Ach was, das Wetter muß länger als nur einen Tag schön sein!» Wir machten uns nicht allzu viel daraus und legten uns wieder auf die faule Haut.

Vielleicht war es ein Fingerzeig des Schicksals, denn gegen Mittag zog eine schwarze Wolkenwand auf, und es kam zu einem fürchterlichen Gewitter. Das hatte gerade noch gefehlt. Sechs Wochen waren wir nun hier, unsere Kasse war arg schmal geworden. Bereits in den letzten Tagen hatten wir aus Ersparnisgründen eine Mahlzeit ausgelassen. Lange konnten wir uns nicht mehr so durchhungern und wenn, dann wären wir körperlich bestimmt nicht mehr in der Lage gewesen, die ungeheuren Strapazen auf uns zu nehmen. Deshalb rangen wir uns zu dem bestimmt nicht leichten, aber einzig richtigen Entschluß durch, die Belagerung für heuer aufzugeben und dafür im nächsten Jahr um so sicherer wieder hier zu sein.

Da nun dieser Entschluß gefaßt war, blieben wir keine Stunde länger, packten unsere Sachen, eilten nach Grindelwald, schwangen uns auf die Räder und fuhren heim.

Dieser Tag war wieder ein Schicksalstag am Eiger! Daß wir aufgaben, war nur ein Geschehen am Rande. Am selben Tag traf Hias Rebitsch mit Wiggerl Vörg ein, ohne daß wir uns begegneten. Aber noch etwas ereignete sich, wovon wir keine Ahnung hatten und was wir erst später zu Hause erfuhren.

Eine Salzburger Partie war an eben diesem Tag, an dem wir abfuhren, in die Eiger-Nordostwand eingestiegen und wurde von diesem Unwetter überrascht. Es gelang ihnen noch, auf den Mittellegigrat hinauszuqueren, dort aber starb Bertl Gollackner an Erschöpfung, und Franz Primas mußte in völlig erschöpftem Zustand geborgen werden.

Den toten Gollackner bargen Rebitsch und Vörg. Die Partie Rebitsch und Vörg stand gleich von Anfang an unter einem unglücklichen Stern. Kaum hatten sie sich von den Strapazen der Bergung erholt, als sie sich anschickten, einen Versuch auf die Nordwand zu machen. Sie waren kaum 300 Meter in der Wand vorgedrungen, da entdeckten sie einen der Verunglückten des vorigen Jahres. Es war Hinterstoißer, der damals nicht gefunden wurde. Selbstverständlich gaben sie ihr Vorhaben auf und bargen den Toten.

Dadurch gingen schöne Tage verloren. Das Wetter wurde unbeständig, aber trotzdem machten sie wieder einen Vorstoß bis hinauf zu dem Quergang, der ins erste Eisfeld führte und den sie «Hinterstoißer-Quergang» tauften. Diesen Quergang sicherten sie mit eigens dafür mitgenommenen Seilen. Mit dieser Leistung waren sie fürs erste zufrieden und zogen sich zurück.

An den ganzen Vorbereitungen und an dem behutsamen Herantasten an die Wand merkte man, daß diesmal Männer am Werk sind, die erfahren und ihrem Vorhaben gewachsen waren. Drei Wochen ließen sie verstreichen, ehe sie ihr umfangreiches Gepäck in zwei Etappen hinaufbeförderten, bis über den Hinterstoißer-Quergang hinweg. Dort richteten sie sich in einer Nische ihr Nachtlager ein. Am nächsten Tag begannen sie ihr schwieriges Werk.

Edi Rainer liegt im Juli 1936 zerschmettert am Fuß der Eigernordwand.

Auf dem Mittellegigrat fanden Hias Rebitsch und Wiggerl Vörg den erschöpften Franz Primas und den toten Bertl Gollackner.

Auch sie hatten sich in den Ausmaßen der Wand getäuscht. Im zweiten Eisfeld waren es statt der angenommenen fünf Seillängen gleich zwanzig und statt einer Stunde – wie sie meinten – brauchten sie fünf Stunden zur Überwindung des großen Eisfelds. Dabei zerbrach Vörg beim Schlagen von Stufen in dem glasharten Eis den Pickel, und nun mußte er mit dem Eisbeil, das ein schlechter Ersatz für den Pickel ist, weiterarbeiten.

Die Felsstufe, die das zweite vom dritten Eisfeld trennt, war überall von Wasser überspült. Sie spähten vergeblich nach einer Umgehungsstelle. Schließlich packte Rebitsch doch an und arbeitete sich im Sprühregen eines Wasserfalls hoch. Dabei entdeckte er einen alten Haken mit einer Abseilschlinge, die von ihren Vorgängern zurückgelassen worden war.

Hias Rebitsch im Biwak beim Hinterstoißer-Quergang, Sommer 1937

Bei diesem Kampf hatten sie ganz übersehen, daß schon wieder schmutziggraue Wolken die Wand einzuhüllen begannen. Ein Schreck durchfuhr sie. Waren auch sie zur Umkehr verurteilt? Noch hatten sie die Gipfelwand nicht erreicht.

100 Meter müssen sie über steile felsdurchsetzte Eisplatten bis zu dem Punkt, an dem Sedlmayr und Mehringer zuletzt gesehen wurden. Sie waren darauf gefaßt, die Leiche Mehringers zu finden, aber außer zwei Mauerhaken in der Wand fanden sie keine Spuren. Von hier ab mußten sie den Weiterweg selbst ausfindig machen. Sie stiegen erst noch in der direkten Fallinie des Gipfelaufbaus an, mußten aber die Unmöglichkeit eines raschen Vorwärtskommens bald einsehen und sich zurückseilen. Nun wollten sie nach links zu einer auffallenden Rampe queren. Dabei überraschte sie ein derartiger Wasserguß, daß sie sich auch dort schleunigst zurückzogen.

An den erwähnten beiden Haken beziehen sie ihr Biwak und warten zähneklappernd auf den Morgen. Die Hoffnung auf Besserung des Wetters hat sich als trügerisch erwiesen. Noch warten sie eine Zeitlang ab. Da reißt der Nebel auf, und sie sehen eine schwarze Wolkenbank von Westen herankommen. Da gibt es kein Besinnen mehr, sofort wird der Rückzug angetreten.

In nassen Kleidern seilen sie sich den ganzen Tag an den steifgefrorenen Seilen ab. Ununterbrochen bedroht von Steinschlag und Lawinen, erreichen sie um fünf Uhr nachmittags ihren ersten Biwakplatz am Ende des Hinterstoißer-Quergangs.

Der Tag ist lang, sie könnten noch leicht den Quergang hinter sich bringen und ein Stück weiter im Abstieg gewinnen. Der Quergang ist für sie ja keine Falle, die sich geschlossen hätte, denn die Sicherungsseile darin gewähren ein leichtes Zurückgehen zu den Felsen der Roten Fluh. Aber vielleicht könnte sich das Wetter doch noch bessern!

Wiggerl Vörg

Die ganze Nacht denken und sprechen sie von der Tragödie, die sich das Jahr vorher wenige Meter unter ihrem Platz abgespielt hat. Wenn die den Quergang gesichert hätten…

Am nächsten Tag war das Wetter noch trostloser. Jetzt gab es nichts mehr zu überlegen. Nichts als raus aus der Wand! Es regnete in Strömen, das Abseilen vollzog sich in Sturzbächen. Die Hosen hatten sie unten aufgeschnitten, damit das Wasser, das beim Anorak hineinlief, unten wieder herauskonnte. Den ganzen Tag brauchten sie, um endlich abends den Fuß der Wand zu erreichen.

Die Freude am wiedergewonnenen Leben überwog die Enttäuschung über den Mißerfolg. Waren sie doch die ersten, die nach über 100 Stunden lebend aus der Wand herauskamen. Außerdem hatten sie bewiesen, daß mit der nötigen Um- und Vorsicht die Wand zu bezwingen ist.

Anderl Heckmair beim Spreizschritt an der Torre del Diavolo in der Cadinigruppe (Dolomiten), Mitte dreißiger Jahre

BRENTA-INTERMEZZO

«Anderl Heckmair in alter Freundschaft, Deine Leni.» Erinnerungskarte Leni Riefenstahls, Dezember 1940

Das alles habe ich erst viel später erfahren. Ich war, zu Hause angelangt, keineswegs deprimiert oder niedergeschlagen. Hätte Hias Glück gehabt, ich hätte es ihm von Herzen gegönnt, dann wäre auch der für mich schon zum Alpdruck gewordene Traum von der Eigernordwand ausgeträumt gewesen. Ich hatte genug andere Erlebnisse, die mich vollauf befriedigten.

In Bayrischzell fand ich eines Morgens ein Telegramm meines Freundes Hans Steger aus Bozen vor. Viele Jahre lang war er der beste und auch berühmteste Kletterer Südtirols und nun inzwischen auch autorisierter Bergführer. Er telegraphierte, Leni Riefenstahl wolle mit ihm Touren machen, er aber sei mit dem König von Belgien verabredet. «Übernimm Du sie, Treffpunkt Wolkenstein sofort.» Jedem war Leni Riefenstahl ein Begriff durch die Berg- und Skifilme Arnold Fancks, und sie hatte auch selbst den schönen Bergfilm «Das blaue Licht» als Regisseurin und Hauptdarstellerin gemacht. Und man wußte auch, daß sie zur engsten Umgebung Hitlers gehörte. Die hohe Parteiprominenz hatte oft bekannte Filmstars in ihrem Gefolge. Von Leni Riefenstahl aber hieß es, sie sei mit Hitler eng befreundet oder liiert. Daß sie Filmstar war, machte mir nicht das mindeste aus, ihre Verbindung zu Hitler aber schon einige Gedanken. Ich hatte bis dahin keinerlei Kontakt zu hohen Tieren von Partei und Staat. Was soll's. Natürlich dachte ich nicht daran, ein solches Angebot auszuschlagen. Ich fuhr nach Wolkenstein und fragte im Hotel nach Frau Riefenstahl. Worauf ich mich mit ausgesuchter Höflichkeit behandelt sah. Wie doch alles flitzt und dienert, wenn Name und Geld dahinterstehen. Leni Riefenstahl war gerade auf einer Wanderung mit einem mir wohlbekannten Bergsteiger, Xaver Kraisy aus Kaufbeuren, der aber kein Bergführer war.

Nach einigen Stunden erschien sie strahlend und so gut aussehend, wie ich sie mir in der Wirklichkeit nicht vorgestellt hatte. Ihre weibliche Ausstrahlung und ihre unbekümmerte Natürlichkeit zerstreuten rasch meine inneren Vorbehalte. Mochte sie doch mit Hitler stehen wie sie wollte, sie war offenbar ein patentes Frauenzimmer, und ich glaube, daß ihre Jahre im Kreis der hervorragenden Bergsteiger und Skiläufer um Arnold Fanck sie gelehrt hatten, uns Bergsteigern und auch mir gegenüber nie den Star oder die launische Diva herauszukehren. Was sie als Bergsteigerin taugte, würde ich schnell herausbringen.

Bei der Tourenbesprechung machte ich den Vorschlag, zum Eingehen und zur Gewöhnung aneinander den Westgrat des Ersten Sella-Turms zu

machen. Ich wußte, daß da eine Fünfer-Stelle dabei ist; wenn sie da Schwierigkeiten macht, kann sie sich einen anderen suchen und ich fahre wieder heim. Ich war damals so überheblich und wollte nur schwere Sachen gehen.

Zu meiner größten Überraschung, und ich darf auch sagen, zu meiner Freude, machte sie nicht nur keine Schwierigkeiten, sondern kam die schwere Stelle geradezu heraufgetänzelt. Das hätte ich so einem zarten Wesen gar nie zugetraut. Von Frauen verstand ich allerdings herzlich wenig. Als sie mir erzählte, sie sei, bevor sie zum Film kam, Ballettänzerin gewesen, war es mir verständlicher, warum ihre Bewegungen so sicher und graziös waren. Daraufhin haben wir eine ganze Reihe schwerer und schwierigster Touren unternommen, unter anderem auch die Schleierkante, die wir zu dritt in zweieinhalb Stunden schafften. Das machte mich übermütig, ich schlug als nächste Tour die Guglia di Brenta vor. Doch beileibe nicht über den Normalweg, sondern über den Preußweg.

Beim Aufstieg von Madonna di Campiglio zur Brentei-Hütte kamen wir ins Gespräch über ihren Film «Das blaue Licht», den sie in dieser Gegend gedreht hatte und mit dem sie beim «Führer» so großen Anklang gefunden hat, daß er ihr die Gestaltung des Parteitagfilms und des Olympiafilms übertrug.

Mein Bruder hat mich vor der Abreise auf diese Tatsachen aufmerksam gemacht und mir eingetrichtert, ich darf mir keine Blöße geben, daß ich nichts von ihr weiß und noch keinen Film von ihr gesehen habe. Das war ein schlechter Rat, denn bei jeder Ecke fragte sie mich, ob ich mich denn nicht an die oder jene Szene erinnern kann, die sie gerade hier gefilmt hatte, bis ich ganz narrisch wurde und ihr gestand, daß ich von dem Film noch nicht einmal etwas gehört hatte. Darauf war sie beleidigt und hat geschmollt. Ich dachte mir: Warte nur auf morgen, da krieg' ich dich schon wieder so klein, daß du deinen eigenen Film vergißt. Sie wurde aber noch viel, viel kleiner, und das war wiederum meine Schuld, weil ich ihr aufgrund der gemachten Erfahrungen an der Schleierkante einfach zu viel zutraute.

Den Abmarsch von der Hütte setzte ich erst auf zehn Uhr fest. Dann bummelten wir hinauf zur Tosa-Hütte, machten eine gemütliche Mittagsrast und waren um zwei Uhr am Einstieg. Ich rechnete mit drei Stunden Durchstieg und einer Stunde Abstieg. Also reicht die Zeit leicht, auch wenn wir zu dritt sind. Das war aber die Rechnung ohne den Wirt. Schon gleich am Einstieg stach mich der Hafer, und ich sagte mir, warum sollte ich die Bänder der Bergerwand alle ausgehen, da führt auch eine Verschneidung gerade hinauf zur Preußwand. Die Verschneidung war jedoch viel schwerer, als sie aussah. In der Mitte der Verschneidung meinte Leni: «Da links hinaus würde es doch etwas leichter sein.» Ich war zwar anderer Meinung, aber der Gescheitere gibt nach, was man im Gebirge nie tun soll. Der etwas leichtere Fels führte auf die Ostseite zu einem guten Stand, doch da war es aus. Zurück zur Verschneidung. Ich half mir mit Seilzug, und dann kletterte ich die ganze Verschneidung bis zum Ende durch und gab das Kommando zum Nachkommen. Das war leicht gesagt. Leni guckte um die Ecke, sah die glatte Wand und die Überhänge in der Verschneidung und weigerte sich weiterzugehen. Das war ihr gutes Recht. Ich rief runter, daß ich mich abseile, daß wir aber dann zurück zur Hütte gehen. Sie wurde zornig, sie will rauf, aber nicht hier. Es gab jedoch keine Wahl, dazu reichte die Zeit nicht mehr. Jetzt machte sie einen Fehler, indem sie mir vorwarf, mich als Bergführer engagiert zu haben, und ich hätte zu tun, was sie will. In gewissem Sinne hatte sie recht, aber nicht unter diesen Umständen. Also nichts wie runter, dann kann sie sich einen anderen Bergführer suchen, der nur das tut, was sie will.

Leni Riefenstahl mit Xaver Kraisy in den Dolomiten, Sommer 1937

Das Sicherungsseil hatte ich noch über der Schulter, als ich mir einen Ringhaken zum Abseilen schlug. Plötzlich bekam ich, ohne Vorwarnung, einen Ruck, und Leni pendelte herüber zur Verschneidung. Darauf gab ich kräftig Zug, und bald stand sie mit verheulten Augen neben mir. Xaver folgte und grinste sehr verlegen. Jetzt erst waren wir am Einstieg der Preußwand, für die man normal vier Stunden rechnete, dabei war es schon fünf Uhr geworden.

«Das Vernünftigste wäre, zurückzugehen.»

«Nein, ich will hinauf!»

Mir auch recht, dann gehen wir halt, und schon nahm ich die Wand in Angriff. Als leicht kann man sie auch heute noch nicht bezeichnen, wir hatten zu tun, um bis zur Dämmerung, abends acht Uhr, durchzukommen. Ein Biwak wird nun so oder so nicht abzuwenden sein, das hätte mich nicht im geringsten erschüttert. Von Westen her kam aber eine schwarze Wolkenwand herangezogen, die von blauen Blitzen nur so durchzuckt wurde. Nichts wie runter vom Gipfel und rein zwischen zwei Blöcke in der Nordflanke. «So, da bleiben wir jetzt, biwakieren und schauen, wie wir das Gewitter überstehen!»

«Ich soll die ganze Nacht hier bleiben?» jammerte Leni. «Ich darf mich nicht erkälten, ich habe ein Leiden...»

Das Weitere hörte ich nicht mehr, denn die Worte gingen in furchtbarem Donnerschlag unter. Dazu setzte ein Hagelschlag ein, die Blitze zuckten pausenlos aus dieser schwarzen Wolkenwand. «Das ist ungemütlich, gehen wir weiter.» Das Weitergehen vollzog sich im Abseilen, den Haken nur im grellen Schein des Blitzes einschlagend, der Xaver an zwei 40-Meter-Seilen ungesichert hinab in die Stockdunkelheit und die Leni nur mit einer 25-Meter-Reepschnur anfänglich gesichert. Der Hagelschlag war in einen Wolkenbruch übergegangen. So seilten wir die ganze Nacht hindurch ab und kamen genau dort heraus, wo wir die Rucksäcke am Einstieg abgestellt hatten. Es war ein reiner Zufall, oder ein sechster Sinn, denn ich wußte die meiste Zeit nicht, wo wir uns befanden.

Es war viel zu finster, um den Steig zur Tosa-Hütte zurückzugehen, aber das Eis der Rinne, die ins Kar hinunterführte, schimmerte fahl, mit dem Kletterhammer eine Stufe nach der anderen schlagend, konnte nicht mehr viel passieren, wenn wir nur in Bewegung blieben. Das Wetter hatte etwas nachgelassen, doch jetzt zog Nebel aus dem Tal herauf. Wieder so eine ägyptische Finsternis aus Nebel und Nacht. Zum Glück waren wir, als dieser Zustand eintrat, aus dem Eis heraus. Jetzt konnten wir uns nur noch sitzend vorwärts bewegen, da wir keine Lampen hatten. Für mich war das auch nichts Neues. Leni und Xaver waren nicht begeistert davon, aber sie wollten ja nicht biwakieren. Im Kargrund – das Weglein, das durch das Kar zieht, haben wir nicht bemerkt – befanden sich nur noch tisch- und haushohe Blöcke. Als ich über einen hinunterfiel, war meine Opferbereitschaft erschöpft. Ich legte mich hin und sagte: «Jetzt schlaf ich, bis es hell wird» und fing sofort an zu schnarchen. Xaver mußte den Rest der Nacht die Leni durch Reiben warmhalten und trösten. Erst als es hell wurde, weckten sie mich, und ich fühlte mich trotz der Nässe und Kälte frisch und erholt. Wieder aufsteigend, fanden wir auch bald das Weglein, auf dem uns schon in größter Sorge um uns das Hüttenwirts-Ehepaar entgegenkam.

Drei Tage Rast auf der Hütte. In Bozen ein Bankett bei Leni Riefenstahls Freunden im Hotel Greif. An der Tafelrunde wurde über die moderne Technik im Bergsteigen mit erhitzten Köpfen diskutiert. Dabei kam auch der Eiger zur Sprache, einer der älteren Herren schaute mir tief in die Augen und sagte felsenfest überzeugt: «Der Heckmair wird die Eigernordwand machen.» Ich war verblüfft, hatte ich doch geglaubt, kein Mensch weiß was von meinen Absichten. Dieses Vertrauen aber hat mir doch gutgetan, denn in Erinnerung an mein Pech und meine Niederlage an den Grandes Jorasses war ich mir selbst gar nicht so sicher.

Es war September, und Leni mußte zum Parteitag nach Nürnberg, denn sie war Ehrengast Hitlers. Ich sollte unbedingt mitkommen, sie wollte mich «bekehren». Anschließend sollte ich noch mit nach Berlin, da könnte ich im Reichssportfeld trainieren, soviel ich will, alles steht mir zur Verfügung. Das war ein Angebot, dafür kann man auch einen Parteitag über sich ergehen lassen – und was kann es schon schaden, wenn man diesen Zauber mal ansieht.

In Nürnberg wurden wir im Gästehaus des Gauleiters untergebracht. Alles stinkvornehm und pompös – mit Ausnahme des Gauleiters selbst. So sieht also der Nationalsozialismus aus! Hitler selbst residierte im Hotel Deutscher Hof. Versteht sich, daß alles hermetisch abgesperrt war. Leni hatte einen Sonderausweis, der uns alle Schranken öffnete. Zum Nachmittagstee fuhren wir in diesen Deutschen Hof. Leni plazierte sich mit uns so, daß, wenn der Führer reinkommt, er sie unbedingt sehen mußte. Das geschah auch. Er ging sofort mit ausgestreckten Armen zur Leni und machte ihr Komplimente über ihr gutes Aussehen. Darauf bat er sie, mit ihren Gästen an seinem Tisch in einem Nebenraum Platz zu nehmen. So saß auch ich, neben Leni, in unmittelbarer Nähe Hitlers und konnte in aller Ruhe sein Gesicht studieren. Ich bilde mir wirklich nicht ein, ein Menschenkenner zu sein, ich konnte aber auch absolut nichts so Ungewöhnliches an ihm finden.

Leni erzählte Hitler von ihren Erlebnissen in den Bergen, wovon Hitler gar nicht beeindruckt und begeistert schien, denn seine Miene verfinsterte sich, und er sagte ihr in grollendem Ton: «Ich habe Ihnen doch eine so große Aufgabe gestellt, wie können Sie dann das Leben so aufs Spiel setzen!» Sie erwiderte, dafür hätte sie ja einen Bergführer, der für ihre Sicherheit garantierte. Jetzt erst blickte mich Hitler voll an, das Gespräch sprang auf mich über. Die Fragen, die er mir stellte, waren absolut nicht dumm, sondern ausgesprochen zielbewußt. Vom Bergsteigen selbst hatte er keinen blassen Schimmer. Er interessierte sich in der Hauptsache für das «Warum», was man bei einer schwierigen Tour, im Gegensatz zum Bergwandern, empfindet und erlebt. Er bohrte immer weiter hartnäckig in alle Dinge des Bergsteigens und hatte dabei nicht die geringste Absicht, mich in Verlegenheit zu bringen. Meine Person interessierte ihn dabei wohl kaum. Wer war ich Würstchen schon! Ihm ging es um die Sache, und anscheinend hatte er noch nie mit einem Bergsteiger gesprochen. Darüber verging das Abendessen, draußen war es dunkel geworden, und der Vorbeimarsch eines Fackelzugs hatte begonnen. Sein Adjutant, ich weiß nicht, ob es Bormann war, stand hinter ihm und machte ihn aufmerksam, daß es Zeit wäre, auf den Balkon hinauszutreten. Beim Aufstehen richtete Hitler nochmals eine Frage an mich, die eine längere Antwort notwendig machte. Kein Mensch wagte es, mich zu unterbrechen, ich sprach weiter und ging wie selbstverständlich mit Hitler auf den Balkon. Da stand ich nun in meinem grauen Zivilanzüglein unter all den Uniformierten der höchsten Prominenz.

Als Tourenführer im Walsertal, 1937/38

Unten schrie das Volk seine unaufhörlichen Heilrufe. Der Fackelzug kam ins Stocken. Hitler grüßte mit straff vorgerecktem Arm. Sein Blick hatte dabei etwas Starres, als blicke er in die Ferne. Zum ersten Mal in meinem Leben hob ich auch die Hand zum Hitlergruß. In dieser Bewegung empfand ich meine Situation geradezu als grotesk, daß ausgerechnet ich völlig unpolitischer und ungläubiger anonymer Bergsteiger neben dem fanatisch umjubelten Mann stand, und das war so stark, daß ich am liebsten lauthals hinausgelacht hätte. Der Vorbeimarsch dauerte zwei Stunden, und ebenso lange stand ich neben Hitler auf dem Balkon. Mir gingen, als ich die Zigtausende vorbeiziehen sah und schreien hörte, Gedanken über die Einsamkeit am Berg und über die Masse der Menschen bei einem Anlaß durch den Kopf.

Zu einem Resultat bin ich natürlich nicht gekommen, ich fand es nur merkwürdig, beunruhigend, irgendwie unerklärbar.

Als Skilehrer für «Kraft durch Freude» im Walsertal, Winter 1937/38

Am nächsten Tag sah ich mir neben Leni Riefenstahl auf der Ehrentribüne die Vorführungen und den Aufmarsch der Parteigliederungen an. Wie kann man den Menschen und wie läßt er sich nur so dressieren. Bei aller Bewunderung, die ich der Organisation zollen mußte, schlich sich ein leises Grausen in meine Seele. Ich begriff, da ist etwas im Gange, das alle mitreißen wird. Nur wohin, war mir nicht klar.

In Berlin brauchte ich erst eine Schnaufpause, um das Erlebte zu verdauen. Leni wollte mich unbedingt zu den Massenversammlungen hindirigieren, die anläßlich des Besuchs von Mussolini stattfanden. Aber ich hatte genug davon und machte lieber jeden Tag einen Waldlauf im Grunewald. Diesen Waldlauf dehnte ich täglich weiter aus, bis es so 40 bis 50 Kilometer waren, die ich mindestens jeden zweiten oder dritten Tag lief. Bewußt konzentrierte ich mein Training auf das Vorhaben des nächsten Jahres, diesmal werde ich die Eigernordwand schaffen.

Das hat mich abgehalten, den Verführungen der Großstadt nachzugeben und mich in eine politische Sichtung drängen zu lassen. Ich wollte mich von dem suggestiven Zwang, den ich spürte und der sich nicht vernünftig erklären ließ, nicht binden lassen. Ich gehörte da nicht hinein, es war mir zu fremd und ich für alles das zu real. Und ich hatte vor allem mein Ziel.

Erst als in den Bergen der Winter eingezogen war, bin ich zurück nach Bayrischzell gefahren. Ein paar Wochen später nahm ich einen Skilehrerposten im Kleinen Walsertal für die Organisation «Kraft durch Freude» an. Statt den versnobten «Möchtegerns» des Reisebüros in St. Moritz diesen einfachen Leuten, die zumeist aus Arbeiterkreisen kamen, die Schönheit der winterlichen Bergwelt zu zeigen war doch viel befriedigender.

Anderl Heckmair
in der Eigernordwand

DIE EIGERNORDWAND

Bereits in dieser Zeit fing ich an, die Fäden für den Sommer zu knüpfen. Als erstem schrieb ich dem Hias Rebitsch nach Innsbruck, wir sollen doch nicht mehr so dumm sein und uns Konkurrenz machen, wie wäre es, wenn wir zusammen gingen. Umgehend kam die Antwort, er wäre mit Freuden dabei, aber er habe die Möglichkeit, mit dem bekannten Expeditionsleiter Paul Bauer in den Himalaja zum Nanga Parbat zu kommen. Er würde mir aber seinen Begleiter vom vorigen Jahr, den Wiggerl Vörg, empfehlen, mit dem man Pferde stehlen könnte. Wiggerl Vörg, war das nicht der nette Kerl, den ich damals im Langlauf einholte und der dann für mich protestierte, als meine Zeit die schlechtere war? Ich wußte gar nicht, daß er sich auch zum Bergsteiger entwickelt hatte. Wenn Hias ihn empfahl, dann bedeutet das nur Gutes. Also schrieb ich ihm.

Umgehend kam die Antwort. Er sei zwar für eine Hindukusch-Expedition vorgesehen, doch sei es gar nicht so sicher, daß daraus etwas wird, und er würde gerne mit mir gehen. So kam es auch, und wir vereinbarten, natürlich alles brieflich, uns an einem bestimmten Tag im Kaiser zum Training zu treffen.

Eine ganze Woche sitze ich schon auf der Gaudeamushütte im Wilden Kaiser und sehe und höre nichts von Vörg. Vielleicht ist er doch noch fortgekommen, was soll ich machen? Vorerst einmal Touren, wenn auch allein.

Ich gehe über den Südgrat auf die Karlspitze, lauter Schrofen mit viel Blumen, dazwischen ein paar Überhänge, und ich freue mich an allem. Abends schlendere ich wieder hinunter zur Hütte, wo mir zwei Bergsteiger erwartungsvoll entgegensehen. Beide eher klein als groß, der eine hager, der andere fett. Und doch ist an dem Dickeren etwas dran, was mich in ihm den extremen Bergsteiger erkennen läßt. Das wird wohl der Wiggerl Vörg sein! Tatsächlich, er war es. Die Vorstellung war kurz und herzlich. Der andere war sein Bruder. Es fiel uns nicht schwer, gleich so zu tun, als wären wir Jahr und Tag beisammen gewesen. Zwischendurch sahen wir uns aber doch lange und prüfend in die Augen, und jeder hatte seine eigenen Gedanken.

Zu viel hatten wir voneinander gehört, als daß im geringsten ein Zweifel bestand, wer der andere sei, und doch war es ein bißchen eigenartig, als man dem Menschen gegenüberstand, mit dem man sich derart auf Leben und Tod verbinden wollte. An demselben Abend kamen noch ein paar Kameraden aus München, die mehrere Tage blieben. Unser Vorhaben jedoch blieb ein strenges Geheimnis. Nur die Hüttenwirtin, Mutter Maria, von allen so genannt, weil sie wirklich zu allen Bergsteigern wie eine Mutter war, wußte – oder besser gesagt – ahnte es und stellte die Verpflegung darauf ein.

Vierzehn Tage blieben wir zum Training da und machten allerhand Touren. Es kam ganz ungewollt so, daß wir nie zusammen, zwar schon in der gleichen Wand, aber jeder mit einem anderen Kameraden, gingen. Erst am letzten Tag, bei der schwersten Tour, der Karlspitz-Ostwand, banden wir uns zusammen ans Seil. Nie hatte ich einen Gefährten, der so das Gegenteil von mir war und mit dem ich doch so zusammen harmonierte, wie mit Wiggerl Vörg. Er war ausgesprochen gut und sanftmütig, was ich von mir nicht behaupten kann. Das war ein Faktor, der im Geschehen in der Eigernordwand eine große Rolle spielte, da sonst die Durchsteigung eine ganz andere Wendung genommen hätte.

Training im Wilden Kaiser: Anderl Heckmair und Wiggerl Vörg, Frühsommer 1938

Unseren Abreisetag in die Schweiz setzten wir auf den 10. Juli 1938 fest. Die letzte Woche vorher blieben wir in München, um unsere bis ins einzelne überlegte Ausrüstung zusammenzutragen. Im Gegensatz zu allen bisherigen Versuchen und auch unserer früheren Ansicht stellten wir unsere gesamte Ausrüstung darauf ein, daß die Eigernordwand eine Eiswand ist und nicht eine Felswand, die nur durch Eisfelder unterbrochen wird. Heute wirkt diese Erkenntnis geradezu lächerlich. Damals aber sind all unsere Vorgänger an der noch unentwickelten und unsachgemäßen Ausrüstung zugrunde gegangen. Nicht nur Haken, Steigeisen und die Seile mußten dem Eis angepaßt sein, auch die Bekleidung und Biwakausrüstung mußte so sein, daß Wetterumstürze und mehrere Biwaks schadlos überstanden werden können. Das bedingte nicht nur Erfahrung bei der Auswahl, wir mußten uns auch über alteingewurzelte Begriffe hinwegsetzen.

Dann kam das Packen. Um nicht als Eiger-Kandidaten erkannt zu werden, verpackten wir alles in Koffer. Nur die Pickel machten uns Kopfzerbrechen; sie ließen sich nicht verstecken, wir mußten sie unter den Arm klemmen, und die ganze Tarnung war umsonst.

Wie vereinbart, fuhren wir am 10. Juli ab. Absichtlich haben wir diesen Termin gewählt, denn ich wußte ja vom vorigen Jahr, daß es im Juni und Anfang Juli in der Eigerwand derartige Sturzbäche durch Ausaperung gab und Lawinen mit dem damit verbundenen Steinschlag niedergingen, daß an eine Begehung zu dieser Zeit nicht gedacht werden kann. Wir wollten die zermürbende Belagerungszeit so kurz wie möglich gestalten. Aus diesem Grund hatten wir auch absichtlich so spät mit dem Training begonnen. Unsere Ansicht fand eine traurige Bestätigung durch zwei Italiener, Bartolo Sandri und Mario Menti, die im Juni die Wand um die kritische Zeit versuchten und dabei umkamen.

Leicht war es nicht, das festgelegte Datum einzuhalten, denn schon auf der Gaudeamushütte erhielten wir von Grindelwald aus die Nachricht, daß bereits vier Wiener am Eiger seien und die Wand belagerten, darunter Fritz Kasparek und Heini Harrer, die wir dem Ruf nach bereits kannten. Dennoch ließen wir uns nicht aus der Ruhe bringen und blieben bei dem, was wir uns vorgenommen und festgelegt hatten. Sollte unser Vorhaben dadurch scheitern und uns die Wand vorweggenommen werden, dann hatte es das Schicksal einfach anders bestimmt. Daran hielt ich mit einer Hartnäckigkeit fest, über die ich nachher selbst staunte. In der Schweiz versorgten wir uns mit speziellem «Wandproviant» und noch einigen Medikamenten, die wir dort besser als bei uns bekamen; darunter auch eine Thermogen-Watte.

Von dieser Thermogen-Watte hat mir ein besorgtes weibliches Wesen erzählt und mich besonders gebeten, diese mitzunehmen. Es war eine Watte von rosarotem Aussehen, die sich Rheumatiker auf erkrankte Stellen legen, worauf die Haut wie Feuer brennt. Wo es brennt, da kann es nicht frieren und gefrieren, dachte ich mir und kaufte, eingedenk des wohlmeinenden Rats, ein ganz großes Paket davon.

Da es regnete, verbummelten wir noch zwei Tage in Zürich und genossen die Großstadtfreuden. Erst am zwölften Juli trafen wir in Grindelwald ein. Es war klare Sicht. Der erste Blick galt der Wand. Verdammt weiß war sie

noch. Das war sehr beruhigend, denn da konnten auch die Rivalen noch nicht angepackt haben und wir hatten jetzt den Vorteil, daß wir erstens frisch trainiert, zweitens mit wahrscheinlich besseren Wandkenntnissen und drittens auch in der Ausrüstung wohl überlegen sein mußten. Alles zusammen erzeugte in uns ein Gefühl größter Sicherheit. Es trieb uns natürlich sehr bald hinauf zu unserer Wand. Von unseren Versuchen her kannten wir schon einen Platz, an dem wir vor neugierigen Touristen und vor allem vor den noch neugierigeren Journalisten sicher waren. Im Nu hatte Wiggerl das Zelt aufgebaut, während ich ans Holzsammeln ging. Anfangs beachtete ich das Kleinholz, das es in Massen in der Umgebung gab, gar nicht, sondern schleppte dicke Äste und große Stämme herbei. Mit dem Eispickel fing ich an, wild darauf loszuschlagen, mit dem Erfolg, daß nach fünf Minuten der Stiel krachte. Ich machte ein dummes Gesicht, und der Wiggerl grinste vielsagend. Für morgen war der Einstieg in die Wand nicht mehr möglich.

«Von unseren Versuchen her kannten wir schon einen Platz, an dem wir vor neugierigen Touristen und vor allem vor den noch neugierigeren Journalisten sicher waren. Im Nu hatte Wiggerl das Zelt aufgebaut, während ich ans Holzsammeln ging.»

Wir mußten wieder runter nach Grindelwald und einen neuen Eispickel besorgen.

Die Verzögerung war sogar gut. Wir konnten uns akklimatisieren, noch einige Kleinigkeiten ergänzen. Das Wetter war auch noch nicht von der Beständigkeit, wie wir es uns wünschten.

Schon der nächste Tag war wieder ein ausgesprochener Regentag. Diesen nützten wir in besonderer Weise. Wir fingen an, trotz des Regens das Lager auszubauen. Um unsere Kleider vor Nässe zu schützen, zogen wir uns ganz aus und liefen nackt herum wie die Indianer. Weil uns dieser Zustand doch bald zu kühl wurde, arbeiteten wir wie die Wilden, um uns warmzuhalten. Erst zogen wir Gräben ums Zelt, damit bei Regenwetter das Wasser nicht ins Zelt läuft. Bei unserer Gründlichkeit wurden sie so tief, daß wir vor unseren Zelteingang eine Brücke brauchten. Wiggerl schleppte mächtige Platten herbei, und ich legte sie kunstgerecht hin. Weil wir auch Sinn für Schönheit hatten, gefiel uns der zusammengetretene Platz vor dem Zelt nicht mehr, und so legten wir diesen auch gleich mit Platten aus. Dazwischen pflanzten wir Gras und Alpenblumen – wozu hatte ich Gärtnerei gelernt – und erhielten dadurch eine herrliche Terrasse.

Am Sonntag, den siebzehnten Juli, begann das Wetter aufzuklaren, aber dicke Wolken verhängten noch die Wand. Ein gutes Zeichen, wenn die Aufklarung nicht so plötzlich geschieht! Am Montag stiegen wir nach Grindelwald ab, es war uns nochmals etwas eingefallen, was wir als «Wandproviant» brauchten. Vor dem Verkehrsamt stand ein Wiener und studierte gerade den Wetterbericht. Er erzählte uns, daß auf die Nachricht hin, wir wären hier, Kasparek und Harrer heute zum Angriff auf die Wand starten würden.

Nun gab es für uns kein Halten mehr. Sofort stiegen wir wieder auf zu unserem Lager und legten den Plan zum Angriff der Wand zurecht. Erst einmal gut ausschlafen, gut essen, dann packen und um die Mittagszeit weggehen.

Der Plan wurde durchgeführt. Um zehn Uhr standen wir auf.

Ich machte mich gleich ans Kochen, und Wiggerl fing an, sorgfältig alles auszulegen, was wir in die Wand mitnehmen wollten; 30 Eishaken, 20 Mauerhaken, 15 Karabiner, zwei Eispickel, einen langen und einen kurzen, ein Eisbeil, einen Kletterhammer, Steigeisen, zwei 30-Meter-Seile, zwei 30-Meter-Reepschnüre, Benzinkocher, einen Liter Benzin, ein Paket Meta zum Anheizen, Verbandszeug, Kletterschuhe (das waren Leichtbergschuhe mit Manchonsohlen, nach heutigen Begriffen völlig unbrauchbar. Gummisohlen kannte man noch nicht), je zwei Paar Strümpfe, doppelte Unterwäsche, zwei Pullover, Reservehemd, zwei Anoraks, Überzugshose, Sturmhauben, Sturmbänder, Gesichtsmaske, zwei Paar Fäustlinge. Nicht zu vergessen den Schlafsack und den Pack Thermogen-Watte, die zwar kein Gewicht, aber einen Mordsumfang hatte. Obendrauf schnallte Wiggerl seinen Kontax-Fotoapparat, gegen den ich protestierte. Erstens schien er mir zu schwer, zweitens wollte ich keine Zeit mit dem Fotografieren verlieren. Wiggerl aber war der Meinung, daß die Aufnahmen, die wir vielleicht machen können, wichtige Dokumente sein könnten. Ich ließ mich überzeugen und willigte ein, unter der Bedingung, daß der Apparat das erste Stück sei, das wir über Bord werfen, wenn es ernst und das Übergewicht hinderlich wird. Wiggerl war damit einverstanden, er wußte wohl, daß es mir absolut ernst war. Er hatte aber recht, was ich erst viel später begriff.

Eis- und Mauerhaken, Karabiner, Steigeisen, Eispickel und Benzinkocher: Ein Teil der Ausrüstung für die Nordwand-Durchsteigung

Der Proviant war wieder eine Sache für sich, die sehr viel Kopfzerbrechen verursachte. Alle Erfahrungen nahmen wir zusammen, x-mal sprachen wir diese Frage durch. Schließlich glaubten wir, die richtige Zusammenstellung gefunden zu haben. In erster Linie trinkbare Sachen zum Kochen: Schokolade, Tee, Kaffee, Ovomaltine, Kondensmilch mit und ohne Zucker, drei Kilogramm Würfelzucker, Traubenzucker – insbesondere Dextro-Energen –, Keks, Brot, Speck und Ölsardinen. Die letzteren lehnte Wiggerl ab, ich bestand jedoch darauf, was ich später in der Wand noch sehr bereuen sollte. Obendrauf nahmen wir noch einen geselchten Schweinshax'n mit, den wir wegen seinem Gewicht und seiner Unverdaulichkeit in der Wand zurücklassen mußten, was mich heute noch reut. Zwischendurch schauten wir immer wieder zur Wand empor. Mittlerweile war es Mittag geworden, wir aßen noch, was wir mit Gewalt hinunterbrachten, und um halb ein Uhr waren wir marschfertig.

Ein Schreck fuhr mir in die Glieder, als ich den Rucksack aufhob. Mindestens 20 Kilogramm. Der von Wiggerl war genauso schwer. Ich hielt es für unmöglich, damit zu klettern, doch wir konnten nichts zurücklassen, und vom Schweinshax'n wollte ich mich auch nicht trennen. Langsam stiegen wir die steilen Halden hinauf, die zum Schneefeld führten, das in die Wand hineinleitet. Hier schon mußten wir ein paarmal absetzen und verschnaufen.

Meine Stimmung war dem Gefrierpunkt nahe, weil es mir nicht einging, wie das in der Wand mit den überschweren Rucksäcken werden sollte. Wiggerl tröstete mich: «Das Gewicht wird nach dem ersten Biwak bedeutend geringer, weil man in der Nacht alle Kleider an- und dann nicht mehr auszieht. Im übrigen gewöhnt man sich daran.» Ein schöner Trost.

Das Schneefeld stieg gleich sehr steil an und war von den darüber hinweggegangenen Lawinen hartgepreßt. Darüber waren wir sehr froh, denn das war ein Anlaß, gleich die Steigeisen anzuziehen, was das Gewicht bereits erleichterte.

Unterwegs erzählte mir Wiggerl von einem Kamin mit einem eingeklemmten Block gleich am Ende des ersten Schneebands, das in die Wand hineinführt. Aber man sah nichts von einem Kamin mit Block, es war nur eine steile Schneerinne vorhanden. Also bedeutend mehr Schnee als im vorigen Jahr um die gleiche Zeit. Das war angenehm, denn wir kamen mit unseren Eisen sehr schnell hoch. Von links her (im Sinne des Aufstiegs) erreichten wir nach 300 Metern den ersten Pfeiler, dann mußten wir in die Felsen, die mehr oder weniger terrassenförmig gestuft waren. Hier fanden wir auch schon einen abgeschlagenen Pickelstiel, wenige Meter weiter einen zerrissenen Rucksack und gleich darauf noch andere Kleinigkeiten.

Besondere Umschau hielten wir nicht, denn wir wußten, daß noch zwei Tote in der Wand lagen. Von den Italienern war nur einer geborgen, und Karl Mehringer hatte man auch noch nicht gefunden. Wir wollten diese Toten nicht in ihrer Ruhe stören, damit sie auch uns nicht die Ruhe nehmen. Doch faßten wir den Vorsatz, nachdem wir die Wand gemacht hätten, nochmals wieder zu kommen und alles abzusuchen. Leider kam der Vorsatz nicht mehr zur Ausführung.

Inzwischen hatten wir den zerschrundenen Pfeiler erreicht. Nun wurde der Fels schwieriger, und wir bekamen die Behinderung durch die Rucksäcke zu spüren. Über einen Überhang probierten wir die Rucksäcke aufzuseilen. Das erforderte ein umständliches Manöver, und es ging viel Zeit verloren.

Oberhalb des Pfeilers erreichten wir eine Höhle. Was liegt denn da schon wieder? Zwei volle Rucksäcke mit einem daranhängenden Zettel: «Bitte stehen lassen! Gehört Kasparek und Harrer!» Aha – da waren sie also schon und hatten ihr Zeug deponiert! Das gab uns die Gewißheit, daß sie wieder unten waren, und das wirkte auf uns wie eine Befreiung.

«Dann wollen wir noch ein paar Seillängen höher gehen, und die anderen können schauen, wie sie nachkommen!» Die nächsten Seillängen waren gar nicht schön. Es kam ein Wasserfall vom zweiten Schneefeld herunter, und zum Biwakieren fand sich auch nichts Geeignetes. Deshalb zogen wir es vor, wieder umzukehren bis zu der Höhle und dort die Nacht zu verbringen. Zwar tropfte es in der Höhle auch durch, aber Wiggerl behauptete: «Das hört auf, wenn es richtig kalt wird.» Kalt wurde es schon, aber das Tropfen hörte trotzdem nicht auf. Ich lag ganz hinten, wo es am schlimmsten tropfte und mich noch dazu ein Stein ins Kreuz drückte. Wiggerl lag unangeseilt außen an der Kante. Deshalb wagte ich keine Bewegung, da ich fürchten mußte, daß mir der Kamerad bei dem geringsten Stoß aus dem Gleichgewicht käme und hinausfiele. So war gleich die erste Nacht in der Wand weder romantisch noch sehr reizvoll, denn die dauernde Tropferei im Gesicht und Nacken war mir sehr bald recht unangenehm. – Es mochte vier Uhr morgens gewesen sein, als wir hinauskrochen und unseren Kaffee kochten. Der Auftrieb war nicht sehr groß und das Wetter, besser gesagt, die Wetteraussichten, nicht sehr ermutigend.

«Meine Stimmung war dem Gefrierpunkt nahe, weil es mir nicht einging, wie das in der Wand mit den überschweren Rucksäcken werden sollte.»

In der Ferne flammte tiefes Morgenrot auf, und schwarze Fischwolken begrenzten den Horizont. «Schau auf den Höhenmesser!» – «Der ist ja um 60 Meter gestiegen!» Das hieß, daß das Barometer um drei Striche gefallen war.

Unsere Stimmung wurde immer weniger zuversichtlich. Vorsichtig fing Wiggerl an: «Zu einem Rückzug habe ich wenig Lust…» Ich gab zu, daß ich auch keinen Geschmack daran fände. Wenn wir auf «Nummer Sicher» gehen wollen, muß überhaupt eine Schönwetterperiode sein. Ein Sprichwort sagt: «Sind Wolken am Himmel wie ein Fisch, dann regnet es in 24 Stunden gewiß!» Dieses alte Sprichwort zitierend, beschlossen wir, die Rucksäcke auch dazulassen und wieder abzusteigen.

Die Rucksäcke waren verschnürt und wir bereit, den Abstieg zu beginnen, als plötzlich links vom Pfeiler auf einem seitlichen Schneefeld eine Gestalt auftauchte. Gleich darauf eine zweite.

Nicht sehr erfreut rief ich hinunter: «Hei-Jo!». Mit demselben Ruf antwortete mir der Bergsteiger. Es waren Kasparek und Harrer. Wir hatten uns noch nie gesehen, deshalb stellten wir uns gegenseitig etwas förmlich und auch verlegen vor: «Harrer – Vörg – Kasparek – Heckmair…».

«Habt's g'schlafn?»

«Ja, aber net grad guat –», gaben wir zu und fragten zurück: «Wollt's ihr bei dem Wetter in d'Wand?»

«Ja, wir gehn! Einmal muß sie ja gemacht werden. Wir liegen schon fünf Wochen im Kuhstall und im Zelt herum, jetzt haben wir nur noch anderthalb Franken. Wir glauben, daß das Wetter gut bleibt, wir gehn!»

Ich machte sie darauf aufmerksam: «Unser Höhenmesser ist gestiegen, das Wetter scheint nicht grad lang' zu halten...»

Kasparek aber antwortete trotzig: «Wir gehen!»

Wiggerl sah mich an: «Was meinst du?»

Da kam plötzlich noch eine zweite Partie herauf.

Wieder waren es zwei Wiener, Freißl und Brankovsky.

Ich fragte: «Gehört ihr zusammen?»

«Nein, jede Partie ist für sich!»

Alle sechs standen wir da und lachten ein wenig gezwungen über diesen Zufall. So groß aber war der Zufall gar nicht, es war klar, daß an dem ersten schönen Tag alle Partien, die schon lange auf der Lauer lagen, zusammentreffen mußten. Ich hätte mich nicht gewundert, wenn plötzlich noch mehr Partien aufgetaucht wären. Wußten wir doch, daß noch einige italienische Bergsteiger sich in der Gegend aufhielten, die keine unbeachtliche Konkurrenz bildeten. War doch der Name Cassin gefallen, und den fürchtete ich von allen am meisten. Es genügten aber auch schon die zwei Partien, um unseren Entschluß zur Umkehr aufrechtzuerhalten.

Heinrich Harrer, von Wiggerl Vörg bei der ersten Begegnung der beiden Seilschaften fotografiert

Sechs Mann – und wären es die Besten der Besten – hindern sich gegenseitig und erhöhen die objektiven Gefahren derart, daß es in dieser Wand zur Katastrophe kommen müßte. Das war damals meine Ansicht. Heute marschieren die Partien, bei guten Verhältnissen, nur so hintereinander durch. Sind die Verhältnisse oder die Bergsteiger so gut geworden?

Jedenfalls, da wir die Rückkehr vorher schon beschlossen hatten, blieben wir unserem Beschluß treu und sagten uns: «Jetzt lassen wir den Dingen ihren Lauf und steigen ab.» Nicht ohne den Kameraden zu versichern, daß sie auf unsere Hilfe rechnen können, für den Fall, daß etwas passieren sollte.

Im geheimen glaubten wir an unsere Schlechtwetterprognose und dachten: Die anderen werden auch bald wieder beim Rückzug sein. Doch während des Abstiegs wurde das Wetter immer schöner und unsere Gesichter immer länger. Um zehn Uhr saßen wir wieder im grünen Gras unter der

Wand, und hoch oben wußten wir die «Konkurrenz» an der Arbeit. Wiggerl, der sonst so Ruhige, war total verzagt und verzweifelt. Er hörte es gar nicht mehr, wenn ich ihn ansprach. Mich festigte das Bewußtsein, daß wir durchaus richtig gehandelt hatten.

Da wir schon einmal unten waren, beschlossen wir, gleich weiter nach Alpiglen zu gehen und mit dem dort aufgestellten Fernrohr den Weg der beiden Partien zu verfolgen.

Bald standen wir dort, umringt von einem Schwarm neugierigen Publikums, das nicht gerade viel Gescheites redete. Eine Frau meinte furchtbar wichtig: «Ich habe sie gestern nachmittags gesehen, wie sie aufstiegen.» (Das waren wir, die wir mitten unter ihnen standen, denn unseren Abstieg hatte niemand beobachtet.) Einer, der sich zum Wortführer machte, erklärte den eifrig Lauschenden: «Das sind Todeskandidaten! Sehen Sie den Baum in der Eiswand? Dort stehen sie jetzt! Heute kommen sie bis da und morgen bis dort, und dann gehen sie zugrunde, weil sie kein Essen mehr haben und auch nicht wieder zurückkönnen…» Selten habe ich so viel ernstgemeinten Unsinn mitanhören müssen, und ich fragte mich ernstlich: Sind wir nicht normal oder die anderen?

Fritz Kasparek arbeitet sich mühsam durch das erste Schneefeld hoch.

Zwischendurch drängten auch wir uns wieder vor und machten die erstaunliche Feststellung, daß das Hochkommen der ersten Partie ungewöhnlich langsam vor sich ging. Die zweite Partie sahen wir überhaupt nicht. Das machte uns stutzig, und nach einigen Stunden weiterer Beobachtung war uns gewiß: «Die sind aus irgendeinem Grund umgekehrt.» Das schoß uns wie ein elektrischer Strom durch die Glieder. Dann können wir ja nachrücken, zu viert kommen wir durch!

Rasch telefonierten wir nach Grindelwald um den Wetterbericht. Die Auskunft lautete: «Ein flaches Hoch über der Ostsee, ein flaches Tief über den Britischen Inseln.» Alles ist flach, nur die Wand ist steil. Wenn wir die schon nicht fürchten, dann brauchen wir auch das flache Tief nicht zu fürchten.

Jetzt stand es bei uns fest: Wir steigen wieder ein!

Ich hätte gleich einen Salto schlagen können vor Freude. Bei der freundlichen Bewirtschafterin vom Gasthaus Alpiglen, die uns kannte – aber unser Geheimnis hütete –, aßen wir uns zu Mittag nochmals richtig voll. Die Maß Bier dazu stellte das seelische Gleichgewicht wieder her. Dann noch ein Blick durch das Fernrohr: Kasparek arbeitete sich vom Ersten zum Zweiten Eisfeld empor, er arbeitete wie wild an den Stufen, wahrscheinlich hatte er keine Zwölfzacker dabei und mußte in den unheimlich steilen Eisschlauch Stufe für Stufe schlagen. Eine zeitraubende und mühevolle Arbeit! Uns war es recht, denn dadurch bekamen sie keinen allzu großen Vorsprung.

Wiggerl wollte gleich wieder einsteigen und hinauf zur Biwakhöhle. Mir grauste noch von der letzten Nacht, und außerdem hielt ich ein sofortiges Einsteigen übereilt, weswegen ich auch protestierte.

Er war schließlich einverstanden, noch unten zu bleiben, unter der Bedingung, nachts zwölf Uhr aufzubrechen. Ich gab scheinheilig zu und übernahm die Verantwortung für das rechtzeitige Aufwachen. Dabei dachte ich mir: «Um zwölf Uhr kannst mich mal…! Um zwei Uhr ist früh genug.» Schon einmal war ich um zwölf Uhr zum Einstieg einer großen Wand aufgestiegen, und dann saßen wir zitternd und frierend im Dunkeln vor dem Einstieg und mußten warten, bis es hell wurde. Das wollte ich in unserem Fall vermeiden.

Nachmittags legten wir uns bei unserem Zeltplatz, in den Daunenschlafsack eingewickelt, unter einen schattigen Baum. Selten habe ich mich so wohl gefühlt, von Nervosität keine Spur. Eine große Zuversicht hat uns gepackt.

Um sechs Uhr abends machten wir uns einen fetten Schmarren. Als Kompott gab es Ananas, die eigentlich zur Siegesfeier bestimmt waren. Wir sagten uns aber: «Allzu sicher ist uns der Sieg nun auch wieder nicht! Gut schmecken sie uns jetzt auch, wo wir noch am Leben sind, und wenn es schiefgeht, essen sie sonst andere!» Um sieben Uhr lagen wir im Zelt und schliefen auch sofort ein. Es ist erstaunlich, daß wir sofort einen so ruhigen und tiefen Schlaf fanden. Aus diesem Schlaf wachte ich mitten in der Nacht auf. Punkt zwei Uhr.

Jetzt aber raus!

Ganz frisch und klar war die Nacht. Sofort haften unsere Blicke in der fahlen Wand. In diesem Augenblick flammt ein Lichtschein am unteren Felsen des Zweiten Eisfelds auf, der aber gleich wieder erlosch. Wie sich herausstellte, hatten sich die Kameraden in der Wand in diesem Moment den Spirituskocher angezündet.

Um 2.45 Uhr verließen wir das Lager mit einer Kerzenlaterne.

Es war gut, daß wir den Weg auch in der Dunkelheit so gut kannten. Um keinen Meter vergingen wir uns. Und als wir das Schneefeld erreichten, dämmerte es bereits. Sobald wir in die Felsen kamen, wurde es ganz Tag, und die Laterne steckten wir in eine Ritze, um sie wieder, nach der Durchsteigung, zu holen, wozu wir aber nicht mehr kamen. Um 4.30 Uhr standen wir bereits an unserem gestrigen Biwakplatz, wo wir unser hinterlegtes Gepäck aufnahmen, uns anseilten, Haken und Karabiner verteilten und die Kletterschuhe anzogen.

Anderl Heckmair beim Hinterstoißer-Quergang

«Nun wird's ernst, auf geht's in die Wand!» Der Riß, der zum Hinterstoißer-Quergang hinaufführt, fiel mir wegen Vereisung so schwer, daß ich als Vorausgehender ohne Rucksack klettern mußte. Dieser Riß ist als «Der Schwierige Riß» in die Geschichte eingegangen; schon manche Nachfolger-Partie ist dort verunglückt. Das Beherrschen des letzten Schwierigkeitsgrads ist nur eine der Voraussetzungen, die die Wand bedingt. Das war mir damals schon bewußt. Daher das intensive Training und die lange moralische Vorbereitungszeit, die uns jetzt zugute kam.

Die Nachseilerei der Rucksäcke ist, wie schon am Tag vorher, wieder ein außerordentlicher Zeit- und Kraftverbrauch.

Man zieht am Seil, an dem der Rucksack hängt, er verhängt sich. Man zieht wieder, daß der Strick dünn wird – der Rucksack kommt doch nicht hoch! Erst als Wiggerl nachkommt, stößt er ihn mit dem Kopf wieder in die freie Lage, und dann erst gelingt es mir, ihn hochzuziehen. Wir nehmen uns vor, diese Aufseilerei der Rucksäcke soweit als möglich zu vermeiden, und legen in dem nun leichteren Gelände ein mächtiges Tempo vor.

Der Hinterstoißer-Quergang, über den meist ein Wasserfall herabbraust und der den vieren von 1936 zum Verhängnis geworden ist, war zwar trocken, aber zum größten Teil vereist. Von Rebitsch und Vörg war das Quergangseil, mit dem sie ihren Rückzug sicherten, noch immer da. Das war gut, denn dadurch ersparten wir uns Zeit. Es war ein Risiko, das alte Seil zu benützen, das von Steinschlag und Lawinen schon beschädigt war. Doch durch die Sicherung mit dem eigenen Seil wäre ich bei einem etwaigen Riß des Quergangseils nicht abgestürzt, sondern höchstens zurückgependelt.

1957 trafen sich am Beginn dieses Quergangs in der Morgendämmerung eine deutsche und eine italienische Partie, die den ganzen Tag für diesen Quergang brauchten. Niemand kann sich erklären, warum. Unter sehr tragischen Umständen endete diese Durchsteigung, die meines Erachtens von Anfang an zum Scheitern verurteilt war. Die Technik des Querens kann man nicht erst in der Eigernordwand üben.

Wir waren um acht Uhr morgens am Ersten Eisfeld. An den Füßen hatten wir unsere Zwölfzacker, und als wir das Eisfeld betraten, kam von oben ein Stein- und Eishagel herabgepfiffen, losgelöst durch die anderen, die genau in der Fallinie oberhalb von uns ihre Stufenleiter schlugen.

Die Stufen, die sie am Vortag im Ersten Eisfeld geschlagen hatten, nützten uns nichts mehr, denn am Nachmittag überrieselte das Schmelzwasser die Eisfelder, und über Nacht ist jede Spur, auch die der schönsten Stufe, mit Eis wieder aufgefüllt und dadurch ausgelöscht. Das machte uns nichts aus, denn wir brauchten mit unseren Zwölfzacker-Steigeisen überhaupt keine Stufen. Nur daß man sich nach jeder Seillänge einen Stand mit Eishaken schlagen muß, weil das Steigen in dem Tempo, nur mit den Spitzen der Eisen, doch sehr in die Waden fährt. Ich verwendete zum ersten Mal Zwölfzacker. 1938 waren diese noch völlig neuartig. Heute stolpert jeder mit Zwölfzackern auf dem ebenen Gletscher umher, obwohl der Vorteil nur im Eisklettern liegt.

Ich war überrascht, wie die beiden vorderen Zacken eingriffen und welche Sicherheit man auch im steilsten Eis hatte. Es dauerte tatsächlich nur wenige Minuten, schon lag das Erste Eisfeld hinter uns. Der Übergang zum Zweiten Eisfeld führt entweder durch einen Eisschlauch oder über eine 40 Meter hohe senkrechte, schwarze Felswand. Wir wählten den Fels. Die Steigeisen wurden wieder abgeschnallt, der Rucksack ans Seil gebunden, und dann war dieses Wandstück gar nicht so schwer, wie es vorher ausgesehen hatte. Allerdings waren ein paar Überhänge dabei, und es verursachte wieder Schinderei, bis die Rucksäcke oben waren.

Das Zwölfzacker-Steigeisen und seine Anwendung. Zeichnung von Gustl Kröner, 1931

Im Zweiten Eisfeld war blankes Wassereis. Sehr vorsichtig, aber sicher, stieg Wiggerl voraus. Ich schnaufte mit dem schweren Rucksack nach. Wir hatten das Gewicht so verteilt, daß der Vorausgehende den leichteren und der Nachgehende den schweren Rucksack hatte.

Um elf Uhr erreichten wir die Spur der Stufen von Kasparek und Harrer am oberen Ende des Zweiten Eisfelds. Jetzt hatten wir keine Mühe mehr. Wir hätten die Hände in die Hosentaschen stecken und nachlaufen können.

«Schau, Wiggerl, da vorne haben wir sie schon!» Das Eisfeld beziehungsweise die Eisfelder, die von unten nicht allzu bedeutend aussahen, hatten gewaltige Dimensionen. Wohl an die 20 Seillängen dehnt sich das Zweite Eisfeld aus. Die beiden vor uns hatten eine Riesenarbeit geleistet, Stufe an Stufe hinzureihen. Es waren keine Stufen mehr, sondern ausgesprochene Wannen. Jetzt spazierten wir, gemeinsam gehend, in den schönen Stufen zu den Vorgängern.

Bald waren wir in Rufweite. Fröhlich jodelten wir einander zu, und um halb zwölf Uhr mittags hatten wir sie erreicht.

Da wurde es mir klar, warum sie so langsam vorwärtskamen und so große Stufen brauchten. Auch sie hatten sich in der Wand getäuscht, wie alle vorher umgekommenen Partien und wie auch wir, als wir zum erstenmal an der Wand waren. Sie waren mehr auf Fels als auf Eis eingestellt, hatten keine Pickel – und Harrer nicht einmal Steigeisen dabei. Die Stufenarbeit mußte Kasparek mit dem Eisbeil in dauernd gebückter Haltung leisten. Ich machte sie darauf aufmerksam, daß sie bei diesem Tempo wenig Chancen hätten durchzukommen, und riet ihnen zum sofortigen Rückzug.

Bergsteiger haben ihren Dickkopf, Kasparek hatte seinen besonderen, er antwortete mir: «Wir werden es schon packen, wenn wir auch etwas länger brauchen! »

Es war eine heikle Situation und unser Entschluß sehr schwerwiegend: Sollen wir an ihnen vorbei und weiterstürmen und sie ihrem Schicksal überlassen? Ich war nahe daran, es zu machen, nicht so Vörg, der der weitaus Gutmütigere von uns beiden war. Er fand das erlösende Wort: «Schließen wir uns zusammen und bilden eine Seilschaft.» Ich wollte keinen Streit anfangen, doch meine Einwilligung war ziemlich widerwillig, ich muß aber gestehen: Die Seilschaft wurde während der Durchsteigung zur Kameradschaft und nach der Durchsteigung zur Freundschaft, die das ganze Leben lang anhält. Das ist gar nicht so selbstverständlich, denn auch Bergsteiger sind nur Menschen und mit allen menschlichen Schwächen behaftet. Bei uns gab es keine Eifersüchtelei, wer der Bessere war, jeder hat in der Wand seinen Platz und seine Tätigkeit voll ausgefüllt, und einer war auf den anderen angewiesen und hat sich auf ihn verlassen können.

Fritz Kasparek im Übergang vom Dritten Eisfeld zur Rampe

Unser Vorteil durch den Zusammenschluß läßt sich auch nicht ableugnen. Das Gewicht verteilte sich auf vier Mann, das heißt, als Vorausgehender brauchte ich fast gar nichts mehr zu tragen, die Nächte waren nicht so einsam, und vor allem kannten die beiden schon den Abstieg, sonst wäre es uns noch schlecht ergangen.

Bald standen wir an der Felsstufe zum Dritten Eisfeld. Ein schwerer Kamin vermittelt den Durchstieg. Doch von dem Kamin sahen wir nichts; er war voll Eis. So unterschiedlich sind die Verhältnisse in der Wand, dafür waren wir gerüstet.

Es war zwei Uhr nachmittags, als wir alle vier auf dem Dritten Eisfeld saßen. Wiggerl deutete an die Wand: «Da stecken die Haken der ersten Unglückspartie Sedlmayer und Mehringer.» Schweigend gedachten wir der beiden Kameraden. Wir hackten uns große Standplätze und kochten Ovomaltine, die allen sehr gut tat. Ein wenig kauten wir am Speck herum, denn wir wollten viel essen, um etwas vom Gewicht der Rucksäcke herunterzubekommen. Keinem schmeckte es recht. Der Magen verweigerte einfach die Aufnahme fester Nahrung. Der Schweinshax'n fing an, mich zu ärgern, aber noch wollte ich ihn nicht über Bord werfen, vielleicht stellt sich doch noch ein Heißhunger ein.

Der bis jetzt wolkenlose Himmel verschleierte sich mit Nebel, der uns aber weiter nicht störte. Den Weg, das heißt die ausgedachte Route, hatten wir so fest und sicher im Kopf, daß es kein Schauen und Überlegen über das Wohin gab. Es war von vorneherein klar, wo sich die Wand am schwächsten erwies und wie der Durchstieg vor sich gehen mußte. Darüber waren wir uns einig.

So betraten wir vier vom Schneegrat des Dritten Eisfelds aus Neuland, das noch kein Menschenfuß betreten hatte. Zur sogenannten «Rampe» mußten wir in dem steilen Eis erst etwas absteigen. Da bewährte sich die unterschiedliche Länge unserer Pickel. Zum Abstieg benützten wir den langen Pickel, der große Vorteile beim Stufenschlagen abwärts bot.

Die Rampe ist eine schräg in die Wand eingeschnittene Schlucht, deren eine Seite verhältnismäßig leicht gangbar war. Fast zu leicht, schien es mir, und ich war aufrichtig besorgt, es könnte nun so leicht weiter bis zum Gipfel gehen. Doch sollte ich bald wieder restlos zufriedengestellt werden.

Etwa 150 Meter ging es auf schneebedeckten, vereisten Platten relativ leicht aufwärts. Dann endete die Rampe in einen Kessel, aus dem nur ein senkrechter Kamin, der sich oben zu einem Riß schloß, hinausführte.

Die eine Seite des Kamins war überhängend, gelb und brüchig. Mit einem Wort: unbegehbar. Über die andere, geneigtere, aber glatte Wandseite plätscherte ein Wasserfall, immerhin so lustig, daß man beim Durchstieg in einigen Minuten völlig durchnäßt gewesen wäre. In nassem Zustand zu biwakieren, dazu hatten wir keine Lust.

Es war sieben Uhr, als wir alle vier vereint waren, und wir beschlossen, Feierabend zu machen. Im Kessel war es schlecht damit bestellt, denn dessen

Heinrich Harrer (links) und Fritz Kasparek beim Biwak in der Rampe

Grund war angefüllt mit Lawinenresten, die eine steile Eisfläche bildeten, auf die das Wasser nur so herabbrauste. So kletterten wir wieder zurück zur Rampe und richteten uns ein zum Biwak. Plötzlich riß der Nebel auf, und wir sahen hinunter in die Tiefe, die uns, obwohl wir an Tiefblick gewöhnt waren, doch leise erschauern ließ. Erst jetzt gewahrten wir die Exponiertheit unseres Platzes, und mit ein paar kräftigen Schlägen fuhr ein weiterer Standhaken in den Fels.

Alles, was wir an Wäsche hatten, wurde angelegt. Ganz besonders sorgfältig packte ich meine Thermogen-Watte aus und hüllte meine Zehen und

Anderl Heckmair (links) und Wiggerl Vörg im Biwak in der Rampe

Knie damit ein. «Das wird fein warm halten!» Dann schlüpften wir in frische Unterhosen, darüber die Berg- und Überhose, der zweite Pullover und der zweite Anorak wurde noch übergezogen und alles sonst Verfügbare angelegt. Wiggerl, der Genüßling, hatte sogar eigene Pelzbiwakschuhe. Ich mußte meine Bergschuhe anbehalten, weil meine Kletterschuhe vom Hinterstoißer-Quergang her noch durchnäßt waren. Seile, Rucksack und alles übrige wurde auf das Eis gelegt und zum Sitzen ausgebreitet, der Schlafsack zum Überziehen bereitgelegt. Wenn ich ein Fakir gewesen wäre, hätte ich mich auch noch auf die Steigeisen, mit den Spitzen nach oben, gesetzt, das hätte vielleicht auch noch zusätzliche Wärme gebracht.

Heinrich Harrer kocht Tee im Biwak in der Rampe.

Kaffee war uns das liebste Getränk, das Wiggerl in rauhen Mengen braute.

Nur Durst hatten wir und keinen Hunger. Den verflixten Schweinshax'n brachte ich wieder nicht los. Etwas mußte man aber doch essen, und ich öffnete eine Büchse Ölsardinen. Keiner wollte davon, darum aß ich sie allein auf. Das sollte mir in der Nacht schlecht bekommen.

Inzwischen war es ganz dunkel geworden. Die Lichter von Grindelwald glitzerten herauf, und wir fühlten uns auf unserem luftigen Platz äußerst wohl. Bald stülpten wir unseren Schlafsack über, jeder versuchte, so gut es ging, ein Nickerchen zu machen.

Mit der Taschenlampe noch einen Blick auf den Höhenmesser: Er zeigte 3400 Meter! Ganz erfreulich für den ersten Tag. Als ich den Höhenmesser wieder einstecken wollte, wischte etwas über die Platte und verschwand lautlos in der Tiefe.

«Verdammt nochmal, was war das?»

Natürlich der Höhenmesser, ich kann ihn nirgends finden. Vorsichtig erkundigte ich mich, was das Ding eigentlich kostet. «Ja, so bei hundertfünfzig

Mark...», meint Wiggerl ganz trocken. Vor Ärger kann ich jetzt gleich gar nicht mehr schlafen. Außerdem wird es allmählich kalt, daß es uns nur so schüttelt. Nur an den Stellen, an denen die Thermogen-Watte sitzt, ist es herrlich warm! Mit Dankbarkeit gedenke ich der schönen Frau, die mir diesen guten Rat gab. Ich fühlte mich an den wattierten Stellen wie liebkost.

Die Zeit geht nicht vorwärts... Als ich schon glaube, jetzt muß es bald Tag werden, ist es erst elf Uhr nachts. Das ist eben der natürliche Ausgleich: Untertags beim Klettern vergehen die Stunden wie Minuten, und beim Biwakieren werden die Minuten wieder zu Stunden.

Gerade als es anfing mir langweilig zu werden, bekam ich heftig Bauchweh. Um die anderen nicht zu beunruhigen, wollte ich nichts sagen. Es wurde mir so sonderbar heiß und wieder kalt und schwummrig, daß ich fürchtete, jetzt wird's mir schlecht. Wiggerl merkte das. Gleich waren alle mobil. Heini Harrer meinte: «Ein heißer Tee wird das beste sein», er brachte seinen Kocher in Brand. Wenige Minuten später schlürfte ich einen Pfefferminztee, den ich nie hatte leiden können, aber noch nie hat mir ein Tee besser geschmeckt und so gut getan wie dieser. Die Ölsardinen haben sich daraufhin im Magen wieder beruhigt, und wir nickten nochmals alle ein wenig ein.

Um vier Uhr morgens fingen wir schon wieder an mit der Kocherei. Erst um sieben Uhr waren wir fertig. Beim Einpacken fand sich auch auf einmal der Höhenmesser wieder. Man soll sich eben nie ärgern, weil das selten hilft und oft umsonst ist.

Ein bißchen steif waren die ersten Schritte wohl, der Anblick der Wand, die ich jetzt hinauf sollte, machte mir heiß. Der gestrige Wasserfall über die linke glatte Seite war nicht mehr da, dafür eine einzige Eiskruste.

Da der Riß, den ich anpackte, oben wieder eisfrei war, ging ich ohne Steigeisen. Vorsichtshalber versuchte ich, ein paar Haken anzubringen. Einer davon saß wirklich gut. Um dem Eis auszuweichen, kletterte ich in der brüchigen überhängenden Wand weiter und kam, wenn auch nicht in elegantester Art, den Übergang hinauf. Nur noch einen halben Meter, dann könnte ich einen weiteren Haken anbringen!

Mit der rechten Hand packte ich einen über mir befindlichen Griff. Noch bevor ich ihn überhaupt beanspruchen konnte, brach er aus, und der große Brocken im Format einer Kaffeekanne fiel mir auf den Kopf. Schon hing ich an dem guten Haken unter dem Überhang.

Das war der erste Sturz: «Kann mal vorkommen», dachte ich und packte gleich wieder mit Steigeisen die Eiswand an. So etwas hatte ich noch nicht

Gipfeleisfeld
Ausstiegsrisse
Zweites Biwak
Spinne
Erstes Biwak
Rampe
Drittes
Eisfeld
Zweites
Eisfeld
Erstes
Eisfeld
Hinterstoißer-
Quergang
Schwieriger
Riß
Höhle
Zerschrundener
Pfeiler
Erster Pfeiler

gemacht, es war Eiskletterei in reinster Form, vom Stufenschlagen keine Rede. Es ging!

Weit oberhalb der Stelle, an der mir der Brocken ausbrach, kam ich in den Riß hinein. Nach weiteren wenigen Metern stand ich in einer völlig mit Eis ausgefüllten muldenartigen Ausbuchtung. Hier schlug ich mir einen Stand und sicherte die anderen nach.

Dabei äugte ich schon etwas nach den weiteren Möglichkeiten. Diese erschienen mir recht unklar. Nur eine mit Eis überzogene Verschneidung, die noch dazu mit einem Eisdach abgedeckt war, schien den weiteren Anstieg zu vermitteln.

Der letzte Mann hatte die Aufgabe, sämtliche Haken wieder zu entfernen, nicht um den Nachfolgern die Stellen schwer zu machen, sondern weil wir nicht wußten, was wir weiter oben noch alles brauchten, und mit jedem Haken geizen mußten.

Als Vorausgehender in dem schweren Gelände nahm ich überhaupt keinen Rucksack mehr, um im Gleichgewicht nicht gestört zu sein. Dafür mußten sich die Nachkommenden um so mehr belasten, sie waren dann so ausgepumpt, daß sie mehrere Minuten brauchten, um sich zu erholen. Mit jedem Meter, den ich dem Eisdach näher kam, wurde es mir schleierhafter, wie ich darüber hinwegkommen sollte. Schließlich drängten sich die Schwierigkeiten ganz in den hintersten Grund der Verschneidung, direkt unter das Dach. Vor mir an der Kante des Überhanges hing ein Vorhang wundervoller Eiszapfen.

Zum Genießen dieser Naturschönheit war ich wenig aufgelegt, verzweifelt war ich, weil ich nicht wußte, wie ich es anstellen sollte, darüber hinwegzukommen. Erst einmal ein gutsitzender Haken unter das Dach! Jetzt konnte ich mir Zug geben lassen und mit dem Pickel einige der Eiszapfen abschlagen, nachdem ich natürlich die Kameraden vorher in Deckung gerufen hatte, denn diese Eiszapfen waren zentnerschwer und rauschten ganz schön hinunter.

Endlich konnte ich den Stumpen eines abgeschlagenen Eiszapfens erlangen, indem ich mich mittels Zug weit hinaus ließ. Die heute gebräuchlichen Steigleitern kannten wir leider nicht, sonst hätten wir sie auch angewendet. Im gleichen Moment – mit meinem Druck und Gewicht belastet – brach der Stumpf ab, und ich rasselte bis zum eingeschlagenen Haken hinab, der Gott sei Dank hielt. Ich sah ein, daß diese Stelle unmöglich war, aber eine andere gab es nicht. Sollten wir an diesem lächerlichen Überhang abblitzen? «Das ist halt der Eiger, da muß auch etwas dran sein!»

Ich spähte erst links, dann rechts aus der Verschneidung heraus, da war nichts zu machen. In richtiger Wut und mit der Entschlossenheit, alles zu wagen, ging ich nochmals daran. Oberhalb meines Eishakens, der gerade so gut gehalten hatte, war ein armdicker Zapfen unten in das Eis wieder eingewachsen, so daß er einen richtigen Henkel bildete. Durch diesen Henkel fädelte ich eine Reepschnurschlinge und ließ mich damit im Seilzug wieder hinaus.

Nun glückte es mir mit äußerster Anstrengung, meinen schwersten Eishaken, den ich zur Hand hatte, direkt auf die Kante hinauszusetzen. Er war erst halb drinnen, doch am singenden Klang hörte ich, daß das genügte. Ein Karabiner schnappte ein...

«Nochmals Zug!»

Mit dem Oberkörper kam ich über die Kante, jetzt war das Spiel gewonnen. Mit der Linken das Eisbeil, mit der Rechten den Pickel eingeschlagen, ein Klimmzug – und ich kam mit den Steigeisen aufs Eisfeld.

«Seile locker!»

Einige hastige Schritte! Fünf Meter weiter oben schlug ich mir endlich einen guten Stand in das Eis und zur Sicherung gleich noch zwei Eishaken. Dann konnten die Kameraden mitsamt den schweren Rucksäcken – die Nachseilerei hatten wir schon längst aufgegeben – nachkommen. Das war die bis jetzt schwierigste Stelle der ganzen Wand. Ich war sehr zufrieden, doch eine weitere Steigerung meiner Zufriedenheit in dieser Art wünschte ich mir nicht mehr.

Das eben gewonnene Eisfeld war gleichfalls blank und sehr steil. Das Eis war so hart, daß ich auch für uns einige Stufen schlug. Schon näherten wir uns dem oberen Rand des Eisfeldes, als plötzlich über uns ein fürchterliches Geknatter losging. An Steinschlag glaubend, duckten wir uns sofort zusammen. Doch es war unnütz: es war ein Flugzeug, das nahe an uns vorbeiflog. Von unten gesehen ist dieses Eisfeldchen winzig, und doch war es fast zehn Seillängen lang. Wir brauchten mehr als zwei Stunden, um es zu überwinden. Dann trafen wir auf ein Band, das zur Wandstufe führte, die den Einstieg zum großen Quergang in die Spinne bildete. Die Spinne ist jenes Eisfeld im oberen Drittel der Wand, das nach allen Seiten mit vereisten Rinnen und Bändern in die Felszone hineingreift.

Bei unseren vorjährigen Beobachtungen an der Wand, als wir alle Durchstiegsmöglichkeiten mit dem Glas absuchten, kam uns diese Stelle sehr fraglich vor. Auch die anderen hatten unabhängig von uns dieselbe Meinung. Als wir nun vor dieser Stelle standen, sah sie ganz gut aus. Etwa 50 Meter hoch, senkrecht, aber schön gegliedert und deshalb aber wahrscheinlich gut griffig. Aus diesem Grund dachte ich auch nicht daran, den Rucksack und die Steigeisen abzulegen. Lediglich der Pickel wurde hinten auf den Rucksack gebunden. Aber der Einstieg war gar nicht so leicht, wie er ausgesehen hatte: kleine Griffe, überhängender Fels.

Mit den vorderen Steigeisenzacken die winzigen Tritte benützend, drang ich aufwärts. Es war eine mir völlig neue Technik. Einen so vereisten Fels hatte noch keiner von uns erklettert. Was hätten wir da ohne die Zwölfzacker gemacht? Trotzdem ging es auch in die Arme, die infolge der Anstrengung gefühllos wurden. Als ich von einem Sturz nicht mehr allzu weit entfernt war, knatterte das Flugzeug in unverschämter Nähe wieder vorbei. Von Westen kam ein Gewitter heran, das das Flugzeug auch ganz schön durchbeutelte; ich hatte die Vision, daß es im nächsten Augenblick an die Wand klatscht und der ganze Salat auf uns herunterhagelt, und war ehrlich froh, als es in den Wolken verschwand.

Drei Uhr nachmittags: Wo waren die Stunden geblieben? Keine Spur von Hunger oder Müdigkeit. Im Gegenteil, als wir plötzlich Donnergrollen hörten, spannte sich unser Wille, da herauszukommen, aufs neue.

Ein Zurück gab es nun nicht mehr! Wir lösten uns sogar wieder in unsere Zweierpartien auf, denn wir waren ja wesentlich schneller. Ich wollte unbedingt vor Einbruch des Nebels, der mit einem Gewitter immer verbunden ist, die Spinne erreichen, um die weiteren Anstiegsmöglichkeiten zu sehen. Beim Einstieg in die Spinne hatten wir auf ein paar Meter wieder einmal Blankeis. Diesmal brauchten wir es nur zu queren, dann war die Spinne erreicht. «Einen Eishaken» – ich hatte keinen mehr –.

«Wiggerl, bring sie mit!»

«Ja mei, die hat der Heini!»

Da wir sie alle schon gebraucht hatten, waren sie sämtlich bei Heini Harrer gelandet, der sie als Schlußmann wieder herausnahm und einsammelte.

Eigentlich wollten wir warten, bis Harrer und Kasparek nachkamen. Aber da pfiffen einige Steine herab, und wir dachten: «Da braucht nur ein einziger zu treffen, dann ist es aus!» Wir fanden unseren Warteplatz plötzlich sehr ungemütlich.

«Gut, gehen wir einfach ohne Eishaken und sichern über den Pickel», was mir damals schon sehr problematisch erschien, «stürzen dürfen wir eben nicht!»

Die vereinte Seilschaft auf dem Brüchigen Band, vom Flugzeug aus fotografiert: Harrer, Kasparek, Vörg und Heckmair (v. l.)

Das Eis war auch gar nicht mehr so hart und erforderte nicht unbedingt Stufen. Es waren immerhin 150 Meter, die wir so hinauf mußten. Nach jeder Seillänge schlugen wir einen Stand. Die anderen sollte das noch retten.

So hatten wir in kurzer Zeit den Fels, der zum Gipfel führt, erreicht. Stand gab es da zwar keinen, es ließen sich aber ein paar Kerben in das Eis schlagen. Für den allerletzten Eishaken, den ich noch hatte, einen der dünnsten Stifte, fand ich eine Ritze im Fels. Es ist höchst selten, daß man einen Eishaken im Fels anbringen kann. Wenn aber einer hineingeht, dann sitzt er dafür auch unbedingt sicher. Nicht ahnend, wie ungeheuer wichtig uns dieser Haken werden sollte, trieb ich ihn mit wuchtigen Schlägen ganz tief in die Felsritze. Ein Blick auf die Wand: Da gibt es ja ein ganzes System von Rissen und Rinnen, von denen einer sicher den Weiterweg vermittelt. Das war beruhigend, nun konnte das Gewitter kommen. Dazustehen beziehungsweise -hängen war allerdings auch nicht das angenehmste, zumal etwa 30 Meter unter uns eine Felskanzel aus dem Eis ragte, mit einem ebenen tischartigen Platz.

«Da wäre es fein zu sitzen, was meinst, Wiggerl?»

«Ich mein' schon, gehn wir runter, aber das Seil wird nicht reichen!»

Anderl Heckmair hängt im Quergang zur Spinne das Seil im Karabiner ein.

«Macht nichts, geh nur zu, ich sichere!»

Als das Seil aus war, schnappte ich den Karabiner aus und ging vorsichtig ohne Sicherung nach. Nun saßen wir auf dem Felssporn, herrlich wie auf einem Thron und musterten kritisch die Wetterlage.

«Das sieht nicht gut aus!»

Die Kameraden waren eben daran, in die Spinne zu traversieren. Langsam wurde es ganz düster, und bald fing es zu graupeln an. Es fing auch an zu blitzen und donnern, doch das schreckte uns alles nicht, denn Gewitter hatten wir in den Bergen schon oft überstanden. Lediglich die pfeifenden und heulenden Steingeschosse, die jetzt immer häufiger unsichtbar im Nebel an uns vorbeizischten, gingen uns auf die Nerven.

Die beiden Österreicher waren, unseren Spuren folgend, nun auch schon mitten in der Spinne. Wir hatten den Zeltsack zum Schutz gegen das Graupeln, das sich schon zum Hageln verstärkt hatte, über den Kopf gezogen und wollten gerade nachschauen, wie weit die anderen waren. Plötzlich deutet Wiggerl auf die Eisrinne unmittelbar über uns.

«Da kommt eine Lawine!»

Ein Strahl von Eiskörnern zischt aus der Schlucht, sich an unserem Felskopf teilend, in die Tiefe. Im Nu schwoll dieser Strahl zu einer fürchterlichen Lawine an. Ich sprang auf, rammte den Pickel ins Eis und stemmte mich dem Druck entgegen. Wiggerl, der gar nicht mehr aufspringen konnte, weil dafür kein Platz mehr war, saß ganz ausgesetzt am Rande des Felsens.

Sicherung hatten wir keine. Mit der Faust hielt ich mich am Pickel, mit der anderen packte ich Wiggerl am Genick. In der festen Überzeugung, daß die Kameraden, über die ein Hauptstrahl der Lawine hinwegging, hinabgewischt wären und nun auch wir jeden Augenblick daran glauben mußten, wollte ich nur so lange Widerstand leisten, als es überhaupt noch ging. Im Geiste sah ich uns schon über die Wand fliegen!

Noch war es nicht soweit.

Ich staunte selbst, wie lange ich diesem unheimlichen Druck standhalten konnte.

Die bloße Faust, mit der ich den Pickel hielt, wurde durch die Kälte ganz weiß. Ich riskierte es, schnell auszulassen und rasch die Fäustlinge überzuziehen. Die Hagel- und Graupelkörner bildeten bis zu meiner Hüfte herauf einen Wall. Alles andere teilte sich in zwei riesige Strahlen links und rechts von uns. Es war ein Glück, daß das Eisfeld so steil war, daß es einen raschen Abfluß der unheimlichen Masse der Eiskörner ermöglichte.

Langsam wurde es wieder heller, der Druck ließ nach. Wir spürten, konnten es aber kaum glauben, daß wir es überstanden hatten.

«Wie wird es den anderen ergangen sein?»

Der Nebel wird lichter – und da...

«Wiggerl — sie hängen noch dran!»

Wie war das möglich, das grenzt ja an ein Wunder! Eine große Freude überkam uns. Daß ein Kameradschaftsgefühl so tief sein kann, das merkt man erst, wenn man die totgeglaubten Freunde wiedersieht.

«Ich bin verletzt!» ruft Kasparek herauf. «Laßt das Seil herunter!»

Zuerst müssen wir zurück zu unseren Haken. Das war gar nicht so einfach. Noch immer fließt der Hagelstrom. Wir sind oben am Felsen, aber zwischen uns und dem Haken befindet sich eine Rinne, in der die Hagelkörner wie ein reißender Strom herunterrauschten. Ich möchte schon riskieren und hinüberspringen, aber Wiggerl läßt mich nicht. Wohl zehn Minuten müssen wir noch warten, dann können wir zu unserem Haken. Es haben sich zentimeterlange Eisnadeln auf dem Eisen des Hakens und des Karabiners gebildet. «Wie das wohl kommt?» Doch zu wissenschaftlichen Überlegungen haben wir keine Zeit. Wir denken nur einen Augenblick daran, wie es wohl uns ergangen wäre, wenn wir hier stehengeblieben wären.

Die Selbstsicherung schnappt ein, die Seile kommen herunter, werden zusammengeknüpft und das Ende den Kameraden zugeworfen. Ungefähr zehn Meter muß Fritz noch aufsteigen, um das 60 Meter weit von uns in das Eisfeld hineinreichende Seilende zu erwischen. Endlich hat er sich angebunden. Wie eine Erlösung war uns die Gewißheit, daß wir wieder fest zusammen verknüpft waren. Von diesem Augenblick an blieben wir mit dem Seil verbunden bis zum Gipfel und bis wir wieder in der Scheidegg eintrafen.

Bald waren die Freunde neben uns.

«Wo bist du verletzt?»

«Oh je, wie schaut die Hand aus –»

Die ganze Haut vom Handrücken war weg, und es sah in diesem Augenblick viel schlimmer aus, als es war. Um mich davon zu überzeugen, drückte ich ihm kräftig die verletzte Hand, denn ich wußte, jetzt wird's ihm, wenn ein Knochen gebrochen war, schlecht, wenn nicht, fängt er nur an zu fluchen. Zu meiner Beruhigung geschah das letztere. Rasch das Medizinpackerl heraus und mit dem Schnellverband die klaffende Wunde verbunden. Sechs Uhr abends!

«Sollen wir schon ins Biwak?»

Fritz Kasparek und Heinrich Harrer folgen nach dem Gewitter durch die Ausstiegsrinnen aus der Spinne nach.

Das Wetter hatte sich nach dem Gewitter wieder aufgemacht, trotzdem sah es nicht gut aus. Einen Geschmack, wie sich die Lawinen auswirken, wenn sie wie in einem Trichter zusammenlaufen, hatten wir bekommen. Wenn das Wetter ganz umschlägt, würde es wohl unmöglich werden, die Eisschlucht, durch die der weitere Anstieg ging, lebend zu überwinden. Das waren unsere Überlegungen. Und dazu: «Jetzt ist's relativ warm und das Eis weich, da läßt es sich am besten begehen!» Ein kurzer Kriegsrat, und das Weitergehen war beschlossene Sache, obwohl man nach einer alpinen Faustregel zwei Stunden vor Dunkelheit ins Biwak gehen soll.

Die Eisschlucht begann gleich mit einem Überhang. Ich packte an der linken Seite an. Aber ich hatte mich wohl zu schnell bewegt und mußte nach drei Metern wieder auf den Stand herunterspringen, wobei ich mich mit dem Steigeisen verhedderte und durch die Sicherung der Freunde gerade noch einen Sturz vermeiden konnte. Auf der zuerst viel schwieriger vermuteten rechten Seite ging es bedeutend besser. Das Eis ließ sich gut erklettern. Nur mit der Eispickelhaue in der Rechten und einem starken Eishaken in der Linken, spickte ich mich an und zog mich empor. Mit den Zwölfzackern kurz nachtretend kam ich gut und rasch aufwärts. Trotzdem war es eine unerhört riskante und schwere Arbeit, so hinaufzugehen. Aber was blieb mir anderes übrig?

Durch bessere Sicherung hätten wir die ganze Zeit verbummelt, und wir hätten am nächsten Morgen wohl kaum den fürchterlichen Lawinen in den Rinnen entkommen können. Es war schon immer mein Grundsatz, die subjektiven Gefahren auf mich zu nehmen und so den objektiven Gefahren auszuweichen. So hielten wir vier es auch dieses Mal. Die Rinnen wurden steil und steiler und verengten sich immer mehr, je höher wir kamen. Zwischendurch bäumten sie sich immer wieder zum Überhang auf, doch einer wurde genommen wie der andere. Harrer stöhnte unter der Last seines immer schwerer gewordenen Rucksackes. Wir hatten nämlich, um voraus sicher gehen zu können, bei jeder Gelegenheit einen Teil unseres Rucksackinhaltes an die anderen abgegeben. In selbstverständlicher Kameradschaft hatten Heini und Fritz uns alles abgenommen, was sie nur nehmen konnten. Dazu kam noch die Last der Haken, die den beiden nach dem Herausschlagen verblieben. Am Ende war der Schlußmann wie ein Lastträger aufgepackt! Ohne auch nur ein einziges Mal zu protestieren, leisteten sie die ungeheure Anstrengung. Diese Zusammenarbeit führte uns zum Erfolg.

Von Fritz hörten wir keine Klage über seine Hand, obwohl sie ihm sehr weh tun mußte, denn der Verband war blutdurchtränkt.

Jetzt hieß es, in diesem System der Rinnen und Risse einen Platz zu finden, an dem man vor Lawinen und Steinschlag einigermaßen sicher sein konnte. Nach der Überwindung eines Eiswulstes fand sich auch tatsächlich ein Felsband, das durch einen Überhang geschützt war. Es war abschüssig und exponiert, wie alles in dieser Wand, doch auf jeden Fall geschützt.

In einen kleinen Riß trieb ich einen Felsringhaken bis zum Ring hinein. Weitere Haken anzubringen war ein Kunststück, denn das Gestein im oberen Wandaufbau war auf einmal viel brüchiger. Mit viel Geduld brachten wir noch so viel Haken an, wie wir brauchten, um unsere Sachen und uns anzuhängen. Vom Abend vorher wußten wir ja noch, daß alles, was nicht angehängt war, unseren Händen entschlüpfte, für immer verloren war.

Leider konnten wir nicht zusammensitzen. Eine zweite Stelle, wo man sich sichern und das abschüssige Eis wenigstens etwas abschlagen konnte, war von unserem Platz drei Meter entfernt. Dort arbeiteten sich Fritz und Heini ihr Biwak zurecht. Zwischen uns spannten wir ein Seil, an dem wir die Eßtöpfchen mittels Karabiner hin- und hergleiten ließen.

Der gute Wiggerl übernahm, wie schon am gestrigen Abend, die Kocherei ganz allein. Der Spirituskocher von Kasparek hatte mitsamt meinem Schweinshax'n längst den Weg in die Tiefe genommen. Verlangen nach fester Nahrung hatten wir immer noch nicht. Nur trinken wollten wir, am liebsten Kaffee, und davon hatten wir in rauhen Mengen dabei. Zu essen hatten wir noch so viel, daß es uns in acht Tagen nicht ausgegangen wäre. Aber die Nahrungsmittel blieben unberührt, und ich zwang mich auf meine gestrige Erfahrung hin auch nicht mehr. Anspruchsvoll in Biwakplätzen waren wir alle nicht, aber dieses Band war schon arg schmal! Es wollte mir nicht gelingen, eine bequeme Stellung zu finden. Von Liegen war natürlich keine Rede, auch in der letzten Nacht saßen wir nur. Diesmal wollte nicht einmal das Sitzen gelingen! Mit den Steigeisen im Eis verspreizt (weshalb ich sie auch nicht ausziehen konnte), hing ich mit einer Schlinge um die Brust am Haken.

In den Ausstiegsrissen

Wenn sich nur der Wiggerl einmal ruhig hinsetzen würde! Aber der kochte in aller Ruhe unentwegt ein Haferl Kaffee nach dem anderen. Wo-

«Auch sonst waren wir sehr ruhig, wir wußten, was wir noch vor uns hatten und daß das Wetter morgen schlecht sein würde. Nur der Fritz jammerte: ‹Wenn ich wieder unten bin, werde ich mir eine trockene Zigarette mit einem trockenen Zündholz anzünden!›» Harrer und Kasparek bei ihrem dritten Biwak oberhalb der Spinne

gegen wir ja grundsätzlich nichts einzuwenden hatten. Er nahm einen Schluck, gab das Gefäß gleich weiter und stellte schon wieder das nächste auf den Benzinkocher, der uns mit seinem angenehmen Geschnurr in eine wohlige Stimmung brachte. Auch sonst waren wir sehr ruhig, wir wußten, was wir noch vor uns hatten und daß das Wetter morgen schlecht sein würde. Nur der Fritz jammerte: «Wenn ich wieder unten bin, werde ich mir eine trockene Zigarette mit einem trockenen Zündholz anzünden!»

Wir hatten absichtlich weder Alkohol noch zu rauchen mitgenommen. Kasparek, der aber wenigstens das Rauchen nicht entbehren wollte, waren seine Zigaretten und Zündhölzer vor Feuchtigkeit unbrauchbar geworden, deshalb der Jammer. Das war verständlich, denn wir waren zwar noch nicht durch und durch naß, aber doch gut durchfeuchtet.

Bei mir hatte das noch eine besondere Wirkung, denn die Thermogen-Watte wurde auch feucht. Das war heute schon untertags der Fall, und diese Watte, die die Rheumatiker höchstens zwei Stunden auf den erkrankten Stellen haben sollen, brannte ganz abscheulich an den Zehen und Knien. Ich fand mich gar nicht mehr so geschmeichelt wie am Anfang, sondern im höchsten Grad gezwickt und gezwackt. «Lassen wir es brennen, dafür wird's nicht gefrieren!» dachten wir, was leider eine schwere Täuschung war.

Endlich hörte Wiggerl auf zu kochen und fing an, sich für die Nacht zu richten. Mit unbeschreiblicher Ruhe begann er sich umzukleiden und wieder seine Biwakschuhe anzuziehen, während wir nur so, wie wir waren, zurechtrückten. Nacht war es schon lange und bereits elf Uhr vorbei. Auch Fritz ließ seine Steigeisen angeschnallt.

Ich hätte sie gerne ausgezogen, aber sie waren mir – wie gesagt – zur Verspreizung im Eis unentbehrlich. Wiggerl brauchte mit seiner Um- und Auszieherei über eine Stunde. Endlich hatten wir den Schlafsack über uns beide gezogen, und Wiggerl drehte mir seinen breiten Rücken zu, auf den ich mich angenehm lehnen konnte. Er war weich und warm, ich verzieh ihm seine Ruhestörung, und nachdem der Friede eingekehrt war, fielen mir die Augen zu, ich schlief fest ein.

Ein heftiger Duscher, der über uns hinwegfegte und eine Kälte mit sich brachte, daß wir alle nur so zu schnattern anfingen, weckte mich wieder auf. Ganz erstaunt war ich, daß es schon Tag war. Es war fünf Uhr morgens! Ich hatte tatsächlich die ganze Nacht durchgeschlafen, und die anderen sagten mir, daß es nicht die erste Lawine gewesen sei, die über uns niedergegangen ist, nur ich hatte davon nichts gemerkt.

«Schlaf nur weiter», meinte Wiggerl und drehte sich wieder in die mir so angenehme Lage. Da gewahrte ich, daß das für ihn höchst unangenehm sein mußte. «Hast du denn so schlafen können?» – «Natürlich nicht. Aber wie ich gemerkt hab', daß du so gut schläfst, hab ich mich nicht mehr gerührt, denn du mußt von uns am besten ausgeruht sein. Schlaf nur weiter, Anderl, jetzt schneit's sowieso, und wir können nicht gleich weitergehen...»

Das war mir aber nicht mehr möglich, nachdem ich wußte, daß meine Erholung für ihn eine Qual war. Außerdem war es mir jetzt zu kalt, und das Wetter beunruhigte mich sehr.

Es schneite ganz trocken. Den Sturm hörten wir wohl, aber wir spürten ihn nicht, denn wir befanden uns in der Windschattenseite des Westgrats. Oben vom Grat und vom Gipfel aber klang sein Brausen.

Nach einiger Zeit, als die Auflage des Neuschnees auf den oberen Eisfeldern zu schwer wurde, kam diese als Lawine heruntergefegt. Wir konnten genau den Weg und die Regeln der Lawinengänge beobachten. Ein Glück, daß wir gestern den Aufstieg bis hierher geschafft hatten. Unten sammelte sich wie in einem Trichter alles, was von der Gipfelwand herabfuhr. Uns jedoch erwischte nur ein Seitenteil der Lawine, und zur Schlafstelle her wehte nur noch der wirbelnde Schneestaub.

Wiggerl waltete wieder umsichtig seines Amts als Koch und löste Tafelschokolade in Büchsenmilch. Wir wußten, das mußte die letzte Abfütterung sein, die nächste Mahlzeit sollte im Tal stattfinden. Trotzdem warfen wir den vielen Proviant, den wir noch hatten, nicht weg. Man kann nie wissen!

Vom Tal aus war jeder Schritt beobachtet worden, und ein auf der Scheidegg genau rechtzeitig angekommener Münchner Journalist telefonierte seiner Zeitung, den Münchner Neuesten Nachrichten, an diesem Abend den Bericht «Zwischen Hoffen und Bangen»:

«Am Samstag um 12.30 Uhr kündigt sich am Eiger ein Wetterumschlag an. Über dem Lauterbrunnental zog eine schiefergraue Wolkenwand herauf, dunkel und bedrohlich. Zu der Zeit hatten die vier Bergsteiger nach fünfstündiger härtester Arbeit die ‹Schräge Schlucht›, die vielleicht die größten Schwierigkeiten der ganzen Wand enthielt, bezwungen und auf dem Quergang aus der Schlucht auch das Schneeband über der ‹gelben Wand› rechts der ‹Schrägen Schlucht› bewältigt. Um 13 Uhr waren alle vier hintereinander am linken Rand des Schneefeldes. Heckmair, der Bergführer mit dem härtesten Training und der vielleicht größten Eiserfahrung, führte. Für eine halbe Stunde entzog dann eine Wolke die Bergsteiger unseren Blicken. Um 14.30 Uhr wurde die Wand wieder frei. Da hatten sie das Schneeband schon gequert, der erste soeben den Überhang zu dem ‹Spinne› genannten Schneefeld erreicht. In zügiger Art quert Heckmair – er hat den ganzen Samstag über die Spitze gehabt – in die ‹Spinne› hinein. Wir sehen ihn kraftvoll den Pickel führen und in raschem Vordringen das Mittelfeld der ‹Spinne› erreichen. Grad hinauf geht er jetzt seine ganze Seillänge aus bis zum Eingang des am linken oberen Rand der ‹Spinne› hinaufziehenden Schneebandes. Vörg folgt als zweiter. Heckmair geht schon wieder weiter, das steile Schneeband, besser gesagt, das Schnee-Couloir, hinauf bis zu einem braunen Felsblock und sichert den ebenso rasch nachgehenden Vörg zu sich herauf. Beide lassen sich auf dem Felsblock nieder, um die zweite Partie folgen zu lassen. Die Arbeit der beiden, ihre kräftige Pickelarbeit, ihr sorgfältiges, umsichtiges Sichern und die erstaunliche Zügigkeit ihres Aufstieges sagen uns, die wir das Auge nicht vom Glas lassen, daß sie in bester Form und noch voll bei Kräften sind.

Kasparek und Harrer haben inzwischen am Ende des Schneebandes gerastet. Von 15.00 bis 15.30 Uhr steht die Wand wieder hinter Wolkenmänteln. Um 15.30 Uhr geben die Wolken die Wand frei, an den Fernrohren drängen sich die Menschen. Eben quert der erste der zweiten Partie aus den Felsen in die ‹Spinne›. Es ist der Augenblick, da Heckmair den Felsblock am oberen Schnee-Couloir erreicht.

Die zweite Partie geht wesentlich langsamer, aber ebenso umsichtig und sicher, wie die erste. Heckmair und Vörg sind nun schon 3600 Meter hoch! 16.10 Uhr: Die Wand nebelt sich wieder ein. Wir sind mit unseren Hoffnungen und Sorgen wieder allein. Noch ist der Gipfel 350 Meter über den vieren.

Jetzt sieht das Wetter wieder sehr schlecht aus. Von Stunde zu Stunde weiß man nicht, ob es sich zum Guten oder endgültig zum Schlechten kehren wird. Über dem Lauterbrunnental steht es schmutzgrau. Jungfrau und Mönch stecken in Wolken. Die Gletscherbrüche leuchten fahlblau im schwelenden Licht. Zwischen den Regenwolken ist ein Fleck blauen Himmels. Über der Großen Scheidegg drüben ist es noch ganz klar. Aber unaufhaltsam zieht das Wetter herauf. Noch muß die Partie im Trichter der ‹Spinne› sein.

16.25 Uhr: Es beginnt ganz leise zu regnen, und dann, es ist genau 16.30 Uhr, stürzt, als seien die Wolken mitten durchgerissen, ein harter, schriller Regenguß über uns herein. Wie eine Sturzwelle muß er die Wand und die vier in ihr treffen. Und schon ein vielstimmiger, zerrissener Schreckensruf: Die Wand! Ein einziger furchtbarer Wasserfall über die ganze Breite der Nordwand. In zehn, zwölf, in fünfzehn breiten, weiß schäumenden Bahnen fällt das Wasser aus den Felsen. Über Alpiglen steht ein breiter, wunderbarer Regenbogen gewölbt, doch wer hat ein Auge für ihn und sein herrliches Farbenspiel? Droben sind die beiden, im Schneefeld der Sturzflut voll ausgesetzt! Werden sie sich festklammern können?

Jetzt geht die Wolke endlich weg. Das Glas wird klar, da, das große Schneefeld und da, da sind sie. Beide gehen schon wieder weiter, ruhig, gelassen. Sie haben die Sturzflut heil überstanden! Vörg und Heckmair hatten es wohl viel leichter, sie haben sich in die Felsen randseits des Couloirs geflüchtet. Die Wand macht schon wieder zu. Das letzte, was wir sehen, ist, daß von den beiden oberen einer ein Stück absteigt, wohl um die Seile wieder zu verbinden und beim

Sichern zu helfen. 18.15 Uhr sind alle vier beieinander und gehen weiter gegen das obere Ende des Schneebandes. Breitbeinig steht Heckmair, sichert, kehrt um, schlägt Stufen, geht weiter. 19 Uhr: Die vier im oberen Ende des Schneebandes. 20 Uhr: Sie gehen immer noch weiter, haben noch keinen Biwakplatz gefunden oder wollen wohl, solange das Licht des Tages nur reicht, weitergehen, möglichst nahe an den Gipfel heran. Sie sind nun 3700 Meter hoch, schon weit über der ‹Spinne›, und haben damit in 14 Stunden eine großartige Leistung vollbracht. Das Wetter sieht jetzt wieder besser aus. Zwischen den schmutzigen Wolken Flecken blauen Himmels. Die Wolken in der Wand hängen wohl nicht in die Felsen verkrallt, so daß die vier Sicht haben. 20.30 Uhr: Es hat wieder angefangen zu regnen. In kurzen Augenblicken, die die Wolken die Wand freigeben, sehen wir sie wieder. Sie gehen weiter: 21 Uhr: Immer noch sind sie in Bewegung, richten sich jetzt wohl einen Platz für die Nacht. Es wird für Kasparek und Harrer das dritte, für Vörg und Heckmair das zweite Biwak. Auf wahrscheinlich schlechtem Rastplatz, in nassen Kleidern wird es harte Anforderungen stellen. Aber es sind alle vier eiserne Kerle.

22 Uhr: Letzte Beobachtung: Der Himmel ist sternklar. In der Mitte der Wand steht eine helle Wolke, darunter das seltsame Licht der Station Jungfraubahn, mitten in der Wand. Sonst ist die Wand dunkel, schwarz. Es ist ganz Nacht. Für die vier gilt es jetzt, die Stunden der Dunkelheit zu überstehen: ihr Proviant reicht für fünf bis sechs Tage. Sie werden die Nacht wohl nicht viel Schlaf finden und wahrscheinlich um ihre Kocher hocken, heißen Tee machen und wärmendes Essen. Es gibt kein Zurück mehr, nur noch ein Hinauf um jeden Preis. 3750 Meter sind sie hoch, 200 Meter noch sind es bis zum Gipfel. Der Sonntag weckt uns mit Regen. Vor dem Fenster liegt der Nebel der tiefen Wolken. Das Wetter ist ganz umgeschlagen. Von der Wand ist nichts mehr zu sehen. Dort oben wird es schneien. Am Sonntag waren Kasparek und Harrer 65, Vörg und Heckmair 43 Stunden in der Nordwand. Um fünf Uhr Regen. Um sechs Uhr Regen, um sieben Uhr Regen: Um elf Uhr immer noch ununterbrochen stürzender Regen!»

Eisige Nachtruhe unter dem Zeltsack: Harrer und Kasparek

Wir aber hatten keine Ahnung von der Sorge der Mitwelt und wußten, daß wir auf keine fremde Hilfe rechnen konnten.

Der Entschluß, aus unserem geschützten Platz hinaus in den Sturm zu gehen, war schwer, aber schnell gefaßt. Wir hätten die Möglichkeit gehabt, eine Wetterbesserung abzuwarten, wie Merkl und Welzenbach in der Charmoz-Nordwand, aber dazu hatte ich keinen Nerv, denn auch nach dem Wetter wird der Zustand der Wand erst recht nicht besser sein. Darin waren wir uns einig, deshalb packten wir wieder an!

So traten wir, nachdem alles wieder verpackt und wir zu viert, in der gleichen Reihenfolge wie bisher, zusammengestellt waren, die letzten, den Umständen nach schwersten Stunden in der Wand an. Es schneite und schneite weiter, wie schon die ganze Nacht hindurch. Die Lawinen kamen immer in gleichen Intervallen, und wir hatten dazwischen immer eine Stunde Zeit, unseren Weg weiterzuverfolgen. Aber wie sah der aus! Der Fels war völlig vereist, und daran klebte der trügerische Neuschnee. Ich hatte auch einmal die naive Ansicht: wo Schnee liegen bleibt, muß es einen Tritt oder Griff geben. Da wußte ich auch noch nicht, daß sich die Feuchtigkeit in der Wolke bis minus 39 Grad unterkühlen kann. Dieses unterkühlte freischwebende Wasser klatscht mit Schnee vermischt an die Wand, bildet sofort eine Eisschicht, in der der Schnee auch noch gemeinerweise unter den Überhängen klebt. Sehr romantisch zum Ansehen, aber so ungefähr das Scheußlichste, was einem in einer so schweren Wand zustoßen kann.

Wiggerl konnte es nicht lassen, auch noch in dieser Situation zu fotografieren, genau wie beim Biwakieren. Er grinste mich, wie um Entschuldigung bittend, an, weil ich von vornherein gegen diese Fotografiererei war. Er hat mit den unerhörten Dokumentaraufnahmen recht behalten.

Ich strebte einem Köpfl zu. Als ich dieses erreicht hatte, blickte ich zu den seitlich unter mir befindlichen Gefährten und mußte lachen: Die standen reglos wie Eiszapfen an die Wand gelehnt, denn gerade hatte uns eine Lawine gestreift und ganz schön zugedeckt.

Zum Weiterweg blieben zwei Möglichkeiten: eine Rinne, durch die nach unseren Beobachtungen der seitliche Hauptstoß der Lawinen herabkam, oder eine Wandstelle, die zwar sicherer, aber auch viel schwieriger war. Ich entschloß mich für diese, doch schon für die ersten Meter brauchte ich mehrere Haken, der Kraft- und Zeitaufwand schien mir doch zu groß, da ging ich lieber die Rinne.

Zur Rinne mußte man absteigen, also ließ ich gleich einen Haken stecken und seilte mich ab. Ein kleiner Pfeilerkopf, unmittelbar vor der Rinne, bot einen Sicherungsstand. Erst einmal mußte ich diesen Kopf erreichen! Mit der Rechten erwischte ich einen guten Griff, mit der Linken aber fand ich in dem eisüberzogenen Fels nicht den geringsten Halt. Als ich mich hinaufschwindeln wollte, rutschte ich ab und stand zwei Meter tiefer auf einer kleinen Eisplatte, wo ich mit den Steigeisen sofort zum Halten kam.

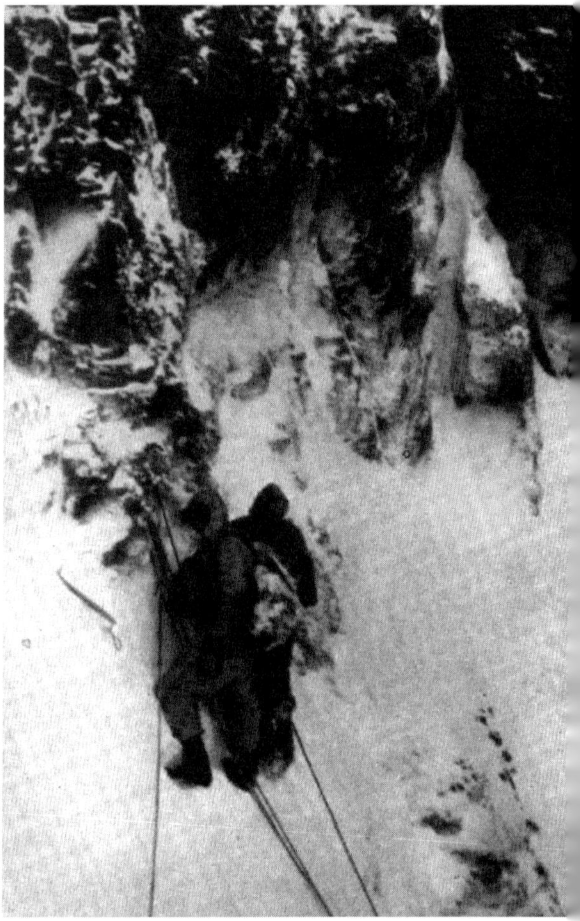

«Wiggerl konnte es nicht lassen, auch noch in dieser Situation zu fotografieren, genau wie beim Biwakieren. Er grinste mich, wie um Entschuldigung bittend, an, weil ich von vornherein gegen diese Fotografiererei war.» In den Ausstiegsrissen

Wiggerl, der mich am Seil gehalten hatte und seitlich über mir stand, grinste unverschämt herunter. Gleich packte ich nochmals an und rutschte genau wieder so ab, nur daß ich diesmal nicht zum Halten kam, sondern in die Rinne pendelte. Wiggerl hat, unterstützt von den anderen, auch diesen Sturz gehalten, aber er grinste nicht mehr. Ich hatte mir den Hintern angeschlagen, war aber von frühester Schulzeit her an dieser Stelle Leid gewöhnt. Trotzdem wurde ich jetzt klein und bescheiden und umging den Pfeiler. Von der anderen Seite war es dann verhältnismäßig leicht. Kaum hatte ich mit dem Eispickel die Eisspitze auf dem Köpferl abgeschlagen und so einen guten Stand erhalten, an dem ich mich mit Haken sicherte, als auch wie ein dichter Nebelschleier eine Lawine über die ganze Wand herabgefegt kam. Wir standen wie hinter einem riesigen Wasserfall, sonst hätten wir den Druck kaum ausgehalten. Außerdem waren wir in einer gewissen Deckung durch die Überhänge und durch die Eishaken gesichert. Die einzige Gefahr bestand darin, daß wir den Eisstaub, der um uns wirbelte, in die Lungen bekamen und daran erstickten. Wir schützten uns, indem wir das Halstuch um die Nasen banden. Als nach einiger Zeit die letzten Ausläufer verrauscht waren, stieg ich in die Rinne ein, der Gefahr wohl bewußt, daß der Hauptstoß der nächsten Lawine wieder hier niedergehen wird.

Bis dahin mußte ich über dem steilen, fast senkrechten Ansatz der Rinne oben sein. Ein Zaudern gab es also nicht! Das Eis war viel härter als gestern abend. Es kostete heute schon viel mehr Kraft, ohne Stufen, nur mit den zwei vordersten Zacken der Steigeisen hinaufzukommen. Wir konnten die Verhältnisse nicht auswählen. Gerade bei Eistouren ist die Unterschiedlichkeit so groß, daß die Schwierigkeit nicht genormt werden kann. Mit dem Eisbeil schlug ich mir Kerben, die ich als Griffe benützte. Nach etwa einer halben Seillänge neigte sich die Rinne etwas, und ich konnte wieder einen Stand ausschlagen. Daß die Rinne irgendwo hinausführte, konnte ich von hier aus sehen und sandte meinen Freunden einen freudigen Jodler zu. Bald stand Wiggerl neben mir. Die anderen waren bis zum Pfeilerköpfchen nachgekommen. Die erwartete Lawine kam. Diesmal konnten wir sie genau beobachten: Ganz an der rechten Seite der Wand tauchte zuerst ein weißer Strahl auf. Es dauerte etwa drei bis vier Minuten, bis die Lawine – der Strahl verbreiterte sich zu einem ganzen Vorhang über die Wand – bei uns war. Wir standen in der Rinne, in der sie uns, wenn auch nur mit einem Seitenarm, unbedingt voll erwischen mußte. Schnell noch einen zweiten Haken in den Fels, dann war sie auch schon da.

Den Rucksack über den Kopf gezogen, das Tuch vor die Nase gespannt, so erwarteten wir den Stoß. Der Druck riß uns nicht aus dem Stand, sondern preßte die Zacken der Steigeisen nur noch tiefer in das Eis. Wir mußten nur dafür sorgen, daß es keinen Schneekegel zwischen uns und dem Eis der Rinne gab, denn das hätte uns vielleicht hinausgedrückt. Steine waren nicht dabei, dazu waren wir schon zu hoch. Der Schnee war ganz fein, so hatte er keine allzugroße Wucht. Außerdem ging die Hauptlast der Schneemassen weit über unsere Köpfe hinweg. Schon wurden wir wieder übermütig und freuten uns an diesem noch nie erlebten Naturschauspiel.

«Die wär' wieder gut überstanden!»

Wir schüttelten uns wie nasse Pudel, und während Wiggerl die Kameraden nachsicherte, ging ich gleich eine Seillänge weiter.

Plötzlich hörten wir einen langgezogenen Ruf vom Westgrat herüber, der sich in Abständen wiederholte. Das kann nur uns gelten! Aber mir wurde sofort bewußt, daß eine Antwort auf diesen Ruf nur zu einem Mißverständnis führen würde. Die Entfernung war für eine Verständigung viel zu weit, und unverständliche Rufe konnten nur zu leicht als Hilfeschreie ausgelegt werden. Deshalb gab ich die Parole durch: «Stillhalten, nicht antworten!»

Später erfuhren wir, daß der Bergführer Schlunegger, der sich auch bei den Rettungen 1935 und 1936 hervorgetan hatte, die Mühe nicht scheute, trotz des Unwetters über die Westflanke auf den Gipfel zu steigen, um zu erkunden, ob von uns in der Wand etwas zu sehen und zu hören wäre, um im Notfall eine Hilfsaktion in die Wege zu leiten. Daß wir bei diesen Verhältnissen noch so aktiv und kreuzfidel waren, stand außerhalb jeder Vorstellung, und so brachte er die Kunde ins Tal: Bei diesem Wetter wäre es ausgeschlossen, daß sich ein lebendes Wesen in der Wand halten könne. Wir befanden uns in ausgezeichneter Stimmung, hatten wir doch die Gewißheit, nun bald den Ausstieg zu erreichen.

Die nun nicht mehr allzu steile Rinne richtete sich nochmals auf. «Wiggerl, paß auf, es wird wieder schwer!»

Der Schneefall selbst, der ununterbrochen herabkam, störte uns nicht. Die Schneeflocken waren jetzt viel größer, und wir fühlten, daß es wärmer wurde. Die nächste Lawine wird voraussichtlich später kommen, dafür mit um so größerer Wucht.

Jetzt eben schneit es direkt naß und schwer. Es war schon lange her, seit die Lawine da war. Darum schnell den Überhang hinauf! Das Eis auf dem Fels war nicht mehr so dick. Es hielt kein Haken. Nach dem zweiten Schlag fielen sie hohl durch oder verbogen sich im Fels. Am Überhang selbst konnte ich mit den Steigeisen nur noch übereinander treten, weil in der Rinne nur noch ein schmaler Eisstreifen von dem Alteis war und das neue Eis viel zu hart, blank und dünn den Fels überzog. Die Spitze des Eishakens, den ich in der Hand hatte und mit dem ich mich im Eis festkrallte, drang nur noch ganz wenig ein, die Pickelspitze ebenso. Plötzlich rutschte mir der Haken ab und gleichzeitig auch der Pickel. Hätte ich breitbeinig stehen können, so hätte ich das Gleichgewicht gehalten. Mit übereinander gestaffelten Beinen gab es kein Halten mehr.

Schwieriges Einrichten eines Standes auf einem Felsköpflein in den Ausstiegsrissen

«Wiggerl, Achtung!»

Und schon ging's dahin...

Wiggerl paßte auf. Er zog soviel Seil als nur möglich ein. Ich kam direkt auf ihn zu. Es war kein freier Flug, da ich unterhalb des Überhangs stürzte, sondern ein schneller Rutsch. Im Augenblick des Sturzes drehte ich mich mit dem Gesicht nach außen, um mich nicht zu überschlagen. Schließlich will man auch sehen, wohin man fliegt!

Wiggerl ließ das Seil los und versuchte, mich mit den Händen abzufangen. Dabei drang ihm ein Zacken meiner Steigeisen in den Handballen, so daß ich mich überschlug. Als ich kopfvoraus am Stand vorbeiflog, griff ich in die Seile, das gab mir einen Ruck, so daß ich meinen Salto vollendete und weit unter dem Stand mit den Steigeisen ins Eis krachte und zu meiner eigenen Verwunderung stand.

Die Wucht, mit der ich auf Wiggerl zugeschossen war, hatte ihn aus dem Stand geworfen, und auch ihn konnte ich noch halten. Rasch wieder hinauf in den Stand. Die Haken hatte es herausgerissen, ich schlug gleich wieder neue. Das alles hat sich in Sekunden abgespielt, es war eine instinktive Reaktion, die uns rettete. Von allem hatten die unter uns stehenden Freunde überhaupt nichts gemerkt. Es hätte sie, da wir mit dem Seil verbunden waren, in hohem Bogen mit uns aus der Wand geschleudert.

Indessen hatte Wiggerl den Fäustling von der Hand gezogen. Das Blut spritzte hinten und vorne heraus, ich war durch den ganzen Handballen getreten. Das Blut war dunkel, also kein Schlagaderblut. Zur weiteren Diagnose drückte ich ihm – wie dem Fritz weiter unten – die Hand, er verzog zwar schmerzlich das Gesicht, aber er fiel mir nicht um, damit war für mich klar, daß kein Knochen gebrochen war. Nur war er, vielleicht auch vom Schock, so blaß, daß er, wenn er überhaupt noch eine Farbe hatte, grün war.

«Wird's dir schlecht?»

«Ich weiß nicht so recht», meinte er.

Ich band ihn gleich nochmal an und stellte mich so, daß er auf keinen Fall stürzen konnte. «Reiß dich zusammen, jetzt gilt es alles!» Ein Blick auf die Wand: Gott sei Dank, jetzt kam noch keine Lawine! Den Rucksack ab, das Verbandszeug heraus und eingebunden. Da kam mir im Medizinbeutel ein Fläschchen Herztropfen in die Finger, die mir eine besorgte Ärztin aus Grindelwald für alle Fälle mit der Bemerkung mitgegeben hat: «Hätte Toni Kurz solche Tropfen gehabt, dann hätte er vielleicht die Krisis überlebt.»

Wir sollen sie aber nur anwenden, wenn es ganz ernst ist. Ich dachte mir: Jetzt ist dieser Augenblick da! Auf dem Fläschchen stand etwas von zehn Tropfen. Aber zum Abzählen der Tropfen nahm ich mir keine Zeit. Ich schüttete gleich die Hälfte davon dem Wiggerl in den Mund, die andere Hälfte trank ich selbst, weil ich auch Durst hatte. Ein paar Traubenzucker nachgeschoben, und wir waren wiederhergestellt.

Von der Lawine noch nichts zu sehen!

«Du, ich packe den Überhang gleich wieder an!»

«Fall mir aber bitte nicht nochmal 'nauf!» meinte Wiggerl leise mit ganz schwacher Stimme.

Ich konzentrierte mich bis aufs letzte, verzichtete sogar auf jede Zwischensicherung, um möglichst schnell diese heikle Stelle hinter mich zu bringen. Fast 30 Meter – das ganze Seil – muß ich ausgehen, finde aber noch keinen Stand. Da glückt es mir, wenigstens einen kleinen Felshaken anzubringen. Er sitzt ganz fest, und kaum habe ich die Selbstsicherung eingehängt, da kommt sie – die gefürchtete und so lange erwartete Lawine. Ein gütiges Geschick hat sie so lange zurückgehalten. Jetzt aber bricht sie gewaltig herein. Mich kann sie nicht mehr so treffen, da die Rinne seitlich herausgeht. Fritz und Heini, die am weitesten unten sind, bekommen die ganze Wucht ab. Auch Wiggerl kann sich nicht beklagen, auch er wird eingedeckt. Ich kann ihre Standsicherung nur durch das straffgezurrte Seil unterstützen. Ich beobachte die Stärke der Lawine und rufe, wenn sie ganz dick kommt: «Jetzt, — jetzt aushalten…! Jetzt kommt es ganz dick!»

«Da glückt es mir, wenigstens einen kleinen Felshaken anzubringen. Er sitzt ganz fest, und kaum habe ich die Selbstsicherung eingehängt, da kommt sie – die gefürchtete und so lange erwartete Lawine.» Anderl Heckmair oberhalb der Ausstiegsrisse

Eigentlich waren es nur Verzweiflungsrufe, keiner hat mir hernach gesagt, daß er etwas gehört habe, aber ich hatte das Gefühl, mächtig zu helfen. Da wird es auch um mich ganz dunkel, und ich werde von den Schneemassen mit dem Kopf an die Wand geschlagen, daß eine Beule auf meinem Hirn entsteht. Es dauert nur ein paar Augenblicke, und ich bin wieder frei. Auf die Kameraden prasselt es immer noch herunter. Die Lahn will kein Ende nehmen.

Das ist die Auswirkung der langen Pause.

«Jetzt wird's lichter, nein, Achtung —– Achtung!»

Da kommt noch so ein Hauptschub, von dem ich auch wieder etwas abbekomme. Wieder schreie ich: «Es dauert nicht mehr lange, — aushalten – aushalten!»

Nach anscheinend unendlich langer Zeit läßt es etwas nach. Aber noch müssen wir warten, bis die letzten Nachläufer abgeflossen sind, dann kann Wiggerl heraufkommen. Die anderen rücken nach, und ich kann weiter. Auweh, mein Knöchel, den hat es mir beim Sturz verbogen, das spüre ich jetzt erst. Gebrochen kann er nicht sein, denn sonst hätte ich ihn schon gleich gespürt. Alles andere gilt nicht, auch wenn es weh tut!

Die Rinne wurde flacher, die Sicherungsmöglichkeit jedoch noch geringer. Das Ende der Rinne war bereits in Sicht, da hörten wir vom Westgrat her dieselben Rufe. «Nicht antworten!» ging es wieder von Mund zu Mund. Zu sehr sind wir mit diesem Thema vertraut. Zuerst kommt ein einzelner und sieht nach. Und wenn er etwas hört, dann wird der ganze Rettungsapparat in Bewegung gesetzt. Bei den Riesenausmaßen des Berges hätte es aber Stunden gedauert, bis er unten und die Rettungskolonne oben ist. Einstweilen kommen wir selbst heraus. Zwar hat jeder schon etwas abbekommen, aber aufgeben müssen wir deswegen noch lange nicht. Und doch freute uns die Tatsache, daß sich jemand um uns kümmerte! Das gab uns neuen Auftrieb.

Bald darauf hatten wir den Ausstieg aus der Rinne erreicht. Die Felsen hatten wir, aber noch lange nicht den Gipfel. Ein steiles Eisfeld, in dem wir die letzten Haken brauchten, um nicht von einer Lawine aus dem Stand gerissen zu werden, führte empor. Heftig schneite es weiter, und zwar immer dichter und dichter. In ununterbrochener Folge donnerten jetzt die Lawinen die Wand hinunter, uns aber konnten sie nichts mehr anhaben.

Jetzt erst waren wir dem Sturm völlig ausgesetzt. Auf eine ganze Seillänge hin konnte man sich längst nicht mehr verständigen. Das Überzugsgewand vereiste so, daß man alle Bewegungen nur noch ruckartig ausführen konnte. Ich kam mir vor wie in einem alten Ritterpanzer, und dazu brannte die völlig durchnäßte Thermogen-Watte fürchterlich. Um dem Juckreiz, dem ich hilflos ausgeliefert war, zu begegnen, machte ich ab und zu einen Bocksprung. Wiggerl, der sich seiner Watte längst entledigt hatte, meinte, ich hätte jetzt den Höhenkoller. Ins Schicksal ergeben, stampfte ich durch den Sturm hinauf weiter zum Gipfel. Die Steigeisengurte fingen auch noch an einzuschneiden, die Füße wurden gefühllos.

Aber wir waren heraus aus der Wand, und jetzt kamen wir durch, mochte es gehen, wie es wollte. Es lag nur noch an uns. Die Gefahr des Berges und die Schwierigkeiten waren überwunden, der Sturm konnte uns auch nicht mehr umbringen.

Trotzdem, angenehm war es nicht, und beinahe wären wir noch über die Gratwächte hinabgestürzt. Der Grat ist in seinem oberen Stück waagerecht. In dem dichten Nebel aber schien es mir, als steige er hoch steil empor. In Serpentinen hatten wir das obere Eisfeld, das durch den Wind blankgefegt war, genommen. Eben machte ich wieder eine Kehre, und beim nächsten Schritt stand ich draußen auf der Wächte. Wiggerl ebenso, einige Meter hinter mir.

Plötzlich brüllte er: «Halt, zurück! Da unten sind ja Felsen!» Die sahen wir auf der Südseite des Berges. Das wäre doch Pech gewesen: auf der Nordseite durchzukommen und über die Südseite abzustürzen, weil man den Gipfel übersehen hat.

Eigentlich hatten wir uns das Erlebnis, nach dieser Wand auf dem Gipfel zu stehen und damit das letzte, größte Problem der Alpen gelöst zu haben, viel imposanter vorgestellt. Im Sturm ging alles unter. Die Hände drückten wir uns, das Eis kratzten wir von den Augenbrauen, damit wir überhaupt etwas sahen, und sofort machten wir uns an den Abstieg in die Westseite, dem Sturm entgegen. Es war jetzt ein großer Vorteil, daß Fritz und Heini den Abstieg kannten. Sie waren erst vor wenigen Tagen über den Mittellegigrat herauf- und über die Westseite abgestiegen.

Jetzt merkten wir, wieviel Neuschnee im Lauf dieses einen Tags gefallen war. Infolge der geringeren Neigung der Westflanke blieb der Schnee liegen und erreichte einen halben Meter, wo er nicht verweht oder angeweht war.

Auf dem Gipfeleisfeld

Es war kein angenehmer Neuschnee, wie man ihn vom Winter her kennt, sondern eine schwere, breiige Masse, die auf den vereisten Felsplatten lag. Oft genug rutschten wir mit dem ganzen Belag ab. Aber wir kamen fast immer gleichzeitig zum Halten. Jetzt, wo die Spannung durch die unmittelbaren Gefahren vorüber war, kroch eine bleierne Müdigkeit in die Knochen. Bei mir war das anscheinend am schlimmsten, denn ich konnte nur mit Müh und Not mit den anderen Schritt halten. Ich dachte mir: «Ich habe meine Sache geleistet, jetzt können die anderen das ihre tun, damit wir gut hinunterkommen.»

Heini Harrer, der den Schlußmann in der Wand gemacht hatte und körperlich Ungeheueres mit dem Schleppen des Gepäcks leistete, hatte am wenigsten von seiner Nervenkraft verbraucht. Er übernahm die Führung im Abstieg. Ich selber wartete meist, bis die anderen vor mir im Nebel verschwanden und das Seil straff war. Dann erst setzte ich mich auf den Hosenboden und rutschte an den anderen in sausender Fahrt vorbei, die zu dritt zu tun hatten, um meine Rutschpartie zu bremsen. Gewiß nicht vorbildlich, aber was ist am Eiger schon Vorbild?

Bei so einer Fahrt riß mir der Gummizug meiner Überhose, worauf sie mir dauernd herunterrutschte und die andere Hose mitsamt der Unterhose auch noch mitzog. Mir war schon alles egal, aber die so unmittelbare Berührung mit dem Schnee war doch recht unangenehm, und ich nahm den Kampf mit den Hosen wieder auf, was mich den letzten Rest an Nervenkraft kostete.

Nur hinunter! Mit jedem Meter, den wir an Tiefe gewannen, nahm der Sturm ab, der Schnee wurde weniger.

Aber meine strapazierten Nerven sollten eine nochmalige Belastung erleben!

Bei dem undurchdringlichen Nebel hatte uns Heini zu weit nach links geführt. Zum Glück merkten Fritz und Heini diese Verirrung sehr bald. Nur dadurch war es möglich, daß wir einem weiteren Biwak entkamen. Bei unserem jetzigen Zustand wäre es furchtbar gewesen, und wir hätten alle etwas abbekommen. – Im Jahre 1957 ist eine deutsche Partie bei demselben Abstieg, nach dramatischer Durchsteigung der Nordwand, ums Leben gekommen.

Nahe waren wir daran, doch noch zu biwakieren! In einem Augenblick, als der Nebel sich lichtete, stellten wir fest, daß wir uns wieder 200 Meter hinaufarbeiten mußten, um eine Schlucht zu queren, die uns vom Westgrat trennte. Dies erschien, besonders mir, saurer als das schwierigste Stück in der ganzen Wand. Ich wollte überhaupt nicht zurück und wäre am liebsten über die Überhänge hinunter. Aber die Freunde zogen mich einfach das Stück hinauf, das ich schon unten war, trotz meiner Proteste. Geschimpft habe nur ich, von den anderen sagte keiner ein Wort.

Tausend Meter Abstieg hatten wir schon hinter uns. Der Sturm war an der 3000-Meter-Grenze lange nicht mehr so arg wie auf 4000 Meter Höhe. Wir waren auch nicht mehr so vereist, dafür aber bis auf den letzten Faden durchnäßt. Die Gewißheit, daß wir es heute noch schaffen, ins Tal zu kommen, hatten wir nun, nachdem die Schlucht gequert war. Wir machten uns jetzt Gedanken, ob wir wohl im Hotel auf der Scheidegg ohne Geld ein Zimmer bekämen und ob sie uns da drunten trockene Kleider geben würden. Harrer fragte mich: «Anderl, hast du Geld, daß wir uns ein Zimmer nehmen können?»

Natürlich hatte ich kein Geld, denn das ist das letzte, was man in der Eigernordwand braucht. Wir hatten uns schon damit abgefunden, daß wir in unserem Zustand noch runter bis zu unseren Zelten mußten.

Wir hatten ganz vergessen, daß wir beobachtet wurden und daß es Menschen gab, die um uns gebangt hatten. Deshalb waren wir sehr erstaunt, als wir nach einer weiteren Stunde aus dem Nebel herauskamen und unter uns, einige 100 Meter tiefer, vor den Hotels eine Masse beweglicher Pünktchen sahen. Wir brachten das mit uns überhaupt nicht in Zusammenhang!

Noch waren wir in den Felsen und stiegen unter Ächzen und Stöhnen vorsichtig weiter ab, als uns ein Schweizer Bub entgegengestürmt kam. Er glotzte uns an, als ob wir vom Mond kämen, und fragte verlegen: «Kommt ihr aus der Nordwand?»

«Ja, aber was ist da unten los?»

«Das ist die Bergwacht, die gekommen ist, um euch zu retten!»

Ganz plötzlich begriffen wir, daß das uns anging, und langsam, ganz langsam keimte die Freude in uns auf, wieder dem Leben geschenkt zu sein. Immer mehr und immer noch mehr wurrlte es da unten. Wie Ameisen kamen sie den Berg herauf, und schon sind die ersten bis auf 50 Meter heran. Erst noch zögernd, dann aber alle Müdigkeit vergessend, springen wir den Freunden entgegen. Mit Indianergeheul fallen sie uns um den Hals und führen Freudentänze auf. Wir tanzten mit, und an die Wehwehchen dachte keiner mehr, die uns Minuten vorher solche Qualen bereitet hatten.

Auch die zwei Wiener Bergsteiger, Freißl und Brankovsky, die am ersten Tag wieder aus der Wand stiegen, waren dabei. Sie hatten sich, als uns der Erfolg sicher war, nicht beleidigt zurückgezogen, sondern die Vermittlung mit unseren Kameraden, die von München aus telefonisch mit der Scheidegg in Verbindung standen, übernommen. Und jetzt waren sie die ersten, die uns entgegeneilten und uns in Empfang nahmen.

Freißl hielt mir gleich ein Flascherl Cognac hin und rief: «Du trink, es wird dir gut tun!»

Mit unseren Freunden waren auch Journalisten aus aller Herren Ländern gekommen, und die Blitzlichter flammten um uns nur so auf.

Unter den Journalisten, die wir Bergsteiger meist recht skeptisch ansahen, waren zwei, die zu unseren Freunden wurden, Guido Tonella aus Genf und Ulrich Link aus München, von dem der Bericht «Zwischen Hoffen und Bangen» stammt. Sie, zu denen als dritter auch der vor einigen Jahren gestorbene Kurt Maix aus Wien gehörte, haben als Journalisten ihr Leben lang den Bergsteigern und unserem Tun die Treue gehalten, was sicher nicht ganz einfach ist, denn wir sind empfindlich gegen Sensationsmache auf unsere Kosten. Aber die – leider – wenigen, die uns und das Bergsteigen verstehen und unser Vertrauen gewinnen, aus denen werden Freunde, und schließlich gehören sie auch dazu. Ein amerikanischer Journalist bat uns, ihm sofort ein Biwak vorzumachen. Das war zu viel verlangt. Unter dem Begleitschutz unserer Kameraden kämpften wir uns nun regelrecht durch die begeisterte Menge hindurch.

Nun dachten und handelten wieder andere für uns. Warme Zimmer waren schon bereit, die Kameraden schleppten trockene Kleider und Wäsche heran. Wir hatten Bedürfnis nach einem heißen Bad. Der Wiggerl stand schon in der Wanne, als ich das Badezimmer betrat, und starrte mich mit großen Augen wie ein sterbendes Kalb an.

«Den hat's jetzt, warum setzt er sich nicht rein?» dachte ich. Ahnungslos stieg auch ich in die Wanne. Aber wie von einer Sprungfeder in die Höhe gestochen, war ich wieder draußen. Die Füße, ohnehin im ersten Grad erfroren, waren durch die Thermogen-Watte noch besonders gereizt und feuerrot. Das stach wie mit tausend Nadeln gleichzeitig! Ein Bergsteiger weiß sich in allen Lagen zu helfen: Wir ließen unsere Füße über die Wanne hinaushängen, und mit dem Körper saßen wir bis zum Hals schön im heißen Wasser.

Drei Tage hatten wir fast nichts gegessen. Jetzt kam ein solcher Heißhunger über uns, daß wir kaum zu sättigen waren. Ein Schnitzel nach dem anderen verschwand vor den Augen des staunenden Publikums. Ein Mann in Uniform von der Botschaft in Bern machte das Abendessen an festlich gedecktem Tisch zu einer Art «Siegesfeier» und hielt dabei eine Rede an uns, die voll unangenehmer nationalistischer Phrasen war, und das noch dazu in der Schweiz. Schon die Gebrüder Schmid waren nach ihrem Erfolg an der Matterhorn-Nordwand in Zermatt gefeiert worden, aber das war noch in kleinerem Kreis und deshalb auch erträglich. Uns wuchsen die Glückwünsche und Einladungen von überall her einfach über den Kopf.

Noch in der Nacht trafen aus allen Richtungen Glückwunschtelegramme ein, eines aus der Reichskanzlei im Namen Hitlers, er wünschte uns zu sehen. Da gab es kein Entrinnen.

Zugegeben, es hätte von uns als große Ehrung ausgelegt werden können, aber ich hätte viel lieber einen Plan, an die Grandes Jorasses zu fahren, um den Walkerpfeiler zu machen, ausgeführt.

Es reichte noch zu einer kleinen Feier bei den Grindelwalder Bergfüh-

Stürmischer Empfang auf der Kleinen Scheidegg: Heinrich Harrer, Fritz Kasparek, Anderl Heckmair und Wiggerl Vörg (v. l.)

rern. Es war für sie nicht leicht, zuschauen zu müssen, wie wir «ihre Wand» machten. Es fanden sich von beiden Seiten versöhnende Worte.

Riccardo Cassin, der zu spät kam, um die Eigernordwand zu durchsteigen, machte acht Tage später den Walkerpfeiler. Da waren wir schon beim «Empfang des Führers». Es war bereits zum dritten Mal, daß ich ihm persönlich gegenüberstand. Er erinnerte sich natürlich nicht mehr daran, daß er mit mir schon einmal ein langes Gespräch über die Beweggründe des Bergsteigens geführt hatte, und ich sagte auch keinen Pieps davon. Er zeigte sich uns gegenüber von seiner freundlichsten Seite und verblüffte uns mit seinen treffenden und sachlichen Fragen.

«Jetzt braucht ihr Erholung!»

Der «Reichssportführer» stand daneben und antwortete gleich. Er stecke uns auf die «Columbus», die zu einer Nordlandfahrt startet. Wir wurden gar nicht gefragt und waren schon verfrachtet.

Anderl Heckmair als
«Mustersoldat» der
Heereshochgebirgsschule
Fulpmes, um 1942

DIE FOLGEN

So waren wir mit der Rückkehr aus der Eigerwand nicht mehr Herr unserer eigenen Entschlüsse. Wir wurden einfach vereinnahmt. In voller Uniform, nicht sehr taktvoll der neutralen Schweiz gegenüber, erschienen Stammführer von der Ordensburg Sonthofen und holten uns als «Nationalhelden – heim ins Reich». Hernach weiß man wohl, was man hätte machen sollen. Wir waren damals von unserem Erfolg und der Reaktion wie betäubt und fügten uns dem Willen anderer.

In Sonthofen großer Empfang, auf der Ordensburg sofortige Aufnahme in das Stammpersonal als «Bergsportführer» mit einem Gehalt von 300 Mark. Zum erstenmal im Leben erhielt ich ein Gehalt. Das war für mich ein sozialer Aufschwung, der mir sehr gut gefiel. Weniger gefiel mir eine markige Ansprache des Reichsorganisationsleiters Dr. Robert Ley, in der er uns als Parteigenossen anredete und seinen Stolz über unsere Leistung zum Ausdruck brachte. Wir waren keine Parteigenossen. Meine einzige Beziehung zur Partei bestand darin, daß Hitler mit mir schon gesprochen hatte und ich ein paar Stunden neben ihm gestanden bin. Wir wurden eingereiht, eingekleidet und gleichgeschaltet. Daß ich seit zehn Jahren keinen festen Wohnsitz hatte und nirgends gemeldet war und mich die meiste Zeit im Ausland herumgetrieben hatte – niemand fragte danach. Ein anderer hätte Ärger, Scherereien, vielleicht Schlimmeres dafür erlebt.

Hier bin ich über die politischen Folgen der Erstbegehung der Eigernordwand wohl doch noch ein paar Worte schuldig, denn bis zum heutigen Tag werde ich deswegen befragt, und in manchen Büchern sind wir vier als Nazis abgestempelt worden, die die Eigerwand sozusagen als «großdeutschen NS-Rekord» gemacht hätten.

Man hat gesagt, daß die Kletterer aus faschistischen Ländern an der Ersteigung der Eigerwand vor allem aus nationalem Ehrgeiz interessiert gewesen seien. Das ist in dieser Form barer Unsinn; ich und viele andere Bergsteiger jener Jahre waren wenig oder gar nicht politisch interessiert. Das Echo in den Zeitungen nach der Ersteigung, wo wir als «Helden» gefeiert wurden, führte zu der Meinung, die Ersteigung sei von den Nazis inspiriert worden. Denselben Unfug haben dann auch die Italiener mit Riccardo Cassin veranstaltet, nachdem er den Walkerpfeiler bezwungen hatte. Aber ich glaube, daß Cassin und seine Kameraden ebenso wie wir nur am bergsteigerischen Erfolg interessiert waren.

7.
Drittes Nachtlager vom 23. zum 24. Juli. Von hier aus erreichten die vier Bergsteiger den 3975 Meter hohen Gipfel des Eiger und lösten damit das letzte und gewaltigste alpine Problem.

6.
„Die Spinne", ein 300 Meter unter dem Gipfel liegendes Schneefeld, wo die Bezwinger der Eigerwand von einem schweren Unwetter heimgesucht wurden. An dieser Stelle erhaschte unsere Flugzeugaufnahme die Bergsteiger.

5.
Die schwierigste Stelle der ganzen Wand: Ein zehn Meter hoher Ueberhang.

4.
Gemeinsames Biwak der vier Bergsteiger vom 22. zum 23. Juli. Hier sind Mehringer und Sedlmayr, die ersten ernsthaften Bewerber um die gigantische Wand, im August 1935 erfroren. Darüber die „Rampe", die bisher noch keines Menschen Fuß betreten hat.

3.
Zweites Eisfeld, auf dem Kasparek und Harrer, die Donnerstag einstiegen, von Heckmaier und Vörg, die erst Freitag den Durchstieg begannen, eingeholt wurden.

2.
Erstes Biwak der Seilschaft Kasparek-Harrer vom 21. zum 22. Juli 1938.

1.
Hier verunglückten 1936 die Seilschaften Kurz - Hinterstoißer und Rainer-Angerer.

Zum erstenmal

Einzigartige Dokumente einer einzigartigen Leistung

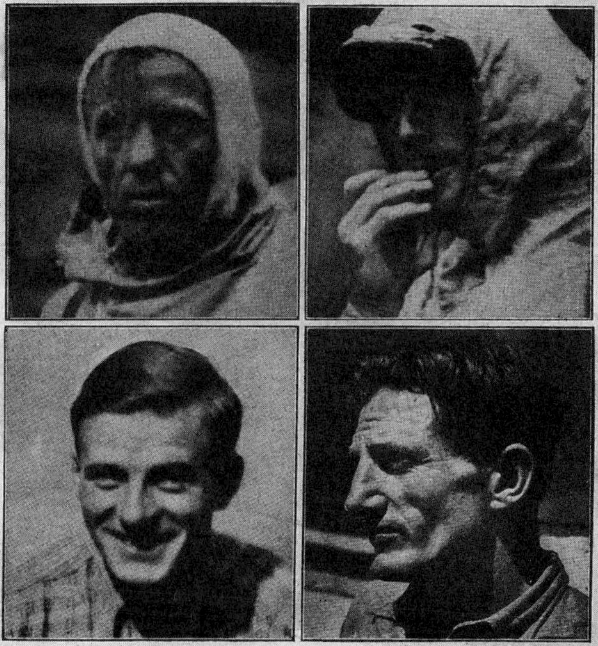

Die Sieger.

Oben: Die beiden Oesterreicher Fritz Kasparek (links) und Heinrich Harrer. Unten: Die beiden Bayern Ludwig Vörg (links) und Andreas Heckmaier, beide Sportlehrer auf der Ordensburg Sonthofen. Gemeinsam erstiegen diese vier die niebezwungene Nordwand des Eiger

Beim Empfang und bei der Auszeichnung durch Hitler haben wir uns genau wie wohl jeder andere geehrt gefühlt, als wir plötzlich aus unserem anonymen Leben herausgerissen, dem damals mächtigsten Mann in Deutschland präsentiert und von ihm erst noch ausgezeichnet wurden. Das hätte auch einem Tanzbären passieren können. Wohin der Weg der Nazis führen würde, darüber konnte ich mir als ganz unpolitischer junger Mann kaum zutreffende Gedanken machen. Erst mit dem Ausbruch des Kriegs wurde uns die wirkliche politische Situation klar. Aber ich kann Menschen in anderen Ländern nicht übelnehmen, daß sie so denken, wie sie es getan

Empfang in Lauterbrunnen: Anderl Heckmair und Wiggerl Vörg im Gespräch mit dem deutschen Gesandten in Bern, Dr. Köcher (Mitte), seiner Frau (links von ihm) und Frau Dr. Belart (rechts von ihm), der Frau des Kurdirektors

haben. Die Nazis haben solche Stars und Heroen aus uns gemacht, daß viele Leute geglaubt haben, die Partei habe uns geholfen und wir hätten Geld von ihr bekommen. Das jedoch ist einfach nicht wahr.

Ich bin froh, daß sich inzwischen die Bergsteigerei aus nationalistischen Pressionen solcher Art selbst befreit hat und schnell zu einem wirklichen internationalen Sport geworden ist.

Eine Bedingung knüpfte ich doch an die Einverleibung durch die Nazis. Ich akzeptierte die Aufnahme in die Stammannschaft der Ordensburg nur, wenn uns die Aufstellung einer Himalaja-Expedition ermöglicht würde.

Das paßte genau in die Vorstellung der leitenden Männer, wollten sie doch um jeden Preis deutsches Ansehen im Ausland gewinnen. Dazu waren wir gerade recht. Unsere Forderung war nicht zimperlich. Wir wollten nicht um jede Mark betteln müssen und verlangten einen Freibetrag von 100 000 Mark, der uns auch sofort genehmigt wurde.

So unterschrieb ich und war auf einmal Stammführer der Ordensburg. Wiggerl war auch dabei.

Die eigentliche Tätigkeit, die wir zu erfüllen hatten, war denkbar angenehm: «Macht euch mal mit den Allgäuer Bergen vertraut.» Wir unternahmen eine Tour nach der anderen, wie es uns freute. Dazwischen bereiteten wir unsere Expedition vor, höchst laienhaft, die uns zum Nanga Parbat bringen sollte. Als erstes sorgten wir uns um den Proviant. Für 17 000 Mark hatten wir schon eingekauft und wandten uns nun der Ausrüstung zu. Da wurde plötzlich unsere Aktivität gestoppt. Was ist jetzt los? Das Jawort zum Start der Expedition hängt vom Führer persönlich ab, einstweilen müssen alle Vorbereitungen eingestellt werden.

«Wie erhalten wir dieses Jawort?»

«Am besten, Sie gehen persönlich zum Führer.»

An Weihnachten bot sich diese Gelegenheit. Wir sollten als Weihnachtsgeschenk der Ordensburg Hitler ein Bild bringen. Erst mußten wir zu Ley, der in München-Grünwald ein Haus hatte. Er bestellte uns zur Weihnachtsfeier der «alten Kämpfer», bei der Hitler anwesend war, in den Löwenbräukeller. Ich hatte einen Opel Olympia, den ich in Richtung Löwenbräukeller steuerte. Doch heran kamen wir bei weitem nicht. Um den Stiglmaierplatz herum war alles abgesperrt und vollgestopft von Menschen. Wie sollten wir da durchkommen? Ich fuhr zurück zu den Propyläen, drückte den Daumen auf die Hupe, auf Dauerton, und fuhr in erhöhtem Tempo auf die Menschenmauer zu. Wie durch Zauberhand öffnete sich eine Gasse, in die ich rücksichtslos hineinfuhr. Sogar die SS-Kette spritzte auseinander, und in einem eleganten Bogen fuhr ich vors Portal. Sofort waren wir von SS umringt, ich sah sogar einige gezückte Pistolen.

«Bringt den Wagen weg, ich werde vom Führer erwartet!»

Wagen samt Wiggerl verschwanden, und ich sprang auch schon mit dem Bild unter dem Arm die Stufen hinauf; der ganze Schwarm der SSler hängte sich hinten an. Sie wußten nicht, ob das echt war oder ob sie es mit einem Verrückten zu tun hatten. Auch im Saal bildete sich eine Gasse, durch die ich auf den Führertisch zuging. Da saß er und blinzelte mich erstaunt an. Dann ging ein Erkennen über seine Züge, und er hat mir sofort den Platz neben sich angeboten, wo zuvor ein SS-Offizier saß, der sich augenblicklich verzog. Hitler hatte mich doch tatsächlich wiedererkannt. Als ich ihm dann sagte, daß er mich über das Bergsteigen schon einmal ausgequetscht hätte, erinnerte er sich auch an dieses Gespräch, nun war es ihm erst klar, wie die Zusammenhänge sich fügten. Das erschien mir die beste Gelegenheit, mein Anliegen vorzubringen, nachdem ich ihm das Bild, das er gar nicht ansah, überreicht hatte.

Autogrammstunde in Grindelwald

Er runzelte die Stirn und sagte: «Ich brauche euch für eine ganz andere Aufgabe.» Was können wir schon für andere Aufgaben als Bergsteigen erfüllen? Ich wies auf die Bedeutung hin, die ein bergsteigerischer Sieg im Himalaja für das deutsche Ansehen bedeuten würde. Er hörte mir gar nicht mehr zu, sondern konzentrierte sich auf die Rede an seine alten Kämpfer.

Das Essen war echt bayrisch: Schweinebraten mit Kartoffelknödeln und Bier, soviel jeder wollte. Hitler aß Spaghetti mit Tomatensauce, einen Apfel, und trank nur Mineralwasser. Aus seiner Ansprache sind mir ein paar Sätze bis heute in Erinnerung:

Auf dem vom «Führer» verordneten Erholungsurlaub in Skandinavien: Anderl Heckmair, Fritz Kasparek, Heinrich Harrer, SS-Sturmbannführer Felix Rinner (der offizielle Begleiter) und Wiggerl Vörg (v. l.), Sommer 1938

«Wenn in einer Familie Streit herrscht, fliegen die Pantoffel; wenn unter Völkern Streit ausbricht, fliegen Granaten.

Der tschechische Leib ragt wie ein Speer in den deutschen Leib und muß abgebrochen werden.»

Weiter:

«Unter uns deutschen Volksgenossen kommt uns keiner aus. Sobald sie aus den Windeln sind, kommen sie in das Jungvolk, dann in die Hitler-Jugend und später in die SS oder SA, und wen wir da nicht brauchen können, ziehen wir zur Wehrmacht ein.»

Die Bedeutung dieser Worte war mir sofort voll bewußt. Tief geknickt und mit einem Schlag von manchen Illusionen geheilt, habe ich mich vorzeitig unauffällig aus dem Saal geschlichen. Mir war aufgegangen, daß Hitler den Krieg nicht nur riskierte, sondern wahrscheinlich wollte. Dann war es auch Schluß mit der Freiheit in den Bergen. An die Erfüllung unserer bergsteigerischen Pläne war nicht mehr zu denken. Die Enttäuschung war groß, und die Sicherheit, was auf uns zukam, hat mich niedergedrückt. Am liebsten wäre ich emigriert.

Nochmals flammte ein Hoffnungsfunke auf, doch noch herauszukommen. Nachdem unser Vorhaben gescheitert war, griff die Himalaja-Stiftung den Gedanken auf und forderte uns sogar auf, zusammen den Plan zur Ausführung zu bringen. Das wiederum scheiterte im letzten Moment an der Hinterhältigkeit eines Hintermannes.

Bis in jene Zeit war ich jedem Mädchen, das mir seelisch hätte gefährlich werden können, aus dem Weg gegangen, um mein unstetes und freies Leben nicht zu gefährden. Aber dann lernte ich ein nettes Mädchen kennen, das meine Frau wurde. Von da ab wohnte ich in Oberstdorf.

«So waren wir mit der Rückkehr aus der Eigerwand nicht mehr Herr unserer eigenen Entschlüsse. Wir wurden einfach vereinnahmt.» Empfang bei Adolf Hitler im Sommer 1938. Zum Fototermin haben sich auch Reichssportführer von Tschammer-Osten und Innenminister Frick (ganz rechts) eingefunden.

So war mir die Teilnahme an einer Himalaja-Expedition verleidet, aber einer von uns sollte wenigstens mitgehen. Frei und unabhängig war eigentlich nur noch Heini Harrer. Ich telefonierte ihn an und redete ihm zu, wie einer kranken Kuh, für uns einzuspringen und mit den Mitgliedern der Stiftung auf die Kundfahrt zum Nanga Parbat zu gehen, um im folgenden Jahr der eigentlichen Expedition durch ihn auch Einfluß gewinnen zu können. Heini Harrer ging mit zum Nanga Parbat. Dann brach der Krieg aus. Harrer wurde in Indien interniert. Wir wurden eingezogen und konnten das graue «Ehrenkleid» anziehen. Vörg ist am ersten Tag des Rußlandfeldzugs im Osten gefallen. Auch auf meine bergsteigerischen Erfahrungen wurde vorerst nicht der geringste Wert gelegt, ich landete bei der Infanterie, auch im Osten.

Das kam so.

Im März 1940 wurde ich zu den Gebirgsjägern nach Sonthofen eingezogen und kam im Juni, als der Feldzug vorüber war, nach Frankreich. Eines Tages teilte man mir mit, ich sei u. k. (unabkömmlich) gestellt. Alle Stammführer der Ordensburgen waren für einen Sondereinsatz im Osten vorgesehen, wovon ich aber nichts erfuhr, und wurden zur politischen Schulung in Falkensee in Pommern zusammengeholt. Bei einem Vortrag von Reichsleiter Ley drückten wir uns, und ein SS-Lümmel erwischte uns in einem Zelt beim Schafkopfen, machte einen Riesenkrach, und es gab einen Sonderrapport, bei dem ein Riesenfragebogen ausgefüllt werden mußte. Offenbar zwecks politischer Durchleuchtung. Wie lange sind sie Parteigenosse, welche

Parteiauszeichnungen und so weiter. Mein Bogen fiel «blütenweiß» aus, denn ich konnte da ständig nur mit Fehlanzeige dienen. Darauf wurde ich mit ein paar anderen wegen politischer Unzuverlässigkeit der Wehrmacht wieder zur Verfügung gestellt, und es folgten ungemütliche Monate im Mittelabschnitt der Ostfront.

Es gab aber so etwas wie eine Heereshochgebirgsschule in Fulpmes bei Innsbruck, davon wußte ich und auch, daß Rudolf Peters, mein Rivale von den Grandes Jorasses, dort Offizier war. Ich schrieb ihm, daß ich auch lieber im Gebirg wäre als im Morast des Ostens. Umgehend kam die Antwort, daß er mich über das Oberkommando als Spezialausbilder angefordert habe. Meine Freude war groß. Dann hörte ich ein halbes Jahr nichts mehr. Ich hätte in dieser Zeit nicht nur einmal, sondern x-mal draufgehen können, wenn ich nicht durch meine geschärften Sinne immer wieder im letzten Moment in der vollen Deckung gewesen wäre. Zuletzt war ich aber doch auf dem Transport in die Heimat und trat meinen Dienst in Fulpmes in der Heereshochgebirgsschule an, wo ich allen alten Spezl'n wieder begegnete. Dem Hias Rebitsch, dem Lucke Hansei, dem Vörg August, dem Bruder von Wiggerl, und dem Rudl Peters, der als Hauptmann unser Chef war. Damit war für mich der Krieg gewonnen, denn, obwohl es eine Bestimmung gab, die besagte, daß einer kv. (kampfverwendungsfähig) nicht länger als neun Monate in der Heimat verwendet werden darf, hat uns keiner der Kommandeure der Heereshochgebirgsschule, die regelmäßig wechselten, mehr hergegeben. Unsere alpinen Erfahrungen waren einfach zu wertvoll. Bei unseren Einsätzen in der Gebirgsausbildung gab es keine Unfälle, während sonst bei der Gebirgsausbildung immer und immer wieder tödliche Unfälle vorkamen. So billig ein Menschenleben an der Front war, so unangenehm war eine Verlustmeldung in der Heimat. Darum wollte uns keiner der Kommandeure mehr missen. Uns war das mehr als recht, und so brachten wir auch diese schrecklichen Jahre hinter uns, bis eines Tages der Traum vom Endsieg und vom Reich vorbei war. Gefangennehmen wollte ich mich auf keinen Fall lassen. Darum marschierte ich über die Berge zurück nach Oberstdorf, wo ich mein Zuhause gefunden hatte.

Das erste war, daß ich einen kleinen Garten anlegte und Gemüse züchtete. Bald fand sich auch ein Gast, der auf die Berge geführt werden wollte. Aus dem einen Gast wurden mehrere, und ich hatte zu tun und zu leben. Als dann der Deutsche Alpenverein wieder gegründet war, fiel mir die Aufgabe zu, in seinem Auftrag die Ausbildung der deutschen Bergführer in die Hand

Anderl Heckmair (links der Bildmitte) als Wehrmachtsoldat auf dem Weg in den Osten, 1941

zu nehmen. Dabei legte ich den größten Wert darauf, den künftigen Bergführern klarzumachen, daß sie ihren Touristen nicht ihr Können, sondern die Schönheit der Berge zu zeigen haben. Grundsatz ist, unter der Leistungsgrenze des Geführten zu bleiben, um das Verlangen nach mehr zu erhalten. Daß der heutige Bergführer durch und durch ein Bergsteiger sein muß und in allen Belangen des Bergsteigens Bescheid wissen muß, was ihm in dreijähriger Ausbildung beigebracht wird, ist eine selbstverständliche Voraussetzung.

Im Sommer 1947 ging die Nachricht durch die Zeitungen: «Die Eigernordwand-Besteigung hat eine Wiederholung gefunden.» Als Namen wurden die beiden Chamonixer Lionel Terray und Louis Lachenal genannt. Es war mir geradezu eine Genugtuung, daß zwei französischen Bergsteigern die zweite Begehung gelungen ist. Hatte man uns doch nationalen Kampfgeist in die Schuhe geschoben und unsere Tat mit dem Nationalismus verquickt. Spontan habe ich den beiden ein Glückwunschtelegramm geschickt und war gespannt, wie sie darauf reagieren würden. Genauso spontan kam der Dank und eine Einladung nach Chamonix.

Mit dieser großartigen zweiten Durchsteigung der Nordwand war der Eiger mit einem Schlag von neuem das große Ziel der Bergsteiger aus allen Ländern, und er machte immer wieder wie in den dreißiger Jahren Sensation in der breiten Öffentlichkeit, mehr als je ein anderer Berg in den Alpen. Wir als Erstbegeher bildeten und bilden uns nicht ein, die einzigen Bergsteiger zu sein, die diese Leistung vollbringen konnten. Lag doch 1938 der italienische Bergsteiger Riccardo Cassin auf der Lauer, der dann den Walkerpfeiler als erster bezwang. Er wäre bestimmt in die Eigerwand gegangen, wenn wir sie nicht gemacht hätten. Und er wäre sicher durchgekommen.

Damals hatten wir die oberste Grenze der Möglichkeiten in bezug auf Technik, Ausrüstung und Bekleidung. Heute ist dies alles längst veraltet, denn die Entwicklung geht weiter und bleibt nie stehen. Die nachfolgenden Bezwinger der Eigernordwand hatten schon wieder ganz andere Voraussetzungen. Nicht, daß die Wand leichter und die Gefahren geringer würden, aber sie konnten sich anders ausrüsten mit Kunststofferzeugnissen, weiterentwickelten Haken für Fels und Eis usw. Dies ermöglichte nach vielen Erfolgen und manchen neuen Tragödien und Todesopfern schließlich auch eine winterliche Besteigung, an die man im Jahre 1938 nicht einmal zu denken gewagt hätte.

Es war Toni Hiebeler mit Toni Kinshofer, Anderl Mannhardt und Walter Almberger, die im Jahre 1961 diese Leistung vollbrachten und dabei vom Haken bis zum richtigen Gefährten alles wohl überlegten und – nach sieben herausforderungsreichen Tagen – diesen großen Erfolg feiern konnten. Sie bewiesen damit, daß es wirklich keine Unmöglichkeit mehr gibt.

Prompt folgten die Fortsetzer dieser Entwicklung, und sie legten eine «Direttissima» – das auch noch im Winter – in 30tägiger Schwerstarbeit durch die Wand. Diese Idee hatten Stuttgarter Bergsteiger, deren Initiator Peter Hag war. Er vollbrachte mit seinen ausgesuchten Gefährten Karl Golikow, Siegfried Hupfauer, Jörg Lehne, Rolf Rosenzopf, Günter Schnait, Günther Strobel und Roland Votteler eine Teamarbeit, die so perfekt nur durch gegenseitiges Vertrauen sein konnte. Dazu kam noch, daß sie mit einer zweiten Mannschaft unter Führung des Amerikaners John Harlin, der zu den besten und extremsten Bergsteigern zählte, konkurrierten. Seine Gefährten waren die Engländer Dougal Haston und Layton Kor. Am 27. Tag stürzte John Harlin durch Seilriß tödlich ab. Die beiden Mannschaften schlossen sich endlich zusammen und erreichten nach einem ganzen Monat in dieser Wand den Gipfel.

Die Meinungen über diese Leistung gingen weit auseinander. Auch ich war Skeptiker und vertrat die Meinung, daß man so eine Schwerstarbeit auch mit bezahlten «Hilfsarbeitern» durchführen könnte, indem man die Arbeiter fixe Seile anbringen läßt und sie laufend auswechselt. Dann kommen die sogenannten Bergsteiger und hangeln sich an den mit künstlichen Hilfsmitteln angebrachten Seilen hinauf und feiern den «Sieg». Zeit und Geld dürfen natürlich dabei keine Rolle spielen.

Unter den internationalen Bergsteigern entspann sich ein reger Disput über den Sinn oder Unsinn eines derartigen Unternehmens. Wir kamen in Lecco am Comer See zu einer Aussprache zusammen, die Riccardo Cassin angeregt hatte. Leider war von den Eiger-Direttissima-Leuten nur einer, der Engländer Don Whillans, anwesend. Man redete sich aber nur über eine Reglementierung des Bergsteigens die Köpfe heiß, nicht über die Direttissima am Eiger, da man in Abwesenheit der «Angeklagten» nicht sprechen wollte. Eine Reglementierung wurde von allen verneint.

Bei einer zweiten Aussprache in Trient war die Mehrzahl der Direttissima-Bezwinger anwesend. Ich mußte meine Vorurteile restlos korrigieren. Die Direttissima-Bezwinger entpuppten sich als echte Bergsteiger. Ich fühlte ihnen nicht nur auf den Zahn, sondern bohrte mit meinen Fragen an ihrem Nerv. Dann mußte ich zur Einsicht gelangen, daß auch diese Art des Bergsteigens zur Weiterentwicklung gehört. Und diese war damit längst noch nicht abgeschlossen: Im Jahre 1969 legte ein japanisches Team – fünf Mann und eine Frau – eine «Superdirettissima», die durch die «Rote Fluh» führte – unter den «unmöglichen» Teilen der Eigernordwand sicher die «unmöglichste» – und einen Aufwand an Material bedingte, der zu unseren Zeiten einfach undenkbar war.

Toni Hiebeler hat bis zum Jahr 1970 96 Durchsteigungen registriert. Dabei verloren 39 Alpinisten ihr Leben in der Wand. Heute werden die Besteigungen nicht mehr gezählt, und von den Verunglückten spricht kaum mehr jemand. Seit 1938 sind mehr als 20 neue Routen gelegt worden, und ein Alleingeher hat die Wand in 4 Stunden 50 Minuten durchstiegen. Wann hat er wohl mit seiner Stoppuhr das Zählen begonnen und beendet?

Der Eigernordwand bleibt überhaupt nichts erspart. Sie wird als «Mordwand» bezeichnet – dabei ist der Schuldige nicht die Wand, sondern immer nur der Bergsteiger. Wenn bei einer Bergwanderung an Bekleidung und Ausrüstung etwas übersehen oder nicht ernst genommen wird, kann es zu Komplikationen kommen und unter Umständen zum Tod führen. Bei einer Eigernordwand muß es zur Katastrophe führen, wenn die ungeschriebenen Gesetze des Bergsteigens mißachtet oder gleich gar nicht begriffen werden.

Neben den vielen Toten und den kaum zu beschreibenden Tragödien, die sich in der Wand abspielten, gab es auch groteske Erscheinungen: alpine

Hochstapelei, die erst vor einem ordentlichen Gericht eine Klärung fand. Eines Tages tauchten in Zeitungsredaktionen Bilder von einer weiteren Eigernordwand-Durchsteigung auf, die aber bei Kennern dieser Redaktionen auf Mißtrauen stießen. Die Bilder wurden mir ohne Kommentar vorgelegt. Meine Meinung war, es kann am Eiger sein, aber niemals in der Nordwand. Toni Hiebeler verfolgte die Sache weiter und provozierte einen Prozeß mit den Bildermachern, bei dem Kurt Diemberger und ich als Sachverständige vernommen wurden. Die beiden behaupteten, sie wären im Nebel durch die Wand gegangen, aber die Bilder bewiesen deutlich, daß sie an den Stellen, die sie angaben, gar nicht aufgenommen sein konnten. Außerdem ist es nicht üblich, daß Bergsteiger mit ihren Bildern hausieren gehen. Die vor Gericht zur Schau getragene Bescheidenheit war Mache. Für uns Eingeweihte war es klar, daß aufgrund ihrer Unkenntnis des alpinen Geschehens die zwei diese Wand gar nicht gemacht haben konnten. Am Schluß entdeckte Kurt Diemberger, dem die 13. Begehung der Eigerwand gelungen war, auf einem Negativ, das angeblich den Eisüberhang in der Rampe zeigte, eine Schrifttafel, die zum Gedenken an die tödlich verunglückten Italiener Bartolo Sandri und Mario Menti am Fuß der Wand angebracht ist. Es sind in der Geschichte des Bergsteigens – also aus reichlich hundert Jahren – nur ganz wenige Ersteigungen fraglich, denn es gehört zum ungeschriebenen Ehrenkodex, daß ein Bergsteiger in seiner Sache unbedingt bei der Wahrheit bleibt. Aber am Eiger ist nichts unmöglich…

Eine besondere Ehrung wurde mir zuteil, als mir anläßlich des zwanzigsten Jahrestages der Eigernordwand-Ersteigung beim Internationalen Bergfilmfestival in Trient, das mit einem internationalen Bergsteigertreffen verbunden ist, eine eigens für mich mit entsprechender Gravierung geprägte Goldmedaille überreicht wurde. Riccardo Cassin bekam eine für seine Erstbegehung des Walkerpfeilers der Grandes Jorasses. Die Wiederholer unserer Routen wurden mit Silbermedaillen ausgezeichnet. Es gab viel Beifall und war, wenn auch hochoffiziell, doch eine besondere und verbindende freundschaftliche Atmosphäre.

Natürlich habe ich mich gefreut. Im Innern jedoch lehne ich solche Ehrungen ab, weil das Bergsteigen eben kein Sport ist, in dem man besondere Leistungen prämiert. Man braucht zwar die sportlichen Voraussetzungen in höchstem Maß, aber die Leistung einer großen Erstbegehung kann man nicht messen und bewerten. Im Grund zählt nur die eigene Freude und

Erinnerungsbild vom Bergfilmfestival in Trient, 1958 (v. l.): Arne R. Heen, Walter Bonatti (einretuschiert), Riccardo Cassin, Anderl Heckmair

die Erinnerung, die Freundschaft, die nicht selten aus einer gemeinsam bezwungenen Herausforderung erwächst. Ob man dafür in den Himmel gehoben oder wegen des sinnlosen Spiels verachtet wird, läßt einen völlig kalt. Ich bin sicher, daß es anderen Bergsteigern genauso ergeht.

Die wahre Freude war aber, daß wir uns bei dieser Gelegenheit alle persönlich kennenlernten, und das «Eigerjubiläum» war so wirklich ein Fest, denn es war frei von Neid und Überheblichkeit. Jeder wußte von jedem, was er schon geleistet, ausgehalten und durchgemacht hatte, denn die Leistungen werden unter den Bergsteigern bekannt, und jeder weiß selbst, was dahintersteckt. Und wenn man sich dann bei solchen Gelegenheiten gegenübersteht, gibt es keinen Unterschied nach Nation oder Ost und West, nur der Mensch zählt in seinem Wert. Das ist das Schöne an einem Treffen. – Die große internationale Seilschaft. Für mich hatte sie mit dem Telegrammwechsel mit Lionel Terray und Louis Lachenal und ihrer Einladung nach Chamonix gleich nach dem Krieg begonnen.

Anderl Heckmair und
Hermann Köllensperger
nach der Durchsteigung
des Walkerpfeilers im
August 1951

GRANDES JORASSES – WALKERPFEILER

Der schönen Einladung gleich 1947 zu folgen war nicht möglich. Noch war es aussichtslos, ein Besuchervisum für Frankreich zu erhalten. Es vergingen drei Jahre, bis ich endlich wieder ins Montblanc-Gebiet reisen konnte. Wir blieben in Briefverkehr. Sie fragten mich, wie es mir geht, was ich mache, und ich antwortete, daß in Anbetracht unserer Ernährungslage die Sprünge nicht allzu weit sind. Das war mehr als Entschuldigung gemeint. Aber sie faßten es realistisch auf und schickten mir fast wöchentlich ein großes «Freßpaket». Wo blieb da die deutsch-französische Erbfeindschaft, die uns jahrelang eingeredet wurde? Die echten Bergsteiger kennen weder Neid noch Feindschaft. Die Berge bilden für uns keine Grenzen, sondern vereinen uns alle in dem gleichen Ideal. Gerade das spürte ich in dieser Brieffreundschaft.

Im Jahre 1950 waren es die Franzosen, die als erste nach dem Krieg in den Himalaja kamen. Sie erstiegen den ersten Achttausender, die Annapurna. Lachenal und Terray waren neben Maurice Herzog und Gaston Rébuffat die Hauptpersonen, und ihre Namen wurden weltbekannt. Weit entfernt, deshalb eingebildet zu werden, wiederholten sie ihre Einladung, sie in Chamonix zu besuchen.

Gerade zu dieser Zeit lernte ich einen jungen Bergsteiger kennen, der mir vor allem durch seine Aufgeschlossenheit gefiel. Durch einige besonders schwere Touren im Wettersteingebirge ist der Name Hermann Köllensperger mit großem Respekt genannt worden. Bei der Überschreitung der Schüsselkarspitze sah ich beim Anstieg einen Einzelgänger viel zu weit rechts den Plattenschuß von der Leutascher Dreitorspitze herunterkommen. Ich rief ihm hinauf, wie er gehen sollte. Dankend akzeptierte er meinen Rat, und bald begegneten wir uns. Es war Hermann Köllensperger. Wir wechselten noch ein paar freundliche Worte und gingen unserer Wege. Einige Wochen später kam er nach Oberstdorf, und wir vereinbarten, im nächsten Jahr der Einladung nach Chamonix Folge zu leisten. Und wenn es gut ginge, meinen Wunschtraum, an die Grandes Jorasses zu gehen, zu erfüllen.

Die Zeiten, zu denen man mit dem Fahrrad fuhr, waren endgültig vorbei. So saßen wir wie ganz normal reisende Sommerfrischler in der Bahn Richtung Genf. In einer Illustrierten blätternd, stieß ich auf eine seitengroße Annonce, in der der würzige Schweizer Toscanelli-Stumpen angepriesen war. Da ich gerne solches Zeug rauche und um vier Uhr früh, als wir in Genf ankamen, schon ein Kiosk offen war, erstand ich mir ein Packerl dieser Toscanelli. Das waren aber komische Stumpen, die sahen aus wie verdrehte

Lionel Terray und Louis Lachenal (v. r.). Links von ihnen Armand Charlet, in den dreißiger Jahren Anwärter auf die Durchsteigung der Grandes-Jorasses-Nordwand

Wurzeln. Nüchtern wollte ich sie gerade auch nicht ausprobieren. Ein kleines Café, in dem die Früharbeiter ihr Frühstück einnahmen, war schon geöffnet. Ein stämmiger Bauarbeiter trank schwarzen Kaffee mit einem Schuß Grappa. Ich war zwar nicht so stämmig, fühlte mich aber stark genug und bestellte das gleiche. Das schmeckte abscheulich und noch dazu auf nüchternen Magen. Bezahlen mußte ich's, und dafür habe ich es auch getrunken. Dann steckte ich mir eine Toscanelli an, und wir schlenderten zurück zum Bahnhof. Ich kam gerade noch bis zur Treppe, dann wurde ich blaß und mußte mich setzen, sonst wäre ich umgefallen. So schlecht es mir auch war, der Toscanelli, dem ich meine Unpäßlichkeit verdankte, schmeckte mir trotzdem. Ich bin bis heute zum Schrecken meiner Umgebung bei dieser Sorte geblieben.

In Chamonix spazierten wir gemütlich durch uns so bekannte Straßen und freuten uns, daß alles im alten Zustand war und ich den Krieg überlebt hatte und wieder da sein durfte. Gewiß, an Häßlichkeit kann sich kaum ein Ort mit Chamonix vergleichen, doch irgendwie geht ein Charme von dem mit alpiner Geschichte beladenen Ort aus, den kein anderer hat.

Gegenüber dem Führerbüro sah ich einen Mann sitzen. Das mußte Lionel Terray sein. Ich stellte mich einfach vor seinen Tisch und sagte gar nichts. Ob er mich wohl auch so auf Anhieb erkennen würde? Wir hatten uns ja noch nie gesehen. Verwundert blickte er auf, und tatsächlich erkannte er mich sofort. Wie die ältesten Freunde fielen wir uns um den Hals, trotz der Sprachschwierigkeiten verstanden wir uns, denn wir brauchten uns ja nur anzu-

Gipfelwelt am Mer de Glace: Die Grandes Jorasses (hinten links) mit dem Walkerpfeiler (4208 m) als höchstem Punkt, die Aiguille du Géant (4013 m, hinten rechts), die Aiguille du Tacul (3444 m) in der Gletschergabelung und die Aiguille du Grépon (3482 m) in den Grands Charmoz (rechts)

sehen. Der erste Gang war zu Terrays Gefährten Louis Lachenal, der uns nicht weniger herzlich empfing. Auf ihre Frage, was wir vorhätten, machten wir eine Andeutung auf den Walkerpfeiler. Ihre Mienen wurden sofort besorgt.

«Beaucoup de neige et glace», meinte Lionel, denn es war ja bekannt, daß die Schnee- und Eisreste von dem überaus schneereichen Winter 1950/51 noch nicht ausgeapert waren. «Mal ansehen», dachten wir und stiegen auf zur Leschaux-Hütte.

Das Hüttchen hatte sich verändert. Es war in den dreißiger Jahren erweitert worden. Niemand war anwesend, es herrschte tadellose Sauberkeit und Ordnung. Einige typisch weibliche Utensilien ließen darauf schließen, daß die Hütte von einem weiblichen Wesen betreut wird.

In einer besonderen Ecke waren die Decken mit Leinentücher eingeschlagen. Wir widerstanden nur sehr schwer der Versuchung, uns da hineinzulegen, und begnügten uns mit den gewöhnlichen Decken in der anderen Ecke, wollten wir doch schon um ein Uhr nachts zu unserer Tour aufbrechen.

Pünktlich erwachten wir. Aber die Nacht gefiel uns nicht. Es war viel zu warm, der Himmel zum größten Teil bedeckt. Mit einer unleugbar «gewissen Erleichterung» rollten wir uns wieder in unsere Decken, um bis zum Mittag durchzuschlafen. Wir hatten recht getan; denn als uns alle Knochen vom Liegen weh taten und uns der Hunger aus dem warmen Nest trieb, regnete es draußen in Strömen.

Eine ziemlich ermüdete Partie, bestehend aus zwei Messieurs und zwei Mesdames, bewegte sich gerade zur Hütte aufwärts. Da wir bereits beim Kochen waren, stellten wir auch für diese Partie auf unserem Benzinkocher Teewasser bereit, ganz wie in früheren Zeiten. Dankbar haben die Ankömmlinge unsere Vorsorge angenommen und uns dafür zum Abendessen eingeladen. Als sie uns nach unserem Vorhaben fragten und wir nur andeutungsweise auf die Nordwand der Jorasses zeigten, welche gerade einen Augenblick frei war, schnitten sie bedenkliche Gesichter. Ihre Betreuung aber wurde noch herzlicher. Sie zauberten sogar einen Wecker herbei, der uns wieder pünktlich um ein Uhr nachts aus unserem tiefen Schlaf herausriß.

Es war Donnerstag, der zweite August. Im Gegensatz zur Nacht vorher war es kalt. Wir beabsichtigten, auf jeden Fall bis zum Einstieg auf den Punkt 3010, den Felsvorsprung des Pfeilers, zu gehen.

Die Rucksäcke, in denen wir nur das mitnahmen, was zum Äußersten notwendig war, hatten wir vorsorglich schon am Abend gepackt. Bald stapften wir in der Dunkelheit über den Leschaux-Gletscher zum Einstieg. Die

Randklüfte waren schnell überwunden. Der harte Firn unter dem steilen Eisfeld war mit unseren Zwölfzackern gut begehbar. Der Anfang schien für ein rasches Vorwärtskommen sehr vielversprechend zu sein. Wiegte ich mich doch in der Hoffnung, in anderthalb Tagen, vielleicht sogar in einem Tag durchzukommen. Noch selten habe ich mich so verrechnet!

Wir machten große Augen, als wir den sogenannten «Rébuffat-Riß» erblickten. Es war eine Seillänge, die sich in der «Zinne-Nordwand» hätte sehen lassen können. Nur ganz spärliche Haken zeigten den Weg unserer Vorgänger an. Oben fanden wir Abseilschlingen, die aus Rückzügen stammten, bei denen wohl auch die häufig an unmöglichen Stellen sitzenden Haken geschlagen wurden.

Nach dem Riß war ein prächtiger Stand. Aber schon waren wir gezwungen, wieder Steigeisen anzulegen; denn die Querung auf den Eisfeldern war zu lang, um sich ohne sie in Stufen hinüberzuarbeiten. Immer wieder mußten wir die Steigeisen ab- und anschnallen, um schwierige Meter im Fels zu klettern. Das hat uns viel Zeit gekostet. Anders war aber diese steile Zone bei den herrschenden Verhältnissen nicht zu bewältigen. Und das waren die Bedenken, die Terray über den Zustand der Wand geäußert hatte. Endlich erreichten wir das Ende der Traverse und den Anfang der 75 Meter Verschneidung. «Vier bis fünf» steht im Führer, nach unserer Meinung eher unterbewertet.

Gespannt waren wir auf den Pendelquergang, der auf die rechte Seite des Pfeilers führte. Die angeblich leichtere Querung vor der Pendelstelle war völlig vereist. Wir haben uns daraufhin geeinigt, daß ich die Steigeisen anbehielt und alles, was vereist war, führte, während Hermann in den aperen Felsen die Führung übernahm. Der dauernde Wechsel von vereistem und aperem Fels machte uns viel zu schaffen. Wir merkten es gar nicht, wie die Stunden verflogen. Die Sonne hatte sich schon bedenklich unter die Aiguilles von Chamonix geneigt. Verzweifelt spähten wir nach einem Biwakplatz. Kurz vor neun Uhr erreichten wir einen kleinen Stand, an dem wir wenigstens halb sitzend, halb stehend, die Nacht verbringen konnten. Es war höchste Zeit geworden, denn noch während wir die Standhaken schlugen, brach die Nacht herein.

Während wir die meiste Zeit des Tages in Schnee und Eis gekämpft hatten, war an dem Fleckchen, an dem wir jetzt saßen, keine Spur von Schnee vorhanden, und unsere Kehlen waren völlig ausgetrocknet. Als Nahrung hatten wir außer Ovomaltine und Nescafé etwas Wurst und Brot mitgenommen,

Die eisige Nordwand der Grandes Jorasses; links der Walkerpfeiler

aber keinen Bissen konnten wir durch die trockenen Kehlen hinunterwürgen. Ich kannte diesen Zustand von der Eigerwand her und hatte mir für diesen besonderen Fall eine Flasche Cognac und Eipulver mitgenommen. In einem Schüttelbecher mixte ich mir diesen Eiercognac mit viel Zucker. Hermann aber, der ein absoluter Antialkoholiker war, brachte trotz meiner wohlmeinenden Aufforderung keinen Tropfen dieser angenehm brennenden und erwärmenden Kraftnahrung über die Lippen. Ich fühlte wohlige Wärme im Bauch und war froh, daß ich mich des öfteren auf Alkohol trainiert hatte. So überstand ich die Nacht in halbwegs angenehmem Zustand.

Vor dem Aufbruch in der Leschaux-Hütte hatte ich mir begreiflicherweise zum Abfüllen des Cognacs aus einer großen in eine kleinere Flasche keine Zeit genommen. Da wir nur wenig Gepäck hatten, habe ich die ganze Flasche im Rucksack verstaut und mir vorgenommen, wenn sie hinderlich würde, sie über die Wand zu werfen. Das brauchte ich aber nicht, im Gegenteil, sie wurde, wenigstens mir, so wertvoll, daß ich heute noch überzeugt bin, daß dieser Cognac uns das Leben rettete. Immer wieder ein kleines Schlückchen, wie Medizin genossen, reichte die Flasche die ganzen vier Tage. Der Freund, der jeden Tropfen verweigerte, hatte nachher Erfrierungen an Händen und Füßen, während ich durch guten Blutkreislauf gar nichts abbekam. Für mich ist das ein Beweis, daß Alkohol, mäßig genossen, auch in größeren Mengen nicht schadet.

Gegen Morgen fing es an zu schneien und zu graupeln, was sich unter dem Schlafsack, den wir über uns drübergestülpt hatten, anhörte, als ob man Erbsen auf uns werfen würde. Plötzlich kam rauschend über uns eine Lawine herabgeschossen und staubte unseren Biwakplatz mit Graupelriesel ein. Damit hatten wir die gewünschte Feuchtigkeit für unseren Morgenkaffee, den wir in unserem Mischbecher aufschüttelten, bis die Eiskörner zu Wasser wurden.

Der zweite Tag in der Wand begann gleich mit einer äußerst schweren Seillänge, die uns aus den schwarzen Platten herausbrachte. Bei schönem Wetter wäre das Weiterklettern über diese Platten auf den grauen Turm eine genußvolle Kletterei gewesen. So aber konnten wir uns nur mit äußerster Vorsicht mit unseren klamm und steif gewordenen Fingern langsam hinaufarbeiten. Auf dem Grat des Turms schien endlich die Schwierigkeit der Kletterei nachzulassen. Leider schien es aber nur so. Das Wetter fing an sich weiter zu verschlechtern. Auf dem etwas geneigteren Gelände begann der Schnee liegenzubleiben, man konnte die feineren Tritte und Griffe nur ahnen. Ein Besen wäre das rechte gewesen, um die Platten abzukehren, aber den hatten wir nicht in unserem Gepäck.

Bei der Überwindung einer glatten Platte entdeckte ich einen herrlichen Untergriff an einer vorstehenden Felsschuppe. Im gleichen Moment, in dem ich sie anfaßte, brach die große Schuppe aus und sauste ab. Zehn Meter weiter unten knallte der «Egon» auf mein neues Nylonseil und schlug die äußere Umhüllung total durch. Da ich das Seil vor Antritt der Tour in Chamonix für 15 000 alte Franc (= DM 150.–) für diese Tour gekauft hatte, hat es mir so weh getan, als wenn mir der Stein auf den Fuß gefallen wäre. Zum Glück aber blieben die Nylonstränge selbst unbeschädigt. Die Reißfestigkeit war nicht sehr beeinträchtigt, wie sich später herausstellte.

Nach Erreichung eines kleinen Köpferls auf dem Grat waren wir uns im unklaren, ob wir infolge des Neuschnees über den Fels oder den Schnee gehen sollten. Beides war so unangenehm, daß ich mich, nachdem ich einen gut sitzenden Felshaken zehn Meter über dem Köpferl angebracht hatte, entschloß, wieder aufs Köpferl hinunterzugehen und das nun stärker aufkommende Unwetter abzuwarten.

Es war erst mittags. Wir hofften, nach einigen Wartestunden weitergehen zu können, um weiter oben ein Biwak zu beziehen. Schnee, Regen und Hagel prasselten nur so auf uns herab. Durch den zehn Meter über uns geschlagenen Haken waren wir auf dem Köpferl gut gesichert, vor allem absolut sicher vor Lawinen. Weil das Unwetter nicht mehr aufhörte, verbrachten wir die zweite Nacht auf diesem Fleck. Hier konnten wir uns wenigstens unterm Zeltsack etwas ausstrecken, was sehr notwendig war, denn es stellte sich abwechselnd ein Muskelkrampf an Bein, Bauch und Rücken ein.

In den «Grauen Platten» am Walkerpfeiler, Grandes Jorasses, 1951

Wir setzten unseren Esbit-Kocher in Tätigkeit. Unterm Zeltsack konnten wir es aber durch den sich entwickelnden Gestank nicht aushalten, und außerhalb des Zeltsackes wurde er vom Sturm sofort ausgeblasen. Es blieb also nichts anderes übrig, als unseren Schüttelbecher wieder in Tätigkeit treten zu lassen, der «vollautomatisch» funktionierte. Man brauchte ihn nur in der Hand zu halten, geschüttelt hat es ihn dann ganz von selbst, weil die Kälte unsere Glieder gehörig bewegte. Die ganze Nacht hatten wir dadurch eine nette Unterhaltung. Ein Becher voll Schnee mit einem Stück Traubenzucker oder Bonbon wurde durch das Schütteln zuerst zu einem Eisklumpen, dann kam ein toter Punkt, den man durch kräftige Bewegung, der automatischen Schüttelung nachhelfend, überwinden mußte. Das machte auch warm. Der Eisklumpen zerfiel, wurde zu einem Brei und, wenn wir Geduld hatten, sogar zu Wasser. Das variierten wir mit Nescafé und Ovomaltine die ganze Nacht hindurch. Wurst, Brot und Butter blieben unberührt im Rucksack.

Das Wetter zeigte gegen Morgen zu keine Besserung. An einen Rückzug war nicht mehr zu denken, dazu waren wir schon zu hoch. «Da heraus kann uns niemand helfen. Angst hilft auch nicht, also gehen wir weiter!»

Mit den Steigeisen an den Füßen ging ich zuerst einmal hinauf zum Haken, um dann hinüberzuqueren auf eine Eisscharte, die auf einen aus dem Eis herausragenden Block führte. Das Eis war durch die Kälte so hart, außerdem so steil, daß bei dem Versuch, Stufen anzubringen, ganze Schollen ausbrachen. Deshalb verzichtete ich auf Stufen und arbeitete mich so hinauf. Je mehr ich mich dem eben erwähnten Block näherte, desto mehr nahm die Steilheit zu. Kurz unter dem Block war zwischen Eisschwarte und Fels ein hohler Raum, so daß ich, mit der linken Hand hineingreifend, die Eiskante als Griff benutzen konnte. Bereits in Reichweite des Blocks, kam von oben eine Lawine herabgefegt. Diese traf mich, wodurch der Druck auf die Eisschwarte zu stark wurde und sie ausbrach. Einen Meter unterhalb hatte ich noch einen gut sitzenden Eishaken anbringen können, der aber durch den Sturz unter dem Ring glatt abgerissen wurde. Blitzschnell drehte ich mich nach außen, um mit den Steigeisen nicht hängenzubleiben und einen Salto zu schlagen. Die ganze Seillänge glitt ich in rasender Fahrt ab. Hermann benahm sich äußerst geistesgegenwärtig und ließ sich vom Standhaken in dem Moment, als durch den Sturz die Seile locker wurden, auf das Köpferl hinab. Aber bevor er dies erreichte, spannten sich die Seile und rissen ihn wieder einige Meter empor. Ich hing knapp über den überhängenden Felsen, der Haken hatte ausgehalten. Wäre er ausgerissen, hätte der Freund nur eine Chance gehabt, an unserem Biwakköpferl auf die andere Seite zu springen. Gott sei Dank ist es nicht soweit gekommen, der Sturz war abgefangen! Das Sonderbare war: Der Rucksack, den ich auf dem Rücken hatte, war nun komischerweise auf der Brust. Den einen Fäustling hatte ich in der Hand, an der ich den anderen anhatte. Nichts hatte ich fallen oder ausgelassen. Nur am Rücken hatte ich einen harten Schlag bekommen, den ich nach 14 Tagen noch spürte.

Hermann schrie: «Fehlt dir was?»

«Nix feit si!»

Ich hangelte mich am Seil empor, woher ich die Kräfte nahm, weiß ich heute noch nicht, und war mit dem Gefährten wieder vereint.

Ein Schock stellte sich doch ein, denn plötzlich überkam mich mit unmenschlichem Drang ein menschliches Rühren. Der Freund hielt mich am Seil, und mit explosionsartiger Gewalt befreite sich die ausgestandene Angst. Mit verständigem Grinsen verfolgte er dieses menschlich-allzumenschliche Gebaren. Die gute Stimmung war wiederhergestellt, aber zu einer weiteren Eisexkursion hatte ich keine Lust mehr und überließ dem Freund mit den Gummischuhen den Vortritt über die Felsen. Der Nebel wurde dichter, der Sturm nahm zu. Die mit «fünf» bezeichneten Stellen kamen uns bei diesem Sturm und der Vereisung schwieriger vor als sonst Sechser-Stellen. Nur im Seil und an einem Haken hängend, konnte man nach- und weitersichern.

Um unser Pech voll zu machen, verlor ich meinen Hammer, der mir wahrscheinlich bei meinem Sturz, ohne daß ich es bemerkt hatte, aus meinem Sicherungskarabiner gerissen war. Wir hatten aber noch einen

Pickelhammer, mit dem sich Hermann, in diesen Seillängen vorausgehend, hinaufarbeitete. Plötzlich ein Fluch, ein klirrendes Pfeifen durch die Luft, der Hammerkopf war abgebrochen und sauste in die Tiefe. Als einziges blieb uns nur noch der zweite Kletterhammer, den wir umständlich zum Herausschlagen der Haken am Seil herunterlassen mußten. Wir konnten deshalb nur noch ein Seil in die Karabiner hängen, was die Sicherung bei dieser Schwierigkeit in gefährlichem Maße beeinträchtigte. Die Steilheit nahm in den letzten zwanzig Metern dieser Seillänge ab und die totale Vereisung wieder zu, so daß meine Steigeisen wieder in Funktion treten mußten. Es war auch höchste Zeit, denn Hermann hatte sich bis zum Ende seiner Kräfte verausgabt.

Nun sollte laut der Beschreibung nach einem Quergang auf den «Roten Turm» eine als «leicht» bezeichnete Rinne führen. Aber wie sah die aus! Hartes Wassereis überzog den Fels, lockerer Pulverschnee als Auflage war auf den wenigen Unebenheiten, die einen Halt hätten bieten können! Wie die vorhergehenden Rinnen begann auch diese mit einem Überhang, den ich frei erklettern mußte. Ich vergaß, den Pickelhammer mitzunehmen, und stand nun verzweifelt im Eis der Rinne und zauderte – eingedenk des Sturzes vom Vormittag – bei jedem Schritt, den ich machen sollte. Schon dachte ich ans Umkehren, um unter dem Überhang wieder ein Biwak zu beziehen, doch am nächsten Tag würde es auch nicht besser aussehen. In verzweifelter Wut schlug ich einfach mit dem Hammer aufs blanke Eis los. Es löste sich eine ganze Eisscholle, und darunter kam ein herrlicher Tritt zum Vorschein, auf dem ich, mit einem Bein sicher stehend, endlich wieder ausschnaufen konnte.

Noch 20 Meter mußte ich wie ein Seiltänzer über diese glasharte Schicht hinauftänzeln, dann endlich hatte ich einen großen Block, der als gute Selbstsicherung diente und an dem ich den Gefährten nachholen konnte. Seitlich, wieder 20 Meter höher, stand eine große Felsschuppe unter einem Überhang hervor, die mir sofort als geschützter Biwakplatz geeignet schien. Hermann wollte unbedingt noch aus der Wand. Wir hatten noch 200 Höhenmeter. Es war schon abends sieben Uhr. Die Kälte und der Schneesturm hatten in einem Maß zugenommen, daß es nur so um uns wirbelte.

Überdies waren wir von innen und außen her völlig durchnäßt. Das alles zusammen bewirkte, daß es uns begreiflicherweise vor dem Biwak grauste. Weiter oben auf der Kante oder gar auf dem Gipfel wären diese Verhältnisse bestimmt noch schlechter gewesen. Deshalb entschloß ich mich trotz des Freundes Widerstreben, diese Stelle als Biwak zu beziehen.

Die naß und steif gewordenen Seile dienten uns auf der Schnee- und Eisunterlage als Sitzpolster. Kaum hatten wir den Schlafsack über uns gestülpt, war es schon behaglicher, so bescheiden wird man unter solchen Verhältnissen. Wir konnten nur ganz knapp nebeneinander liegen. Das war weder Liegen noch Sitzen, sondern einfach ein Hindrücken. Um die schneidende Kälte nicht in den Schlafsack eindringen zu lassen, zogen wir die Füße an und rollten den Sack darunter ein. Dazu mußten wir aber auch den Kopf einziehen, was eine sehr unangenehme Haltung zur Folge hatte. Sobald man sich nur etwas streckte, fand der Sturm wieder ein Loch, wo er hereinblasen konnte, und überschüttete uns mit Schneestaub in dem wie einen Ballon aufgeblasenen Sack.

Da gibt es so schöne theoretische Vorstellungen, wie man sich in einer Biwaknacht zu verhalten hat, zum Beispiel: Anlegen trockener Kleider. Im Rucksack hatte ich noch ein Paar Reservestrümpfe, auch einen zweiten Pullover, aber es war völlig unmöglich, sich umzuziehen. Im Nylonsack war man vor dem Erfrieren zwar sicher, nicht aber vor dem Frieren. Unangenehmerweise läuft einem das Kondenswasser, das sich in der Innenseite des Sackes bildet und um so stärker wird, je kälter es draußen wird, ununterbrochen auf alles nieder. Der Schüttelbecher trat wieder in Funktion, doch die Begeisterung dafür hatte in Anbetracht der Umstände schwer abgenommen. Ich sagte mir, nur nicht apathisch werden und sich den widrigen Verhältnissen ergeben und schüttelte den Becher ununterbrochen. Dabei schikanierte ich den Freund durch ständigen Platzwechsel, damit er mir nur ja nicht einschliefe, denn ich fürchtete, wenn zur Erschöpfung auch noch die Unterkühlung kommt, wird er nie wieder erwachen.

Alles hat einmal ein Ende. Auch diese Nacht ging vorüber. Doch ununterbrochen überschüttete uns noch immer der Schnee. Resignierend zog ich den Schlafsack weg und war ganz überrascht, daß die gegenüberliegenden Gipfel von Sonnenlicht bestrahlt wurden, das in dem auf uns herabfallenden Schnee reflektierte. Ich glaubte allen Ernstes: «Jetzt spinn' ich, so etwas gibt es ja gar nicht.» Wie Myriaden von glitzernden Diamanten sausten die Schneekristalle an uns vorbei. Das Wetter hatte aufgeklart, aber der Sturm hatte sich noch nicht gelegt und jagte den Neuschnee von der Südseite her über die Nordwand, in der wir steckten, hinab. Dazu hatte es eine erbärmliche Kälte, die unsere durchnäßten Kleider und Schuhe sofort in Eisklumpen verwandelte. Jammern hilft nicht, auf geht's, weiter! Hermann reagierte zwar auf meine Zurufe, gab aber keine Antworten mehr. Mit äußerster Vorsicht begann ich den weiteren Aufstieg, weil ich wußte, daß ich mich auf den Freund nicht

mehr verlassen konnte, falls ich jetzt noch einen Sturz bauen sollte. So erreichte ich den obersten Teil der Kante und kam in das Licht der Sonne. Von den wärmenden Strahlen hatten wir nichts, denn der Höhenwind wirbelte uns den Pulverschnee ins Gesicht, daß sich ganze Eiskrusten bildeten. Die Fäustlinge waren zu harten Ballen gefroren, so daß ich sie an schweren Stellen immer wieder ausziehen mußte, um mit den blanken Fingern zu klettern. Bald waren die Finger weiß, hart und gefühllos. Sie fühlten sich an wie Holzklötze. Ich wußte, was das zu bedeuten hatte, und versuchte fieberhaft durch Bewegen und Reiben Blut in die äußersten Spitzen zu bringen, was immer scheußlich weh tat, aber doch beruhigend war. Sechs Stunden noch dauerte dieser Kampf, bis ich am Ende der Kante unter der meterhohen Neuschneewächte stand. Verzweifelt suchte ich nach einer Sicherungsmöglichkeit, um das letzte Hindernis zu nehmen. In ohnmächtigem Zorn schlug ich wieder mit dem mir noch verbliebenen, an beiden Seiten abgestumpften Kletterhammer auf die blanke Eisplatte, bis die ganze Scholle abbrach und darunter ein prächtiger Ringhaken zum Vorschein kam. Diesen Ringhaken hatte Cassin 1938 symbolisch in den letzten Meter des Felsens geschlagen. Mir war er die reinste Lebensrettung. Mit einem Jubelschrei hängte ich ein und schwang mich hinauf über die Wächte zum Gipfel.

Der Walkerpfeiler

Trotz blauem Himmel war der Sturm, der mich empfing, derart, daß ich mich nicht aufrecht halten konnte. Eine Verständigung mit dem Gefährten war unmöglich. Nur durch das Ziehen und Zerren am Seil merkte er, daß er nachkommen sollte. Endlich tauchte auch sein Kopf über der Wächte im Sonnenschein auf. Es war zehn Uhr vormittags. Wir umarmten uns und ließen uns auf der geneigten Gipfelfläche einige Meter hinabgleiten, daß wir nicht doch noch vom Sturm über die Nordwand hinabgeblasen würden. Zu einer Rast war es trotz Sonnenschein viel zu kalt und stürmisch, weshalb wir uns sofort an den Abstieg machten, um mit zunehmender Tiefe in wärmere Zonen zu gelangen. Von der Scharte zwischen den Gipfeln «Pointe Whymper» und «Walker» zieht südseitig ein Eiscouloir hinab, das uns sehr harmlos erschien. Hermann rutschte mit seinen Gummisohlen vorausgehend hinunter. Ich behielt die Steigeisen an und sicherte den Freund über einen herausragenden Eisklotz.

«Nicht rutschen! Gesicht zum Berg hinunter stapfen!» rief ich hinab. Dann machte ich einen Fehler, indem ich am gespannten Seil gleichzeitig nachging. Schon rutschte Hermann wieder aus und riß auch mich aus den Stapfen heraus. Mit einem mächtigen Satz in den tiefen Neuschnee versuchte ich die Fahrt zu bremsen. Zwecklos, es warf uns über ein paar Eiswülste, und mit einer ganzen Schneelawine sausten wir in die Tiefe. Noch während des Fluges ärgerte ich mich, daß das nach diesem schweren Ringen geschehen mußte. Nur mit den Zacken der Steigeisen nicht hängenbleiben! Ich konnte es aber nicht verhindern, daß die hinteren Zacken der Eisen einmal mit Wucht durch die Hosen ins Knie hineingestoßen wurden. Die Rinne war so steil, daß ich einen Aufschlag wohl merkte, aber nicht besonders spürte, denn auch der Schnee der Lawine dämpfte den Stoß. Nach 300 Meter Fahrt schossen wir hinaus auf den Gletscher. Der vordere Rand der Lawine verschwand in einer Spalte, wenige Meter dahinter lagen wir oben drauf. Ich sprang sofort auf und blickte hinauf. Der einzige Gedanke, den ich dabei hatte, war: «Wenigstens dieses Stück brauchten wir mal nicht abzuklettern.»

Hermann lag regungslos zehn Meter abseits im Schnee. Schon hatte ich Angst, daß ihm etwas zugestoßen sein könnte. Er aber ruhte sich nur aus und war gar nicht begeistert, daß er sich erheben sollte. Mein Loch im Knie blutete heftig. Zum Glück war es nur eine Fleischwunde, die schnell verbunden war. Der weitere Abstieg bot keine Schwierigkeiten mehr, eher humpelnd als gehend suchten wir den Weg. Hatten wir ein Glück, daß es jetzt schön war! In diesem unübersichtlichen Gletscher war die Orientierung so schon schwer genug, bei dem Wetter, wie wir es in der Wand hatten, hätten wir nie durchgefunden. Trotzdem sorgten wir uns, die Hütte zu verpassen und in neue Schwierigkeiten zu geraten, als plötzlich eine Gestalt auftauchte. Es war der Hüttenwirt der Jorasses-Hütte; er schaute uns wie vom Himmel heruntergefallen an und führte uns die letzten Meter über Felsen, auf denen wir uns über das erste Grün und die ersten Blumen, die wir zu sehen bekamen, freuten.

Erst in der Hütte verstand der Hüttenwirt, woher wir kamen, und war voll Eifer, uns behilflich zu sein. Er versorgte uns mit trockenen Kleidern und verarztete unsere Wunden. Dabei stellte sich heraus, daß Hermann Erfrierungen zweiten und dritten Grades bis zu den unteren Gliedern seiner Finger und Zehen hatte. Mir fehlte außer meinen lächerlichen Prellungen und Fleischwunden nichts, obwohl ich, im Gegensatz zu Hermann, dauernd an meiner Cognacflasche nobbelte und sie erst kurz unter dem Gipfel leer in die Tiefe warf. Hermanns Glieder machten mir die größten Sorgen, am liebsten

wäre ich gleich weiter abgestiegen, aber eine Nachtruhe in der Hütte mußte ich ihm gönnen. Ich wußte, daß jede Stunde, die ich ihn eher zum Arzt bringen könnte, vielleicht seine Glieder retten würde. Darum eilte es mir am nächsten Tag. Ich hatte die fixe Idee, ihn nach Chamonix bringen zu müssen, und fuhr von Entrèves sofort hinauf zur Turinerhütte. Aber vorher ereignete sich noch eine nette Episode.

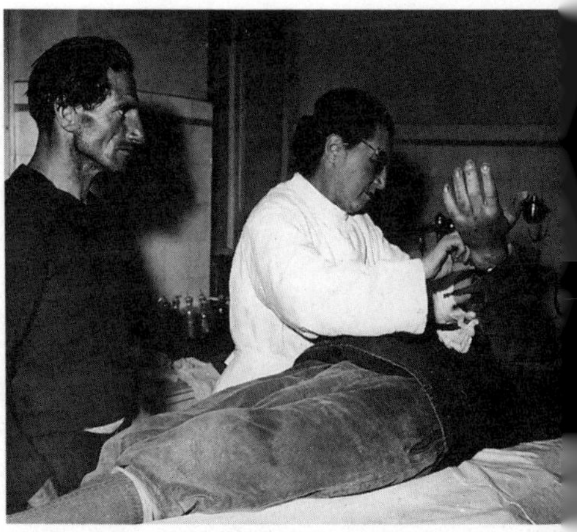

In Chamonix werden Hermann Köllenspergers Erfrierungen untersucht. Sie verheilten ohne bleibende Schäden.

Genau wie am Eiger hatten wir in der Hitze des tagelangen Überlebenskampfes völlig vergessen, daß sich andere Menschen um uns sorgten. Die Sorge ist rührend. Sie kann aber schlimme Folgen haben, wenn eine großangelegte Rettungsaktion eingeleitet wird, wie es in diesem Falle geschehen ist. Das war mir sofort bewußt, als eine gestikulierende Menschenmenge über ein Unglück in den Grandes Jorasses sprach. Ich machte den Fehler, den guten Leuten zu sagen, daß wir die gesuchten Bergsteiger seien. Ich wollte erreichen, daß sofort die offiziellen Stellen verständigt würden über unsere heile Ankunft im Tal. Dies aber wurde nicht verstanden, sie merkten nur an unserem Aussehen, daß wir die in den Zeitungen genannten Alpinisten sein müßten. Im Nu waren wir umringt von schnatternden und gackernden Sommerfrischlern. Apparate wurden gezückt, Bambini wurden uns in den Arm gedrückt und auf die Schulter gesetzt; fotografiert wurden wir von hinten und vorne. Kein Mensch konnte oder wollte unseren Wunsch verstehen, das Führerbüro in Courmayeur anzurufen. Uns war es nicht möglich, weil wir nicht Italienisch konnten. Erst die Bergführer auf der Turinerhütte begriffen sofort, was zu tun sei, und führten die telefonische Meldung durch.

In dem Gefühl, unsere Pflicht getan zu haben, machten wir uns, trotz Nebel, an den Abstieg über das Mer de Glace. Ich weiß, was es heißt, im Nebel durch die Brüche die Requin-Hütte zu finden, und war ganz aufgeregt, als Hermann auf der Hütte eine warme Suppe wollte und diese die längste Zeit nicht kam. Um sieben Uhr abends erreichten wir die Leschaux-Hütte. Unheimlich düster und im oberen Teil völlig verglast, bekamen wir den Jorasses-Pfeiler nach fünf Tagen wieder zu sehen. Es war keine siegesgeschwellte Brust, die wir bei dem Anblick herausdrückten, sondern klein und bescheiden, dem großen Glück, das uns das Schicksal beschert hatte, dankend, blickten wir hinauf auf den Berg, der uns das tiefe Erlebnis schenkte. Das klingt wie eine Phrase, doch gerade als Bergsteiger erlebt man seine Grenzen und wird demütig.

Bei den Vorbereitungen
zur Karakorum-
Expedition, 1954

IM KARAKORUM

Eiger und Jorasses waren wohl Höhepunkte, aber noch lange keine Schlußpunkte in meinem bergsteigerischen Erleben. Wohl jeder aktive Bergsteiger möchte auch einmal die Weltberge kennenlernen. Danach richtete sich auch mein Sinnen und Trachten. Schon als ganz junger Bergsteiger hatte ich einmal einen Hoffnungsschimmer, auf eine Expedition mitzukommen. Dies war bei der ersten Nanga-Parbat-Expedition 1932, wo ich mitpacken durfte und mithalf, das Gepäck zur Bahn zu transportieren. Das Gepäck durfte mit, ich nicht.

Den zweiten Anlauf vereitelte der Krieg. Doch jetzt schien mir die Zeit reif zu sein, einen dritten Anlauf zu unternehmen. Der Alpenverein zeigte sich sehr interessiert, wenn wieder Initiative für eine Expedition ergriffen würde, doch die Kassen waren leer. Um mir anderweitig Geld zu verschaffen, dazu fehlte mir die Erfahrung. Dafür flatterte mir eine Einladung skandinavischer Bergsteiger ins Haus, sie und ihre Berge zu besuchen.

Zum erstenmal nach dem Kriege bestieg ich ein Flugzeug, das mich nach Stockholm brachte. Henk Bjerberg hieß der Freund, der mich am Flugplatz abholte und in sein Heim führte. Dort hatte er alles, was er für eine Lappland-Durchquerung nötig fand, in einem Zimmer ausgebreitet, vor allem Proviant. Ich mußte mich erst einmal setzen, um diese Fülle zu bestaunen, und erlaubte mir die schüchterne Frage, ob er auch Träger zum Transport

In Lappland: Mit Henk Bjerberg an der Ostflanke des Kebnekaise, Blick gegen die Vorberge bei Kiruna, 1952

dieser Massen bestellt habe! «Nein», das ginge über seine finanziellen Kräfte. Für dieses Argument hatte ich immer Verständnis und fing an auszusortieren. Besonders reduzierte ich den Proviant. Auch wenn wir 14 Tage lang auf keinen Stützpunkt stießen, dann genügt es trotzdem, nur für zehn Tage Proviant mitzunehmen. Besser die letzten vier Tage den Gürtel enger schnallen als die letzte Hartwurst am Ziel verspeisen. Das wollte dem guten Henk zwar gar nicht einleuchten, die Erfahrung hat ihn dann aber überzeugt.

Der Stetind, ein 1300 m hoher Granitklotz in Nordnorwegen

Beim Marsch von Kiruna nach Abisko, wo wir nicht die übliche Route über den Königsweg wählten, sondern wegen der Besteigung einiger sehr abseits gelegener Gipfel in von Touristen sehr selten durchzogene Täler kamen, hatten wir unter unserer reduzierten Last genug zu schleppen. Die letzten drei Tage marschierten wir aber doch auf dem Königsweg und trafen genug Touristen, die unter ihren Lasten fast zusammenbrachen und froh und dankbar waren, uns von ihrem Proviant etwas abgeben zu dürfen. Mit einigen Touren in der Umgebung von Narvik, wobei wir auch den einmalig schönen Stetind, der wie eine Säule aus dem Steffjord herausragt, bestiegen, rundeten wir unser Programm ab. In diesen Tagen erhielt ich in Narvik ein Telegramm von Dr. Karl Herrligkoffer mit der Aufforderung zur Teilnahme an der im Jahre 1953 stattfindenden Nanga-Parbat-Expedition.

Dr. Herrligkoffer ist ein Stiefbruder des am Nanga Parbat tödlich verunglückten Willi Merkl. Er hatte ihm zu Ehren eine Willi-Merkl-Gedächtnis-Expedition organisiert. Endlich sollte sich mein alpiner Lebenswunsch erfüllen. Mit Begeisterung half ich mit am Aufbau der Expedition, doch bei der Auswahl der Teilnehmer kam es zu Meinungsverschiedenheiten. Da wir uns nicht einigen konnten, verzichtete ich auf die Teilnahme, was mir in diesem Fall nicht allzu schwer fiel, da mein alter Freund Hias Rebitsch mit voller Unterstützung des Alpenvereins eine andere Himalaja-Expedition aufbaute und mir die Teilnahme anbot.

Herrligkoffers Nanga-Parbat-Expedition hatte durch den unglaublichen Alleingang von Hermann Buhl vollen Erfolg, auch wenn sich nachträglich unschöne Reibereien einstellten. Bergsteiger sind auch nur Menschen. Ich war froh, da hinein nicht verwickelt zu sein.

Im selben Jahr fiel auch der Mount Everest. Damit war die Bezwingung der Himalaja-Riesen eingeleitet. So hoch wollten wir aber gar nicht hinaus. Wegen der Finanzierung mußten wir eine starke Gruppe Wissenschaftler mitnehmen, deren Ziel das noch weitgehend unbekannte Hunzatal war. Am Eingang dieses Tales steht der Rakaposhi, ein noch unerstiegener Eisriese, den wir zum Ziel nahmen und der uns prompt abblitzen ließ.

Zwölf Teilnehmer waren wir bei der Ausreise im April 1954: sieben Bergsteiger, vier Wissenschaftler, und ein Kameramann mußte auch noch dabeisein. Meine Ansicht war: wenn schon, dann den Besten, den wir bekommen könnten, und wir gewannen Eugen Schuhmacher. Er brachte aus dem Land der Hunza den prachtvollen Film «Im Schatten des Karakorum» mit nach Hause, der die Hauptausgaben wieder hereinspielte.

Auch mit den Wissenschaftlern hatten wir Glück. Sie kamen zu wertvollen geographischen, geologischen und botanischen Erkenntnissen und Sammlungen, außerdem unterstützten sie uns bei den bergsteigerischen Unternehmungen, wo immer sie konnten. Mit einem freundete ich mich bei der Überfahrt besonders an, Karl Heckler, einem Geodäten aus Stuttgart, der im Hunzafluß auf tragische Weise den Tod fand.

So war ich also endlich doch noch in den Himalaja gekommen, mit 48 Jahren. Der Eindruck war gewiß groß. Aber ich muß doch sagen, man kennt es ja sozusagen schon aus Bildern, Erzählungen und – die Erwartungen sind

Die Teilnehmer der Karakorum-Expedition 1954 in Karachi. Darunter Anderl Heckmair (ganz links), Kameramann Eugen Schumacher (3. v. l.), Karl Heckler (4. v. l.) und Expeditionsleiter Hias Rebitsch (5. v. l., stehend mit Hut), Martin Schließler (2. v. r.)

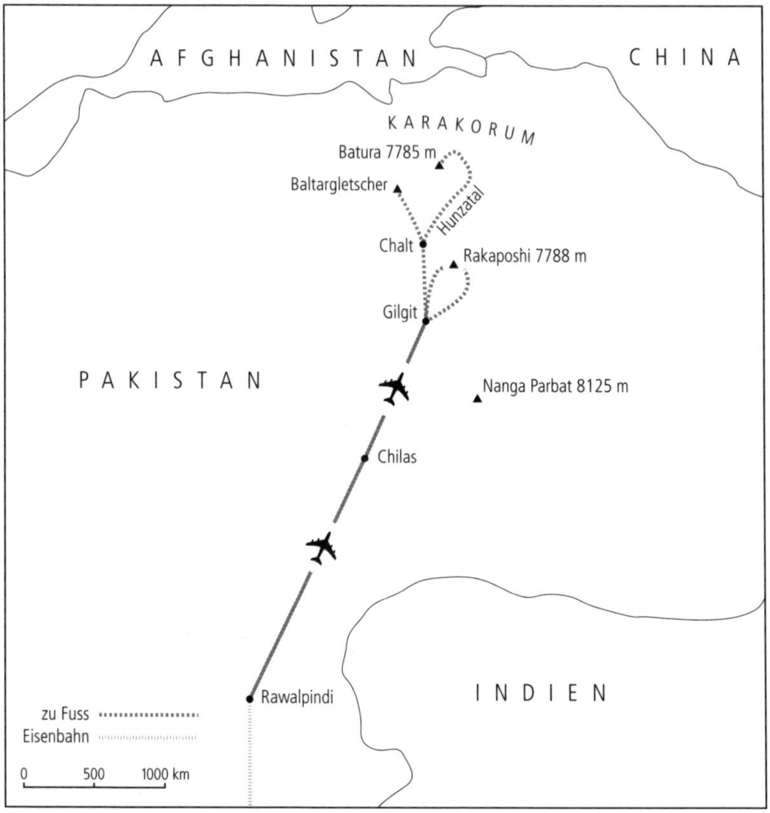

allzuhoch geschraubt. Der Eindruck, den die Lalidererwand im Karwendel damals auf mich als Bub gemacht hat, war stärker und überwältigender.

Ein «Weltberg» muß erst einmal erkundet werden. Man kann nicht mit einer ganzen Expedition, mit dem Aufwand von Hunderten von Trägern, losmarschieren, wenn man noch gar nicht das Gelände und die Verhältnisse kennt. Aus diesem Grund erkundeten wir nur zu zweit, Martin Schließler und ich, den Rakaposhi.

Mit fünf Kulis zogen wir von Gilgit aus los. Der Karakorum ist ein Wüstengebirge, das nur noch von den Ausläufern des Monsuns, der vom Himalaja abgefangen wird, gestreift wird. Darum sind die Täler, soweit sie nicht künstlich bewässert werden, und die Berge bis auf 3000 Meter vollkommen arid, das heißt ohne jeden Bewuchs. Um so schöner wird es, wenn man auf diese Höhen kommt. Erst sprießt Ginster aus den Felsritzen, dann kommen Tamarisken, auch Wacholder, der sich zu Bäumen von 20 und 30

Ein Hunza-Bauer

Metern Höhe entwickelt, und zuletzt Grünflächen mit wilden Rhabarberstauden; Stachelbeeren und noch vieles andere wächst, was man bei uns nur in Gärten sieht. Die typischste Pflanze des Karakorums ist die Heckenrose, die überall zu finden ist, sogar auf dem Schutt, der die Gletscher bedeckt.

An den wenigen Flächen, die eine Ansiedlung erlauben, wird auf terrassenförmigen Anbauflächen Ackerbau getrieben. Und was das eigenartigste ist: Es gibt Nuß- und Aprikosenbäume mit meterdickem Durchmesser. Besonders die Aprikosen sind das Gold der Hunzas. Das Fruchtfleisch wird getrocknet, aus den Kernen Öl gepreßt; so hat man das ganze Jahr über Zusatznahrung. Gleich bei der ersten Rast wurden uns getrocknete Aprikosen gereicht, und ich biß mir einen Zahn aus.

Von den Hunzas wird behauptet, sie seien das gesündeste Volk der Erde. Das ist auch nur so eine Behauptung! Wir haben Männer mit Kröpfen gesehen, die größer waren als der Kopf. Kinder hatten Infektionskrankheiten aller Art. Kein Wunder, denn Fliegen umschwärmten uns zu Tausenden, bis hinauf in eine Höhe von 4000 Metern. Das Fangen und Schlagen hatte gar keinen Zweck. Nur ich hatte eine Abwehrwaffe: Meine Schweizer Stumpen «Toscanelli», mit denen ich mich reichlich eingedeckt hatte, vertrieben nicht nur die Fliegen, sondern auch die Kameraden aus dem Zelt.

Nach zweitägigem Marsch erreichten wir auf etwa 4000 Metern einen Talkessel, aus dem die Eisflanken ringsum nochmals 3000 bis 4000 Meter aufstiegen. Man kann das gar nicht so recht erfassen, die Dimensionen täuschen zu sehr. Erst wenn man sich selbst dazu in Beziehung bringt und zu rechnen beginnt, wie lange man zur Durchsteigung braucht, kommt einem zum Bewußtsein, wie enorm die Dimensionen hier sind.

Ganz im Hintergrund, noch einige Kilometer entfernt, zog sich eine steile Eisrinne zu einer Scharte empor, die zwar gespickt mit Hängegletschern war, aber vielleicht eine Aufstiegsmöglichkeit bot. Mit dem Glas schauten wir uns diese Möglichkeit an; da brach gerade so ein Hängegletscher ganz oben ab und ging als Eislawine nieder. Wie ein Atompilz stieg der Eisstaub im Talkessel hoch. Das sonderbarste war, daß, von einem anfänglichen Krachen abgesehen, alles lautlos vor sich ging. Der Eisstaub absorbierte den ganzen Schall. Fasziniert betrachteten wir dieses Naturschauspiel,

doch die Lust, durch diese Rinne aufzusteigen, war uns vergangen. Über eine Wand aufzusteigen, die ebenfalls mit Hängegletschern garniert war, schien uns genauso unmöglich. Also, marsch zurück nach Gilgit, um den wartenden Kameraden diese Fehlanzeige zu bringen!

Hias machte uns den Vorwurf: «Warum seid ihr nicht gleich ins nächste Paralleltal vorgestoßen, vielleicht gibt es da eine Möglichkeit?» Das ließen wir uns nicht zweimal sagen und machten uns am nächsten Tag mit den gleichen Trägern wieder davon. Dieses Tal zog sich viel weiter und höher hinauf und war relativ dicht besiedelt. Es war ein breites, U-förmig ausgewalztes Tal, woraus wir schlossen, daß am Talende ein mächtiger Gletscher sein mußte. Wir kamen durch mehrere Dörfer mit zahlreicher Bevölkerung. Das eindrucksvollste aber war ein betäubender Duft, der in dem ganzen Tal lag und von einem überall blühenden Baum ausströmte.

Der Esel – ein eigenwilliges Transportmittel im Karakorum

Wir hatten uns nicht getäuscht, es gab am Ende des Tales tatsächlich einen Gletscher, der weit herunterzog. Aber wie sah dieser Gletscher aus! Das war ein einziger Schutthaufen. Die Karakorum-Gletscher sind meist sogenannte Fluß- oder Schluchtgletscher, sie werden von niederbrechenden Eislawinen gebildet, die den ganzen Schutt der Berge mit abräumen. Dazu war das Gletscherende auch noch so zerrissen, daß wir mit unserem Esel, den wir im letzten Dorf gemietet hatten, nur zwischen Rand- und Ufermoräne vorankamen. Der Esel, der brav unsere Hauptlast trug, wollte nicht über eine zimmerhohe Felsstufe, die wir nicht umgehen konnten. Unbarmherzig schlug ein Träger hinten drauf, an jedem Bein und am Kopf zog und zerrte ein anderer Träger, daß ich diese Schinderei gar nicht mehr mitansehen konnte. Dem Esel schien das gar nichts auszumachen, denn in aller Seelenruhe schnappte er sich dabei eine Distel, die er bei dem ganzen Gezerre genüßlich verzehrte.

Mindestens 15 Kilometer haben wir uns auf diesem Gletscher vorwärts geschunden. Der Abend war nicht mehr fern, als wir einen kleinen Pfad entdeckten, der auf die Ufermoräne hinaufführte. Da sahen wir, daß der Gletscher einen riesigen Bogen machte, auf dessen Innenseite eine sogenannte Ablationsinsel war. Das ist Anschwemmungsland, das sich hinter dem Gletscher bildet. Es erschien wie eine paradiesische Parklandschaft, mit wunderbar

Der Gipfel des Rakaposhi, vom Surgin-Gletscher aus gesehen

kurzem Gras und einzelstehenden Koniferen. Ein Gartenarchitekt hätte einen Park nicht schöner anlegen können. Wir waren uns sofort einig: Das wird unser Hauptlager werden, falls wir von hier aus einen Zugang zum Rakaposhi finden.

Leider war es wieder nichts. Beim Vordringen am nächsten Tag erlebten wir erneut Eislawinen, die den gesamten Gletscher übersprühten. Für sich selbst kann man ein Risiko auf sich nehmen, nicht aber für eine Expedition, und schon gar nicht für die Träger, die den Nachschub heranbringen müssen. Bereits einmal ist eine ganze deutsche Expedition, bis auf einen Mann, der gerade im Hauptlager war, am Nanga Parbat von einer Eislawine ausgelöscht worden. Darum nichts als zurück, vielleicht findet sich auf der Nordseite des Berges ein sicherer Zugang.

Tatsächlich wurde der Rakaposhi von der Nordwestseite aus erstiegen, aber nicht von uns, sondern zehn Jahre später von einer englischen Expedition. So baut eben eine Expedition auf die Erfahrungen der vorhergegangenen auf, bis das Ziel erreicht, das Problem gelöst ist.

Enttäuscht kehrten wir um mit unserer Botschaft, daß es wieder nichts ist. Hias kam uns schon auf halbem Weg mit der ganzen Expedition entgegen. Sie hatten die Untätigkeit in Gilgit nicht länger ausgehalten. Die Gesichter wurden lang, als wir unseren Bericht gaben. In diesem Augenblick kam ein Bote von unseren Wissenschaftlern, die ihre Tätigkeit in das Baturagebiet verlegt hatten. Die Nachricht besagte: «Wenn der Rakaposhi

Schwierigkeiten bereitet, kommt zu uns, da stehen eine Menge ebenso hoher, unerstiegener Gipfel, von denen der eine oder andere sicher zu ersteigen sein wird.»

Das war genau das, was wir in diesem Augenblick brauchten. Wir organisierten um und marschierten mit 20 Hochträgern und etwa 100 Trägern in das Hunzatal, vorerst nach Chalt.

Diesmal gingen wir einen Berg an, der weder einen Namen hatte noch dessen Höhe wir kannten. Die Form gefiel uns, ein Zugang bot sich an, wir fackelten nicht lange und packten zu. Wieder bildete ich mit Martin Schließler das Vorkommando und erkundete den Berg bis zu einer Scharte, von der aus ein scheinbar gut gangbarer Grat zum Gipfel führte.

Da machte ich eine Dummheit, die mir bald das Leben gekostet hätte. Von einem Vorstoß ins Basislager am späten Nachmittag zurückgekehrt, ging ich allein über den Baltargletscher ins Hauptlager. Normale Zeit drei bis vier Stunden. Ich rannte in zwei Stunden, um zu melden, daß wir am nächsten Tag zur besagten Scharte durchstoßen werden. Eigentlich war die Meldung gar nicht so wichtig, ich hätte auch einen Träger schicken können, doch die brauchten wir am nächsten Tag, und ich wollte nicht, daß einer durch Ermüdung ausfällt. Mich selbst zu schonen, daran dachte ich nicht. Im Hauptlager traf gerade der Nachschub ein. Da gibt es viel Arbeit mit Auspacken der Lasten; notgedrungen habe ich sofort mitgeholfen bis spät in die Nacht hinein. Dann bin ich sofort zurück ins Basislager, wo ich morgens um drei Uhr eintraf und die

Lager am Baltargletscher

Kameraden beim Aufbruch waren. Ohne zu rasten, schloß ich mich gleich an und übernahm im oberen Teil auch noch die ganze Spurarbeit.

So nach 24stündiger ununterbrochener Anstrengung verspürte ich schon eine Müdigkeit, aber die mit einer Wächte gekrönte Scharte reizte mich, sie auch noch zu durchschlagen. Letzten Endes stand ich von innen und außen völlig durchnäßt auf der scharfen Schneide der Scharte. Jetzt hatte ich genug. Das Herrichten des Biwaks überließ ich den Kameraden und begnügte mich, diese zu sichern. Das war der Hauptfehler. Zu dem eiskalten Wind kam auch noch ein Schneesturm auf. An ein Wechseln der Kleidung war nicht zu denken. Es dauerte gut zwei Stunden, bis das Lager so weit war, daß ich in ein Schneeloch hineinkriechen konnte.

Da war es schon zu spät. Das ganze Zeug am Leib war steifgefroren und ich auch. Endlich lag ich im Schlafsack, es war mir nicht recht wohl. Die sauerstoffarme Luft in dieser Höhe tat das ihre. Bald packte mich der Schüttelfrost. Jetzt merkten die Kameraden, was mit mir los war. Sie deckten mich noch mehr zu, flößten mir heißen Tee ein und taten, was sie konnten. Am Morgen war ich dann nicht fähig, einen Finger zu rühren. Aus der Literatur kannte ich Fälle, die ebenso begonnen haben und tödlich endeten. Ich bat die Kameraden, mich hinunterzubringen, denn ich wußte, daß ich mich in dieser Höhe auf keinen Fall mehr erholen würde. Kaum waren wir ein paar Seillängen abgestiegen, fühlte ich mich wieder so wohl, daß ich am liebsten wieder hinauf zum Grat wäre. Von Euphorie hatte ich auch schon etwas gehört. Das ist ein ausgesprochenes Wohlbefinden, bevor es zu Ende geht. Sie wird es wohl noch nicht sein, aber Gewisses weiß man nicht. Also sagte ich zu den Kameraden: «Geht ihr zurück, ihr seht doch, wie ich mich erholt habe, setzt den Aufstieg fort, ich steige mit einem Träger ganz ab.» Besorgt blickten sie mich an, ich machte jedoch einen so guten und munteren Eindruck, daß sie auf meinen Vorschlag eingingen.

Beim Abstieg eilte es mir so, daß der Träger kaum mitkam. In 100 Meter Entfernung sah ich den Hias mit seiner ganzen Kolonne aufsteigen. Er rief herüber, ich gab gar keine Antwort, denn ich konnte doch nichts erklären, und zum Hinübersteigen war das Gelände zu ungünstig.

Weiter, weiter, nichts wie runter, ich merkte schon, daß mir wieder schwarz vor den Augen wurde. Endlich erreichten wir den ebenen Baltargletscher, über den mußten wir auch noch hinweg. Ich wollte zum Arzt, der im Hauptlager war. Das aber schaffte ich nicht mehr. Auf einer Felsplatte legte ich mich hin und wollte sterben.

Das wollte aber der Träger nicht zulassen und bettelte mich mit erhobenen Händen: «Sahib, Sahib, weitergehen.» Ich wünschte ihn zum Teufel, er sollte mich in Ruhe lassen; es war doch so angenehm, völlig abzuschalten. Da zerrte er mich einfach auf seinen breiten Rücken und versuchte, mich zu tragen. Von dem Tempo-Abstieg war er völlig durchschwitzt und roch nicht sehr angenehm. Das brachte mich wieder zur Besinnung, mit Gewalt befreite ich mich von seinem Rücken und stolperte hinter ihm drein. Immer wieder versuchte ich, ihn wegzuschicken, um mich hinzulegen. Vielleicht hat er geahnt, was das bedeutet hätte, er ließ mir einfach keine Ruhe.

Unser komisches Verhalten auf dem Gletscher wurde vom Hauptlager aus beobachtet. Sofort eilten sie uns entgegen. Ich gewahrte noch, daß ich umringt war, dann schwanden mir die Sinne. Als ich wieder erwachte, lag ich im Zelt, über mir das besorgte Gesicht unseres Expeditionsarztes, und gleich war ich wieder weg. Bei der nächsten Bewußtseinsdämmerung hatte ich wieder Schüttelfrost, daß das ganze Zelt wackelte. Zwei Mann knieten auf mir, um mich zu halten. Ich hatte ein ganz wohliges Gefühl dabei und fand das ausgesprochen lustig.

Und ich hatte Fieber höchsten Grades, der Arzt stellte akute Lungenentzündung fest, wie er mir hernach sagte. Spritzen und Tabletten sorgten für Besserung, dafür aber bekam ich Kopfweh, ich wußte gar nicht, daß der Kopf so weh tun kann. Auch mit den Augen war etwas los, auf dem rechten konnte ich überhaupt nichts mehr sehen. Soviel sah ich aber doch, daß es draußen regnete und alle Expeditionsteilnehmer im Lager versammelt waren. Die werden halt zu meiner Beerdigung gekommen sein, aber soweit ist es noch nicht, da müßt ihr noch ein paar Tage warten! Es kam überhaupt nicht soweit, denn ich erholte mich überraschend schnell, bald konnte ich aufstehen und gehen.

Jetzt hatte ich Narrenfreiheit und konnte tun und lassen, was ich wollte, aber immer unter Aufsicht des Arztes, der mir nicht über den Weg traute.

Herrliche Tage vergingen, ich konnte faulenzen, fotografieren, gut essen, alles, was ich wollte. Jeder war nett zu mir. Ich wurde behandelt wie ein rohes Ei, bis es mir selbst zu dumm wurde und ich darauf drängte, den begonnenen Vorstoß zum Gipfel, der durch meine Krankheit und den Monsuneinbruch unterbrochen war, wieder aufzunehmen.

Am Abend vorher war schon alles vorbereitet, die Lasten verpackt und verteilt, es fing an zu dunkeln, während die Gipfel 4000 Meter über uns noch von der Sonne bestrahlt wurden. Ergriffen und andächtig schauten wir hin-

auf. Da brach seitlich unseres Gipfels ein Hängegletscher ab, die Eislawine sauste über den ganzen Gletscher herab, über den wir morgen hinauf wollten. Hias und ich, wir blickten uns nur an.

«Geh'n wir?»

«Naa!»

Die Lust zum Aufstieg über diesen Gletscher war gebrochen. Wieder waren es die Wissenschaftler, die uns aus der Patsche halfen, denn am nächsten Tag, an dem wir uns nur so herumdrückten und keiner das erlösende Wort fand, kam ein Bote mit einem Zettel: «Der Kulminationspunkt der ganzen Kette vom Baturagletscher aus mit Sicherheit erreichbar.» Und wir raufen uns mit diesem Nebengipfel herum!

Jetzt hatten wir guten Grund, unsere Bemühungen hier abzubrechen, den Baltargletscher zu verlassen und zum Baturagletscher, der auf der anderen Seite des Hauptkamms liegt, hinüberzuwechseln. Das allerdings bedeutete acht bis zehn Tagemärsche, dabei wieder ein Aufgebot von über 100 Trägern und die übliche Arbeit der Organisation. Darum sind solche Entschlüsse nicht leicht.

Wie eine Erlösung war es, als alles in Bewegung war. Ich marschierte mit einem Extratrupp, bei dem meine engeren Freunde, der Hias, der Martl und auch der Arzt, waren. Unser Doktor traute meiner schnellen Erholung nicht so recht. Ein zehnstündiger Marsch ist im Himalaja eine Selbstverständlichkeit. Ich habe es auch durchgehalten, aber abends am Lagerfeuer merkte ich doch, daß bei mir noch lange nicht alles stimmte. Zum Glück waren wir schon in einer bewohnten Gegend, und man besorgte mir für den nächsten Tag ein Reitpferd.

Reiter bin ich keiner, ich setzte mich nur ungern auf den Gaul. Es blieb mir aber nichts anderes übrig, da mir das Laufen immer schwerer fiel. Im Hunzatal auf der Raffig (das ist ein künstlich errichteter Pfad in einer Felswand, nur mit losen Steinen ohne Bindemittel hingebaut), hoch über dem schäumenden Fluß, war ich mit meinem Pferd ganz allein unterwegs.

Der Expeditionstrupp war voraus, die Filmmannschaft eine Tagesreise hinter mir, und der Träger, der mich hätte begleiten sollen, blieb in seinem Heimatdorf, durch das wir gekommen waren, hängen. Ich hielt mich am Hals des Gauls ein und dachte: Der wird schon nicht so blöd sein und in den Abgrund stolpern.

In einem Dorf, das Aliabad hieß – mit einem Bad hat das aber nichts zu tun –, gewahrte ich ein barackenähnliches Gebäude. Die Engländer hatten

Lager im Dianortal

schon in den zwanziger Jahren ein Lazarett im Hunzatal errichtet. «Vielleicht ist es das?», und ich drückte den Kopf meines Gauls in diese Richtung. Das kluge Tier verstand und zottelte dorthin. Aus der Tür trat ein intelligent und gut aussehender Pakistaner. Ich fragte: «Doc?» Er nickte, ich rutschte vom Pferd und wußte auf ein paar Tage nichts mehr.

Als ich wieder zu mir kam, lag ich in einem sauberen Bett, es dämmerte, ich wußte aber nicht, ob es morgens oder abends war. Neben dem Bett saßen der pakistanische und unser Expeditionsarzt. Wenn man aus einer tiefen Bewußtlosigkeit erwacht – sie hat immerhin zwei Tage gedauert –, ist es komisch, wie langsam sich die Gedanken einstellen. Erst wußte ich gar nichts, dann erkannte ich unseren Arzt; langsam erst dämmerte es mir, daß ich mich auf einer Expedition befand und was mit mir los war. Die Anwesenheit der Ärzte beruhigte mich so ungemein, daß ich mit einem tiefen Seufzer in einen gesunden Schlaf verfiel. Nach 14 Tagen konnte ich wieder aufstehen, nur das Auge tränte und schmerzte. Ich hatte einen Riß in der Re-

Eisbruch am Baltargletscher

genbogenhaut. Die Ärzte meinten, das würde mit der Lungenentzündung nicht in Zusammenhang stehen. Ich glaubte es ihnen nicht.

Von Hias bekam ich folgenden Brief, der mich erheiterte, aber auch traurig stimmte:

«28. Juli. Batura, Lager 2, 4800 Meter.

Andreas,

wir stecken jetzt am Baturagletscher und haben uns schon eine Eishöhle gegraben, bald wird's damit aus sein, denn eine anfänglich bescheidene Spalte wird jeden Tag dezent größer und breiter und wird demnächst Martls Kunstbau halbieren.

Der Reihe nach: Nach drei Erkundungsvorstößen sind wir vom Hauptlager aus (3350 Meter) einen Eisweg hinauf, der es in sich hatte. Der Käptn hat dann einen besseren Weg durch Blumenwiesen gefunden. Aber ich Hirsch muß Dir doch zuerst schildern, welchen Zapfa wir gerade angreifen: Es ist der fast 7800 Meter hohe, unbenannte, höchste Berg des Hunzalandes im Batura, den wir vom Baltar aus von der anderen Seite sahen. Von hier aus sieht er leicht aus – Schneider Jochen meinte, es wäre Skigelände. Das Skigelände sieht im unteren Teil so aus, daß ein wilder, 2000 Meter hoher Eisbruch den Zugang zu Firnmulden sperrt. Unter bedeutenden Schwierigkeiten konnten wir mit drei Lagern den nicht ungefährlichen Bruch überwinden und gestern erreichten Dolf und ich das Plateau, von wo aus scheinbar der Weg zum Gipfel offensteht. Wir versorgen morgen das Lager 3 in 5400 und stoßen dann weiter vor. Wenn nichts dazwischenkommt, ist in ungefähr 14 Tagen mit dem Gipfel zu rechnen. Von einem Sattel aus könnte man drei leichte Siebentausender ersteigen.

Einesteils fürchte ich, Dir mit dem Bericht das Herz schwer zu machen, andererseits möcht ich Dich doch laufend unterrichten. Die Ersteigung dieses Gipfels im Batura, als dem Arbeitsgebiet der Wissenschaftler, wäre ein ganz großer Erfolg und wir würden einen Triumphzug durch Pakistan feiern. Der Käptn ist schon ein großer Bergsteiger geworden und hilft uns sehr viel, auch Wixling führt selbständig die Trägerkolonnen. Du gehst mir sehr ab und ich muß mit allen Mitteln trachten, Dich einigermaßen zu ersetzen.

Wie steht's denn jetzt mit Dir? Wenn es nicht besser oder schlechter geworden ist, ist es wohl am besten, Du fliegst mit Eugen nach Minka. Andernfalls bleib besser in Aliabad und erwarte uns dann in Baltit, wenn wir zurückkommen. Es dauert eh nicht mehr lang, und dann fahren wir gemein-

Fähre am Hunzafluß

sam nach Haus und wir werden schon noch einiges Schöne an der Reise finden.

Meine Leica tät ich notwendig brauchen, da Du jetzt ja auch als Fotograf ausfällst. Schick sie mir bitte umgehend mit den Objektiven (ich weiß nicht mehr, was ich Dir alles geliehen habe).

In drei bis vier Wochen kommen wir nach Baltit zurück. Halt uns den Daumen inzwischen und bleib gesund.

Von allen soll ich Dich herzlich grüßen und auf Wiedersehen Dein Hias.»

Ein Leben lang hatte ich mich so auf diese Weltberge gefreut, jetzt hatte es mich, durch eigenes Verschulden, so erwischt.

Die Kameraden haben zwar nicht den Hauptgipfel, aber wenigstens den Vorgipfel erreicht und damit einen bescheidenen bergsteigerischen Erfolg erzielt. Welches Glück sie dabei hatten, erwies sich einige Jahre später, 1959, als eine englische Expedition mit einem deutschen Teilnehmer, dem Rei-

chenhaller Hirschbichler, in diesem Eisbruch durch eine Eislawine umkam.

Die Wissenschaftler waren bereits auf dem Rückweg. Ich erwartete sehnlichst ihren Besuch. Statt dessen kam die Nachricht vom Unglück Karl Hecklers.

In meinem Tagebuch steht folgende Notiz:

Aliabad, 26. Juli

«Heute ist wieder so ein Tiefstand in meiner Stimmung. Pillewitzer und Heckler waren zum Besuch angesagt. Ich wartete den ganzen Tag vergebens. Nicht, daß das viel zu bedeuten hätte, aber ich fühle mich so abseits des ganzen Geschehens, daß mich ein Besuch von Kameraden schon aufgemuntert hätte.

27. Juli mittags.

Soeben hat mir der Arzt so schonend wie möglich die Nachricht gegeben, daß Karl Heckler gestern auf dem Weg Gulmit–Baltit in den Hunzafluß gestürzt und sein Körper verschwunden ist. Ich kann diese Nachricht nicht fassen, verstehe aber, daß sich niemand um mich kümmern konnte...»

Karl Heckler

Nun drängte ich, daß ich aus dem Lazarett herauskam, und folgte einer Einladung des Mir von Hunza, mich auf seinem Schloß in Baltit zu erholen. Dort traf ich auch die anderen Wissenschaftler. Bald war ich wieder so gesund, daß ich am liebsten dem Bergsteigertrupp nachgeeilt wäre. «Das brauchst du nicht mehr, die sind auch schon im Rückmarsch!»

Das war wieder eine Enttäuschung. So ist das auf einer Expedition. Man hat viel zu viele Illusionen. Eine Expedition ist keine Vergnügungsreise. Sie bringt Arbeit, Entbehrungen, Widerwärtigkeiten und Enttäuschungen am laufenden Band. Dafür hat man das große Erlebnis, bei Glück auch Erfolg, bei Unglück kann es das Leben kosten. Mit all dem muß man rechnen, tut es aber meist nicht, denn das Abenteuer lockt. Ansehen und Ruhm stellen sich oft gar nicht ein oder vergehen sehr schnell. Die Erinnerung aber bleibt. Mit dieser Erkenntnis bin ich nach Hause gereist.

Nach der Rückkehr von
der Karakorum-Expedition
von 1954

NEUE HERAUSFORDERUNGEN

In Oberstdorf, zu Hause, erwartete mich ein sehr netter, liebenswürdiger, älterer Herr. Es war der berühmte Professor Ernst Enzensperger, der mit seinem Bruder Josef einer der bedeutendsten alpinen Pioniere der Jahrhundertwende war. Ein Idealist reinsten Wassers, der zusammen mit Richard Schirrmann zur Gründungsgeneration des Deutschen Jugendherbergswerks gehört.

Es war mir eine große Freude, einen so verdienten Mann, der mir zeitlebens ein Begriff war, persönlich kennenzulernen. Sein Besuch war kein Höflichkeitsbesuch, sondern eine wohlerwogene Absicht, die meinem Leben eine neue inhaltsreiche Richtung gab.

Ernst Enzensperger meinte, das Jugendherbergswerk bestückt das ganze Land mit Jugendherbergen, darunter auch das Alpenland, und hier in Oberstdorf sind gleich zwei. Außer in den Schulen ist die Jugend nirgends so konzentriert wie in den Jugendherbergen, da könnte man doch auch etwas in erzieherischer Hinsicht erreichen. Er fragte mich, ob ich bereit sei, die alpine Betreuung der Gäste der Jugendherbergen zu übernehmen. Ich konnte mir zwar nichts darunter vorstellen, aber einem so guten Mann kann man doch nichts abschlagen, ich sagte zu. Wenn ich es mir so recht überlegte, glaubte ich schon, einen Beitrag leisten zu können, insbesondere, da es auch um die Ausbildung in alpiner Hinsicht der Lehrer, Erzieher und Jugendleiter

Als Berg- und Skiführer für das Jugendherbergswerk in den Allgäuer Alpen, sechziger Jahre

ging; hatte ich doch schon seit Jahren die Bergführerkurse des Deutschen Alpenvereins geleitet.

Der Umgang mit der Jugend über all die Jahrzehnte war für mich sehr wesentlich. Es machte mir nichts aus, kleine Spaziergänge und Wanderungen zu machen. Auch schon Sechs- und Siebenjährige, im allgemeinen jedoch 14- bis 16jährige hatte ich in den Gruppen, aber auch 18- bis 21jährige, die noch nie das Gebirge gesehen hatten, gelegentlich sogar Schwererziehbare und Taubstumme.

Mit Otto-Ernst Flick am Matterhorn, 1956

Einen besonderen Fall hatte ich einmal im Winter, wo ich hauptsächlich auf den Tourenlauf Wert lege und den Ski als Mittel zum Zweck verwende: Es erschien eine Gruppe langhaariger Hamburger, die kaum den Schnee, geschweige denn Ski und Gebirge kannten. Der Führer der Gruppe bat, daß ich mich dieser Gruppe annehme. Ich war sehr skeptisch, wagte aber den Versuch doch, indem ich, gleich nachdem die Leihski angepaßt waren, eine Skiwanderung über mehrere Stunden in ebenem Gelände ansetzte. Ich war auf eine Meuterei gefaßt und war sprachlos, als mir einer auf die Schulter klopfte und sagte, er habe überhaupt nicht geahnt, daß es so was Schönes gibt. Darauf war alles weitere eine Kleinigkeit. Mit einem wahren Feuereifer machten sie alle Übungen mit, vom seitlichen Abrutschen bis zum Bogenfahren, und nach acht Tagen konnte ich mit ihnen schon Skitouren unternehmen. Solche Erfolge befriedigten zutiefst, und ich bin dem alten Enzensperger und dem Jugendherbergswerk dankbar, die mir die Möglichkeit gaben, mich für die Jugend einzusetzen und sie an die Natur heranzuführen. Dabei kam mir zugute, daß sie mir, nachdem ich auch manchmal mit meinen Erlebnissen herausrückte, auch glaubten und bedingungslos folgten.

Über der neuen Aufgabe vergaß ich meine alpinen Träume jedoch nicht, denn mein Fernweh war noch lange nicht gestillt. Zu meinen «Klienten», die ich privat führte, zählte Otto-Ernst Flick. Bei einer Bergwanderung über den Heilbronner Weg im hohen Allgäu lernte ich ihn kennen. Er fragte mich, ob ich auch ihn in die Berge führen möchte. Erst fragte ich, was er denn im Sinn habe. Sofort kam die Antwort: «Das Matterhorn». Außer beim ersten Mal, als ich auf dem Matterhorn stand, hatte ich jedesmal Sturm und Kältein-

In den Allgäuer Alpen, um 1948

bruch erlebt und meine liebe Not gehabt, meine Touristen heil herabzubringen. Flick schlug vor, einen zweiten Führer zu nehmen. Damit war ich gerne einverstanden, denn nichts geht über die Kenntnisse eines Lokalführers. Doch mir genügte selbst das noch nicht.

«Ich bringe Sie hinauf und wieder herunter, wenn es sein muß, mit verbundenen Augen. Sie werden mir danken, vielleicht die doppelte Taxe bezahlen, und dann sehe ich Sie nicht wieder. Ich möchte aber, daß Sie den Berg, auch unter Komplikationen, mit Leichtigkeit machen und Appetit auf mehr bekommen.»

Auf meine freie Rede schaute er mich verdutzt an.

«Was schlagen Sie vor?»

Die Vorschläge, die ich machte, notierte er fein säuberlich in sein Notizbuch. Im Verlauf von zwei Jahren absolvierten wir diese Touren. Dabei ergab sich, daß der Mann sehr stark und ausdauernd war: Märsche von zehn Stunden, auch bei strömendem Regen, machten ihm gar nichts aus. Alpin schwierig durfte es aber nicht werden, denn er war kein «Kletterer», sondern ein ausgesprochen starker Wanderer.

Ehe der Matterhorn-Plan verwirklicht wurde, ging ich also einige Touren mit dem Industriellen, wobei ich ganz bewußt, zum Beispiel am Kopftörlgrat im Wilden Kaiser, der einem Nichtkletterer schon Schwierigkeiten macht, sein Können im Fels überzog, um ihn für die auftretenden Schwierigkeiten am Matterhorn vorzubereiten. Es sollte ihm leichtfallen. Es hat sich gelohnt. Außerdem sind wir uns bei diesen Trainingstouren auch menschlich nähergekommen.

Als Bergführer kommt man mit seinem Touristen in engeren persönlichen, ja freundschaftlich-kameradschaftlichen Kontakt, sofern man nicht nur auf die Taxe schaut, sondern bemüht ist, dem Touristen mehr zu bieten als nur das sichere Rauf und Runter. Ich dachte mir gleich, bei Menschen aus den Kreisen, aus denen der Industrielle stammt, ist es recht selten, daß sie sich den Strapazen einer Bergsteigerei unterziehen und auch Freude an der Natur haben. Aber gerade das traf auf diesen Mann zu, und irgendwie entwickelte man dann selbst eine besondere Geduld.

Wir einigten uns bald darauf, daß er mich beim Vornamen nannte und ich ihn mit den Anfangsbuchstaben seiner beiden Vornamen Otto-Ernst mit O-E ansprach, was sich in der Folge der vielen gemeinsamen Erlebnisse auch bewährte. Dabei habe ich von Anfang an klargestellt, daß wir Bergsteiger keine Lakaien sind und um die Sicherheit am Berg zu gewährleisten auch einmal hart sein müssen. Es kam nie zu einer Verstimmung, denn ich war immer darauf bedacht, mit O-E unter der Grenze seiner – übrigens beachtlichen – Leistungsfähigkeit zu bleiben, um ihm die Freude an den Bergen und die Lust an den Strapazen zu erhalten und zu steigern. O-E hatte auch noch die Eigenschaft, selbst im größten Schlamassel nicht nur die Ruhe zu bewahren, was zum Teil sicher auch auf seinem Vertrauen zu mir beruhte, er verlor auch seinen ironischen Humor nicht und konnte noch Witze über sich selbst und seine Umgebung machen. Das war typisch für ihn und hatte uns auf den kommenden Touren und den späteren großen Reisen nach Lappland, Afrika, Kanada, Nord- und Südamerika sehr genützt. Wohl hatte so ein steinreicher Mann in vielen Dingen einen ganz anderen Standpunkt und sah das Leben mit ganz anderen Augen als unsereiner, doch in den Bergen, wo plötzlich das Geld und der soziale Unterschied keine Rolle mehr spielen und spielen dürfen, da zeigt sich erst der wahre Charakter. Da muß es zwischen Führer und Kunden stimmen, sonst geht es nicht. Der Geführte hat genauso unter Hunger, Durst, Kälte, Hitze und Müdigkeit zu leiden wie jeder andere, und er darf nicht murren oder verzagen (fluchen schon). Und wenn er trotzdem Lust und Laune nicht verliert, so ist das gerade bei einem Menschen aus diesen Kreisen besonders selten. O-E vereinigte diese Eigenschaften in seiner Person. Er war seit jeher ein blendender, leidenschaftlicher Reiter, aber das Bergsteigen, diese besondere Art von Freiheit, die einer über viele Strapazen gewinnt, und die Unmittelbarkeit der Natur, das bedeutete ihm noch mehr.

Aber zurück zum Matterhorn.

Nach einigen Akklimatisationstouren auf dem Jungfraujoch machten wir das Matterhorn in souveräner Manier. O-E strahlte und äußerte, daß er nun in den Himalaja möchte.

Ich war ehrlich erschrocken. In größeren Höhen fällt jede Maske ab, und formelle Höflichkeit gibt es auch nicht mehr; wer weiß, ob wir uns unter solchen Umständen auf längere Zeit überhaupt ertragen können. Ich schlug ihm vor:

«Wie wäre es, als Probe mit einer mehrwöchigen Durchquerung Lapplands?», um zu testen, wie wir uns auf längere Zeit unter primitiven Verhältnissen vertragen.

«Das läßt sich machen, bereiten Sie die Reise vor!»

1957 war es soweit.

Doch vorher wäre es mir beinahe wieder schlecht ergangen.

Im September 1956 suchte mich Wiggerl Gramminger, mein alter Freund von der Münchner Bergwacht, auf und fragte mich, ob ich mit nach Zermatt kommen möchte. Deutsche Bergsteiger seien in der Matterhorn-Westwand vermißt. Zwei Kameraden von den Vermißten kamen von einem Versuch aus der Eigernordwand und wollten ihre Freunde suchen. Die Eltern der Vermißten möchten aber haben, daß zwei erfahrene Bergsteiger dabei sind. Gerne war ich bereit, und am nächsten Tag waren wir zu viert auf der Fahrt nach Zermatt. Rettungsgerät und Ackja hatten wir dabei.

Von der Schönbühlhütte aus starteten wir zu unserer Aktion. Erst suchten wir den Lawinenkegel unter der Wand ab. Das mußten wir wegen des Steinschlags in aller Frühe machen, wo die Wand noch im Schatten lag und alles steinhart gefroren war. Wir fanden nichts. Eine Eisrinne führte hinauf auf den Zmuttgrat. Vielleicht sehen wir dort oben etwas.

Zum Überschreiten der Randkluft seilten wir uns an. Ich überließ einem Jüngeren die Führung, aber gab ihm nur zehn Meter Spielraum. Das genügte für die Randkluft, und ich band mich in diesem Abstand ans Seil. Er kam aber nicht über die Oberlippe des Spaltenrands hinauf und mußte zurück.

Inzwischen hatte sich der andere jüngere Gefährte am anderen Ende des 40-Meter-Seils angeseilt und packte die Kluft an einer besser gangbaren Stelle an, kam auch sofort darüber hinweg. Nun war die Seilschaft in Bewegung. Gramminger hängte sich noch zwischen mir und dem Versager ein. In der Eisrinne stiegen wir alle vier gleichzeitig. Das soll man zwar nicht tun,

Unglück am Matterhorn: Der schwer verletzte Anderl Heckmair wird von Wiggerl Gramminger in den Tragsitz genommen, September 1956

aber wenn man Vertrauen zueinander hat, tut man das doch. Sie kamen ja aus dem Eiger, da sollte nichts fehlen. Dem Wiggerl war das Tempo zu schnell, und da die Seiten auch abgesucht werden mußten, seilte er sich ab und scherte aus. Wir stiegen weiter, aber noch keine halbe Seillänge, und Wiggerl stieß einen Schrei aus. Ich blickte zu ihm, er deutete nach oben, ich sah einen Körper auf mich zufliegen. Der Vorausgehende war gestürzt. Ich hatte keinen Stand und keine Sicherung. Ich konnte nur noch den Pickel einschlagen und das Seil mit einem Mastwurf darüber werfen. Das hatte jedoch überhaupt keinen Zweck. Wie aus einem Katapult schleuderte es mich hinaus, den Kameraden unter mir ebenfalls, so daß er über mich wegflog. Von beiden Seiten erhielt ich einen Ruck nach dem andern. 200 Meter ging es hinunter. Zuletzt flog ich kopfüber über die Randkluft, und nach dem Aufschlag löschte sich mein Bewußtsein aus.

Ein starker Schmerz in der Schulter holte mich aus meiner Finsternis. Ich sah die Dent-d'Hérens-Nordwand, die ich sofort erkannte, aber was war mit mir los, und was tat ich hier? Langsam kommt mir die Erinnerung, daß wir auf einem Bergungsversuch sind, dann wurde es mir wieder schwarz vor den Augen. In weiter Entfernung hörte ich eine Stimme, die ich erkannte: «Das ist ja der Wiggerl, dann ist alles gut, der wird uns schon helfen.»

Wiggerl, an dem wir vorbeigeflogen sind, brauchte eine dreiviertel Stunde zu den 200 Metern, die wir so rasch hinter uns gebracht hatten. In seiner

Abtransport im Ackja dem Zmuttgletscher entlang nach Zermatt

Erfahrenheit und Ruhe musterte er erst die Lage. Der Unglücksrabe, der den Sturz verursacht hatte, hing in der Randkluft. Den holte er sofort heraus. Außer Abschürfungen war ihm nichts geschehen. Der andere war auf dem Rücken gelandet und jammerte fürchterlich, hatte aber auch nur Prellungen und Hautabschürfungen. Ich lag zusammengekrümmt, bewußtlos, mit unnatürlich abstehendem Arm.

Gleich hängte Wiggerl den Arm wieder ein. Die Handgriffe konnte er wie kein zweiter. Dabei kam ich zum Bewußtsein, der Schmerz war wie weggeblasen. Gemeinsam halfen sie mir auf die Beine. Da fehlte schon noch mehr, doch stehen konnte ich, nur den Kopf halten konnte ich nicht. Das Atmen fiel mir auch schwer, weil es in beiden Seiten so stach. Der Versuch, mich zu tragen, tat mir noch mehr weh. Dabei bin ich wirklich nicht wehleidig. Am besten ging es, wenn ich mich an Wiggerls Rucksack einhielt und den Kopf auf seine Schulter legte. Schritt für Schritt erreichten wir nach sieben Stunden die Schönbühlhütte. Am nächsten Tag wurde ich im eigenen Ackja abtransportiert, Durchleuchtung im Krankenhaus Zermatt: der siebte Halswirbel ab, Schulter-Luxation und alle Rippen an der Rückseite gebrochen!

Ringsherum mit Schutzpflaster «eingeklebt», konnte ich sogar im VW nach Hause mitgenommen werden. Nochmalige Durchleuchtung von Kopf bis Fuß, bei der sich herausstellte, daß auch ein Kreuzwirbel gebrochen war.

Da ich mich sowieso nicht im geringsten rühren konnte, blieb mir ein Gipsbett erspart. Mitte Dezember wurde ich geheilt aus dem Krankenhaus entlassen. Auf Weihnachten war ich schon wieder fähig, Skikurse zu geben.

Im Krankenhaus wurde ich nicht nur von meinen Angehörigen besucht, sondern auch von Vertretern der Regierung und von Freunden, die von weither angereist kamen. Ich war ganz gerührt. Wer mich kannte, brachte mir statt eines Blumenstraußes eine Flasche mit hochprozentiger Flüssigkeit, die «mäßig genommen...»! Diese Erkenntnis hatte ich bereits gewonnen, und sie hat sicher zu meiner schnellen Gesundung beigetragen. Ein Besuch freute mich ganz besonders; er hatte auch wieder eine weitreichende Bedeutung. Es war Helmut Münch, damals Leiter der Kurzschule Baad, der für seine dortige

Tätigkeit den Kurs und die Prüfung als Bergführer machte. Wir verstanden uns gut und kamen uns bald näher. Ich begrüßte es sehr, daß unter den Bergführern auch Vertreter der «Studierten» sind – damals noch eine Seltenheit, heute eine Selbstverständlichkeit.

Helmut Münch fragte mich, ob ich nicht Lust hätte, mit ihm eine Reise auf den Athos zu machen. Er brachte mir anstelle von Blumen oder Schnaps gleich einen ganzen Stoß Literatur über den Athos mit. Zum Studieren hatte ich Zeit. Im Mai 1957 sind wir in meinem alten VW durch Jugoslawien, wo wir zum Teil nur im ersten Gang vorwärts kamen, nach Saloniki gefahren. In der Tasche hatten wir ein persönliches Schreiben der Königin von Griechenland, das uns Tür und Tor öffnete.

Die Gemeinschaft der Mönche in den Klöstern des Berges Athos ist die älteste Republik der Welt. Seit dem Jahre Tausend wird sie nur von Mönchen bewohnt. Seit dieser Zeit ist auch das Betreten der Halbinsel für Frauen verboten. Das geht so weit, daß auch weibliche Tiere ausgeschlossen sind. Es gibt keine Kühe und auch keine Hühner. Nur Katzen jammern unverschämt ihre «Liebeslieder», denn sie werden zur Bekämpfung der Mäuse gebraucht, und diese bestehen auch nicht nur aus männlichen Exemplaren. Von Kloster zu Kloster wanderten wir, wie in einer subtropischen Parklandschaft, begleitet vom Gezwitscher der Vögel, die wir im Gestrüpp von Ginster, Lorbeersträuchern und all den ungewöhnlichen Gewächsen kaum einmal sahen. In den

Abreise von Zermatt. Trotz gebrochener Wirbel ist Anderl Heckmair (2. v. r.) transportfähig. Ganz rechts Wiggerl Gramminger

Klöstern bekamen wir immer einen freundlichen Empfang mit Ouzo – einem Anisschnaps –, türkischem Kaffee und einer Süßigkeit. Darauf wurde uns ein Zimmer bereitet, und manchmal wurden wir auch sofort wieder umquartiert, wenn unser königliches Begleitschreiben gelesen war. Dann wies man uns das «Fürstenzimmer» an. Als rekommandierte Gäste wurden uns auch die größten Kostbarkeiten der weltberühmten Bibliotheken gezeigt, unter anderem eine Bibel des fünften Jahrhunderts aus Konstantinopel, in der auf Pergament wundervolle Miniaturen gemalt waren. Ich bedauerte, nicht mehr davon zu verstehen und nur bewundernd davor stehen zu können. Helmut, der eine ganz andere Vorbildung hatte, war kaum noch aus seiner Begeisterung zu reißen.

Reifenpanne bei Saloniki

Einmal hatte unser Schreiben nicht den geringsten Erfolg. Im südöstlichsten Kloster, das wir durch eine Hintertür betraten, kam uns ein Mönch mit finsterer Miene entgegen. Wir gaben ihm unser Schreiben, das ihn gar nicht interessierte. Wahrscheinlich konnte er auch nicht lesen. In schimpfendem Ton und in einer Sprache, von der wir kein Wort verstanden, führte er uns durchs Kloster zu einer anderen Pforte, durch die wir wieder ins Freie traten. Hinter uns schlug er die Tür zu, verriegelte sie von innen, und wir standen draußen. «Macht auch nichts!»

Wir wollten sowieso den Berg Athos ersteigen und biwakierten auf einem Kammvorsprung unter einem Baum. Das war die schönste Nacht auf dem Athos. Wir waren dem unfreundlichen Mönch direkt dankbar. Die Sonne ging glutrot im Westen im Meer unter und der Vollmond, wie ein goldener Ball, im Osten auf. Völlige Stille herrschte um uns, wir wurden ganz andächtig. Am nächsten Tag erreichten wir den Athos-Gipfel bei Nebel, und da wir den für Reittiere gebauten, aber wieder verfallenen Pfad verschmähten, sind wir auf einem felsigen Grat auf der Ostseite emporgestiegen. Auf dem Gipfel steht eine kleine Kapelle, die noch halb mit Schnee gefüllt war, in der aber wertvolle Ikonen hingen. Der Athos erhebt sich vom Meer aus bis auf 2100 Meter. Wir wurden für die «Leistung» entsprechend bewundert. Doch bergsteigerisch ist es überhaupt keine Leistung; das Schönste war die Nacht, zu der uns der Mönch verholfen hatte.

Im nächsten Kloster auf der Westseite des Berges waren die Mönche wieder von äußerster Freundlichkeit. Es war eine Malschule, und stolz zeigten sie uns ihre Meisterwerke, die sie in alter Manier so wie die alten Ikonen malten und auch verkauften. Wir machten noch einen Abstecher zu den Eremiten, die in den Felsabbrüchen knapp über dem Meer hausen. Da kam uns unsere bergsteigerische Befähigung wieder sehr zugute, denn wir konnten über Risse und Rinnen abklettern und standen plötzlich vor einem meditierenden Einsiedler. Er sprach kein Wort, machte aber freundliche Gesten und bereitete uns den üblichen Kaffee. Versorgt werden die Einsiedler zum Teil vom Meer aus. Sie ziehen ihre Lebensmittel mit einem Netz herauf, wie vor tausend Jahren.

Der Aufzug an einem der Klöster der Meteoras – die einzige Verbindung zur Außenwelt

Einsiedler waren es, die als erste den Athos besiedelten. Dann erst kam es zur Gründung von Klöstern, von denen das Kloster Lavra das erste war und immer das bedeutendste geblieben ist. Heute noch stehen im Klostergarten aus der Gründungszeit zwei tausendjährige Zypressen. Die meisten Klöster sind nur noch von wenigen Mönchen bewohnt, so daß im russischen Kloster Panteleimon, das für 3500 Mönche erbaut wurde, 1957 nur noch 60 Mönche hausten. Man erzählte uns, daß die Mönchsrepublik während ihrer tausendjährigen Geschichte schon öfter solche Krisen überstanden hat, und die Mönche blicken auch weiterhin voll Gottvertrauen in ihre Zukunft.

Einen Abstecher machten wir dann zu den Klöstern der Meteoras, die im Gegensatz zum Athos aber nur noch musealen Wert besitzen. Hoch oben auf mächtigen Konglomeratfelsen wurden diese Klöster im Mittelalter erbaut, auf die sich die Mönche bei Gefahren zurückzogen. 23 Klöster waren es – heute gibt es nur noch fünf. Wir wollten unbedingt auch so ein verlassenes Kloster sehen und umkreisten einen Konglomeratklotz, auf dem wir eine Ruine vermuteten, fanden aber nirgends eine Aufstiegsmöglichkeit. Wie mit der modernsten Felstechnik haben sich die Mönche hinaufgeschlossert, dann dieses Rüstzeug wieder entfernt und mit dem Aufzug ihre Versorgung nachgeholt. So «modern» ist also unsere neueste Klettertechnik gar nicht! Wir hatten keine «Schlosserei» dabei und mußten aufgeben.

Zum Abschluß wollten wir auf den Olymp. Doch die Götter waren uns nicht gewogen und öffneten ihre Himmelsschleusen, so daß es uns buchstäblich nach Hause schwemmte.

Im Herbst des gleichen Jahres konnte ich die geplante Reise nach Lappland mit O-E verwirklichen.

Wir flogen nach Stockholm, mit der Bahn ging's weiter nach Kiruna. Wir machten den Kebnekaise, den höchsten Berg Schwedens, und von Abisko aus noch einige nette Touren. Dann kam auch das, was kommen mußte, wenn man länger zusammen ist.

Ein Marsch war geplant nach Unallakaz und zurück über Riksgränsen.

Bei der Dürftigkeit der Karten im Maßstab 1:200 000 habe ich mich um zehn Kilometer verrechnet. Dabei geht man im weglosen Gelände in Lappland höchstens anderthalb bis zwei Kilometer in der Stunde. Um drei Uhr morgens brachen wir auf, Abisko liegt 300 Kilometer nördlich des Polarkreises, und Dunkelheit gibt es im Sommer nicht. Erst wanderten wir 15 Kilometer auf dem mir schon bekannten und gebahnten «Königsweg». In drei Stunden hatten wir die erste Etappe geschafft. Zu den weiteren 15 Kilometern konnten wir ruhig, einschließlich der Rasten, zehn Stunden brauchen. Nun ging es westwärts immer noch auf einem Pfad, wenn auch auf keinem so guten mehr. Nach einer Brücke verlor sich dieser Pfad, wie erwartet stapften wir durch Krüppelbirken, Weidensträucher und Sumpf vorwärts, bis die kalkulierten zehn Stunden um waren. Von einer Unterkunft noch keine Spur. Ich holte die Karte heraus, nachdem ich vorher mit dem Kompaß eine Standortbestimmung gemacht hatte. Da fiel es mir wie Schuppen von den Augen, was für einen Fehler ich gemacht hatte. Noch fünf Stunden! Zum Glück gab es kein Dunkeln, aber das Wetter wurde schlecht, ein mit Schnee gemischter Regen peitschte gegen uns. In einem Sumpftal, wo wegen des Nebels von den Höhen nichts mehr zu sehen war, mußte ich die Richtung mit dem Kompaß weisen. Zum Glück ragte O-E wie ein Leuchtturm aus dem Gesträuch, denn er ist 1,93 Meter groß.

Als wir uns zu einer Rast auf einer Lichtung niedersetzten, meinte er endlich: «Wir müssen doch bald am Ziel sein?» Darauf hatte ich schon lange gewartet. Ich gestand ihm meinen Fehler und war gespannt auf seine Reaktion. Erfreulich war mein Geständnis nicht. Nun – es kam kein Wort des Vorwurfs, das hätte die Lage auch nicht geändert. Weiter!

Gegen Mitternacht erreichten wir die Unterkunft, die nur ein kleines Hüttchen war. Zwei Norweger waren da und schnarchten. Nachdem wir Feuer gemacht und trockene Wäsche angezogen hatten, holte ich unseren reichlichen Proviant aus dem Rucksack. O-E fiel wie ein Wilder darüber her. Das

Auf dem Kebnekaise-Südgipfel in Lappland

ist der sogenannte Heißhunger. Den hatte ich auch schon gehabt, damals nach der ersten Dolomiten-Fahrt. Man kann sich beim besten Willen nicht beherrschen und schlingt alles hinunter, was man zwischen die Zähne bekommt. So wie ich die Sachen aus dem Rucksack holte, so aß er sie auf; ich mußte nur aufpassen, daß er die Verpackung nicht mit verschlang.

Über die Berge nach Riksgränsen wollte O-E am anderen Tag auf keinen Fall, deshalb zurück auf dem gleichen «Weg». Das Wetter war wieder schön geworden, wir sahen etwas von der herrlich eigenartigen Landschaft. Wir ließen uns Zeit, übernachteten in einer Kota (Lappenbehausung) und führten die Tour in bestem Einvernehmen zu Ende.

Ohne Zweifel hatte O-E Expeditionseigenschaften in bezug auf Ausdauer und vor allem Beherrschung der eigenen Laune.

Da läßt sich etwas machen!

Die anschließende Schiffsreise erster Klasse von Narvik nach Rotterdam bot uns Erholung und alle Annehmlichkeiten. Schon auf der Rückfahrt überlegte ich das nächste Ziel. Der Himalaja schien mir einfach verfrüht. Das konnte nicht gut hinausgehen. Ich blieb meinem Grundsatz treu, die Leistungsgrenze meines Touristen nicht zu überziehen, und schlug als nächstes Ziele in Afrika vor.

Anderl Heckmair in
der afrikanischen Steppe

UNTERWEGS IN AFRIKA

Ich erinnerte mich an einen Tip, den mir Heini Harrer, der zum Weltreisenden geworden war, gegeben hatte. Seine interessanteste Ersteigung in Afrika war der Ruwenzori, mit Flugzeug und allem Drum und Dran leicht zu erreichen. Auch bergsteigerisch nicht zu schwierig. Was man braucht, ist Ausdauer und die Bereitschaft, Strapazen zu ertragen, weil es dort das ganze Jahr regnet. Das wäre etwas für O-E! Ich unterbreitete ihm vorsichtig diesen Gedanken.

Er schien nicht abgeneigt, aber, wenn er schon nach Afrika reisen sollte, dann wollte er auch den Tschadsee sehen, von dem er viel gehört hatte. Ich allerdings hatte noch nichts davon gehört, oder zumindest nur sehr vage. Schnell suchte ich den Tschadsee auf der Karte und entdeckte ihn am südlichen Rand der Sahara. Der Ruwenzori liegt am Äquator. Wenn wir so weit bis zur Sahara nach Norden fahren, dann möchte ich das Hoggargebirge sehen. Davon hatte wiederum O-E noch nichts gehört.

Ich schilderte ihm, wie ich 1932 vom Tubkal aus fasziniert in die grenzenlose Wüste geblickt hatte und wie ungeheuer es sein müßte, diese zu durchqueren. Mitten in der Wüste erheben sich zwei Gebirgsstöcke, das Tibesti- und das Hoggar- oder Ahaggargebirge, beide über 3000 Meter.

O-E gab mir kurz und bündig den Auftrag, einen Zeit- und Kostenplan auszuarbeiten. Das war leicht gesagt. Es stellte sich heraus, daß die Durchführung unserer Pläne nur mit geländegängigen Wagen zu verwirklichen ist. Ein großes Problem ist es immer, die richtigen Begleiter zu finden. Aber davon hatte ich in meiner «Sammlung» genügend Auswahl. Während des Krieges lernte ich in Fulpmes einen Arzt kennen, der sowohl als Bergsteiger als auch als Mensch und Arzt mir am geeignetsten erschien. Es war Dr. Jochen Singer, mit dem ich noch in loser Verbindung stand. Ein Anruf genügte, ich sagte ihm, was für ein Glück ich für ihn bereit hätte, er sollte sich besinnen und dann zurückrufen.

Auch einen Wissenschaftler kannte ich, der alle Voraussetzungen für ein solches Unternehmen in sich vereinigte. Der Geologe Dr. Achim Schneider, damals Dozent an der Universität Berlin, bereicherte mit seinem Wissen unsere Fahrt. Beide sagten zu, obwohl ich über die zu erwartenden Schwierigkeiten keinen Zweifel aufkommen ließ. Die Vorbereitung dauerte zwei Jahre, dann war es endlich soweit, daß wir die Geländewagen mitsamt einer Tonne Gepäck nach Nairobi vorausschicken konnten.

Wegen der Regenzeit, die wir für eine Ruwenzori-Besteigung berücksichtigen mußten, legten wir die Abfahrt auf Mitte September 1960 fest. Dem

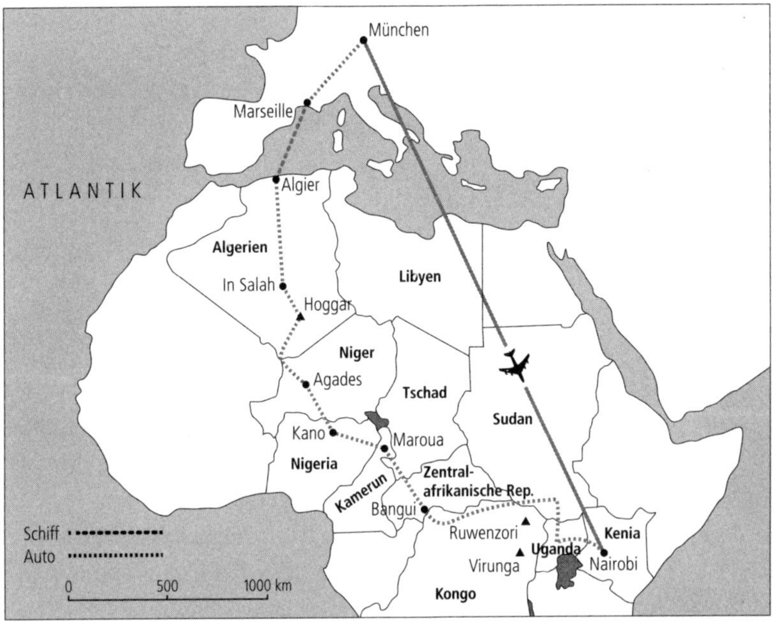

Nil entlang, der vom Flugzeug aus wie ein Rinnsal aussah, flogen wir nach Nairobi, nahmen unsere Wagen und das Gepäck in Empfang, und auf ging's zur großen Fahrt!

Zur Akklimatisation und zum speziellen Training fuhren wir erst nach Uganda, um die Virunga-Vulkane zu ersteigen. Davon hätte uns der Nirogongo, der den größten Lavasee der Welt haben soll, am meisten gereizt. Leider steht dieser im Kongo, und wegen der dortigen ständigen Unruhen, Wirren und Kämpfe konnten wir nicht über die Grenze und mußten uns mit dem über 4000 Meter hohen Muhawura, dem «Vater der Verirrten», begnügen.

Ein ganzer Bambuswald umspannt den Fuß des Berges, in dem Gorillas hausen sollen. Außer einigen einheimischen Führern bekamen wir viele Ermahnungen mit, wie wir uns bei der Begegnung mit den Gorillas zu verhalten hätten. Gesehen haben wir keinen Schwanz, nur Rascheln haben wir gehört. Kein Wunder, die Bambusstangen sind so dicht, daß wir Tuchfühlung halten mußten, um uns nicht gegenseitig zu verlieren. Ohne die einheimischen Führer wären wir nie durchgekommen. Aufgeregt zeigte uns einer eine Gorillalosung. Das war ein noch rauchender, furchtbar stinkender Haufen. Ich glaubte es nicht recht, sondern nahm an, daß den der Kerl zur Förderung des Fremdenverkehrs selbst hingesetzt hatte.

Schlangen sollte es auch geben, wie überall in Afrika. Unser Doktor hatte ein ganzes Sortiment von Seren dabei, denn es gibt die verschiedensten Schlangen, die alle verschiedene Gifte haben. Leider weiß man nicht im voraus, von welcher man gebissen wird. Doch durch ganz Afrika habe ich nur drei Schlangen gesehen: zwei tote und eine lebendige, die faul in der Sonne lag und froh war, daß ich ihr nichts tat.

Die Besteigung des Muhawura und des danebenliegenden, fast ebenso hohen Mgahinga brachte uns den richtigen Vorgeschmack für das, was uns am Ruwenzori erwartete. Es gingen wolkenbruchartig Regengüsse herab, gegen die auch der alpine Regenschirm nichts mehr nützte. Im Plastikumhang schmorte man bei der sowieso feuchtwarmen Luft im eigenen Saft. Das ist halt das Bergsteigen in Afrika! Keiner klagte, alle waren entzückt von der Abwechslung, die uns geboten wurde.

«Nun ging es ständig nach Norden auf relativ guten Straßen, dabei quer durch den Elizabeth-Nationalpark, wo wir einen riesigen Elefanten aus nächster (beunruhigender) Nähe [...] fotografiert haben.»

Nach der Durchquerung des Bambusgürtels, in dem wir vergeblich Ausschau nach den Gorillas hielten, wollten wir wenigstens auf den Gipfel des Berges. Dafür hatten unsere Afrikaner kein Verständnis, was ich verstehen konnte, denn wir kamen durch einen Wald von reinsten Brennesseln. Diese brannten noch viel ärger als die unseren. Endlich stießen wir auf den Hochwald mit Senecien, Lobelien und Erikabäumen, die bis zum Gipfel reichten. Das Charakteristischste war das knietiefe Moos, in dem man keinen festen Schritt tun konnte. Gipfelaussicht hatten wir nicht, denn in Höhen ist der Regen mit dichtem Nebel verbunden. Trotzdem, wir hatten unser erstes Ziel, den Mgahinga, erreicht. Nun wollten wir gleich auch noch auf den benachbarten Muhawura hinauf.

Dazu mußten wir einen hohen Sattel überqueren, vor dem sich die einheimischen Führer fürchteten. Sie behaupteten, in diesem etwa einen Kilometer breiten Sattel gebe es massenhaft wilde Tiere, die uns gefährlich werden könnten. Wir glaubten nicht an diese Furcht und dachten, sie wollten nur zu ihren Frauen ins Dorf absteigen und erst am nächsten Tag dann den nächsten Berg angehen, und beharrten auf unserem Entschluß. Daß die Furcht nicht gespielt war, erkannten wir aus ihren Gesichtszügen und ihrer nervösen Unruhe bei diesem Marsch durch den sumpfigen Urwald. Wir aber in unserer Naivität merkten nichts von der Gefahr. Uns ging es, wie es auch Anfängern im Gebirge ergeht, die in einem Lawinenhang stehen und keinen Hauch von der tödlichen Gefahr spüren. Sichtlich befreit von Angst waren unsere Afrikaner erst, als wir nach dem Sattel relativ freies Gelände und die Steilflanke des Muhawura erreichten. Der Wirt in der nächsten Unterkunft hat uns bestätigt, daß die Warnungen berechtigt waren, daß immer wieder etwas durch Tiere passiert, die gestört oder aufgeschreckt angreifen: Raubkatzen, Büffel und andere.

Der Abstieg vom 4600 Meter hohen Gipfel über 3000 Höhenmeter zum Ausgangspunkt wurde uns noch sehr sauer, und wir merkten die ungewohnte Anstrengung, waren aber doch in bester Stimmung, weil wir das erste Ziel erfolgreich erreicht hatten.

Stolz und erschöpft nach der Ruwenzori-Besteigung: Achim Schneider, Anderl Heckmair, Otto-Ernst Flick, Jochen Singer

Nun ging es ständig nach Norden auf relativ guten Straßen, dabei quer durch den Elizabeth-Nationalpark, wo wir einen riesigen Elefanten aus nächster (beunruhigender) Nähe, Nilpferde, ein mächtiges Krokodil, das wie tausend Jahre alt aussah, trabende Giraffen und Marabus fotografiert haben.

Als «Park» wird eine Landschaft bezeichnet, in der weder gejagt noch geschossen werden darf. Die Tiere nehmen im allgemeinen vom Auto überhaupt keine Notiz. Man darf aber auch nicht aussteigen und hat sich an die Verhaltensregeln zu halten. Nur dann bleibt es ungefährlich.

Endlich waren wir am Ruwenzori angelangt, der nach der Erklärung unseres Geologen im Gegensatz zu fast allen anderen afrikanischen Bergen kein Vulkan, sondern eine aus dem afrikanischen Graben aufgestellte Riesenplatte ist. Immerhin 5120 Meter hoch und durch die Erosion in fünf Gruppen geteilt. Im Fort Portal, einem größeren Ort am Fuß des Ruwenzori, ist alles schon eingespielt. Man geht in einen bestimmten Laden, der Mann, ein Inder, fragt: «Wieviel seid ihr?» – «Vier Mann.» – «Dann braucht ihr 20 Träger, die brauchen das und das und das!» Wir waren baff, wir hatten gar nichts zu sagen, nur zu zahlen.

«Wo erwarten uns die 20 Träger?»

Die Bujuku-Hütte am Ruwenzori auf 3800 m Höhe

«Die warten gar nicht. Ihr braucht nur in das Tal zu fahren und euch bei dem Führer zu melden, alles andere wird er veranlassen.»

So einfach ist das, und wir hatten uns darüber so viel Gedanken gemacht. So ganz einfach ist es aber doch nicht. In Kampala hatten wir im dortigen Kenia-Bergsteiger-Klub einen Höflichkeitsbesuch gemacht, auch um nähere Erkundigungen einzuholen. Mein Name war sogar dort, mitten in Afrika, bekannt, und das ebnete uns wieder einmal alle Wege. Die Leute vom Kenia-Klub kündigten uns an, und das hat uns wahrscheinlich alles so erleichtert. Bergsteiger halten zusammen, einem Nichtbergsteiger würden nur Schwierigkeiten gemacht.

Der Aufstieg war höchst interessant. Erst ging es durch haushohes Elefantengras. Das soll der gefährlichste Teil des Anstiegs sein, weil es eine Menge wilder Tiere gibt; nur merkt man von der Gefahr nichts, bis es zu spät ist.

Elefantengras ist zwei bis drei Meter hoch, und ohne Führung durch Einheimische findet man sich nicht durch. Ich blieb einmal zurück, weil ich den Film wechseln mußte, und wußte danach nicht, wie ich die anderen einholen sollte. Sie waren in dem Graswald verschwunden. Ich hatte ein recht banges Gefühl und war froh, als ich auf einen Trampelpfad stieß. Wild schreiend und gestikulierend kamen bald die Afrikaner aus dem Gras zu mir. Sie hatten mein Zurückbleiben bemerkt und nach mir gesucht und bedeuteten mir, daß mein Trampelpfad kein Weg, sondern ein Wildwechsel war. Wäre ich weitergegangen, hätte es sein können, daß ich plötzlich vor einem Elefanten stand, und niemand weiß genau, wie so ein Koloß dann reagiert. Nun hielt ich auf Tuchfühlung und blieb keinen Meter mehr zurück.

Die zweite Etappe führt durch den Urwald, wo auf den 40 bis 50 Meter hohen Wipfeln der Bäume die Affen nur so herumturnen. Unzählige Male mußten wir einen rauschenden Bach überqueren, aber ohne Brücken, und durch sumpfige Täler stapfen. Dann kam ein Senecienwald, der derart bizarr war, daß wir uns nicht gewundert hätten, wenn ein Saurier um die Ecke geschaut hätte. Das Stapfen im knietiefen Moos hatten wir schon an den Virunga-Vulkanen geübt, und so war es uns nichts Neues.

«Dann kam ein Senecienwald, der derart bizarr war, daß wir uns nicht gewundert hätten, wenn ein Saurier um die Ecke geschaut hätte.»

Nach jedem Tagesmarsch gab es Unterkunft in Wellblechhütten. Die letzte Unterkunft war die Bujuku-Hütte in 3800 Meter Höhe, in der es sogar ein Kanonenöfchen gab. Wir heizten tüchtig ein, es rauchte nur, aber brannte nicht. Da kam unser Gelehrter auf die Idee, den Aschenschieber mit Petroleum zu füllen und anzuzünden. Es wurde nicht nur der Ofen, sondern auch uns heiß, denn wir glaubten, in die Luft zu fliegen. Es ging aber noch einmal gut, nur die Idee war nicht ganz so gut gewesen.

Unsere Träger hatten in einer Felshöhle Unterschlupf gefunden und froren jämmerlich. Trotzdem waren sie ganz fröhlich. Ich genierte mich nicht, mich mitten in ihren Kreis zu setzen und aus ihrem Topf den Hirsebrei mitzuessen. Das gab eine Verbundenheit, wie wir sie mit Einheimischen nie wieder hatten.

Überhaupt war uns die Mentalität der Afrikaner ganz anders geschildert worden. Man sagte uns, sie seien faul, verlogen und verstohlen. Genau das Gegenteil haben wir erlebt. Drei Tage bevor wir das Ruwenzori-Tal erreichten, verlor ich meine Rolex-Armbanduhr. In Stafetten wurde sie mir von Dorf zu Dorf nachgetragen. Auf der Bujuku-Hütte trommelte am Morgen der Regen aufs Blech. Da gehen unsere Träger nicht aus den Höhlen, und wir können getrost weiterschlafen – so meinten wir! Nichts war damit, unsere Träger und Führer klopften uns heraus und bestanden darauf, daß wir die Lasten verteilten. Sie hatten recht behalten, denn nach ein paar Stunden war es wieder schön.

Je höher wir hinaufkamen, um so bizarrer wurde die Vegetation. Senkrechte Felswände waren dicht mit Moos überzogen. Schon Hubert Mumelter schrieb in der «Bergsteiger-Fibel»: «Überhang mit Moos, Weiterkommen aussichtslos!» Doch über die Überhänge brauchten wir nicht hinauf, es gab immer wieder einen Durchschlupf, bis wir auf 4400 Meter, auf Point Helena, zwei Biwakschachteln vorfanden. Hier legten unsere Träger ihre Lasten ab und eilten zurück zu ihren Biwakhöhlen, denn kein Afrikaner betritt den Gletscher.

Es war erst mittags, ich ließ mich wieder zu einer Dummheit verleiten. Aus der Literatur wußte ich genau, daß es am Ruwenzori am Tag bis 15 Grad Wärme und in der Nacht bis 15 Grad Kälte hat. Doch ich glaubte nicht daran. Die 15 Grad Wärme mußte ich glauben, denn der Schnee auf dem Gletscher war eine einzige Sulz. Es könnte nicht schaden, wenn wir gleich einmal hinaufstapften, dann hätten wir in der Früh schön gefrorene Tritte. Wir kamen bis unter die Eisbrüche des Gipfels, die mit phantastischen Eiszapfen garniert waren. Den Gipfel hätten wir noch erreicht, aber dann wären wir unfehlbar in die Dunkelheit gekommen. Aber wir schwammen vor Nässe in den Schuhen und hatten kein Biwakzeug dabei. Darum wieder hinab zur Biwakschachtel, wo wir trockenes Zeug zum Umziehen hatten.

Der nächste Tag war wieder schlecht, trotzdem war der Schnee so eishart gefroren, daß wir die Steigeisen anlegen und mühelos neben den Stapfen emporgehen konnten.

Plötzlich kam ein unheimlicher Schneesturm auf, der mir wie ein Blizzard vorkam. Es ist klar, die feuchtwarmen Luftmassen aus dem Kongo kühlen sich am Bergmassiv ab, und auf 5000 Meter regnet es auch am Äquator nicht, sondern es schneit, und zwar in einer Intensität und Dichte, wie ich es noch nie erlebt hatte. Die Schneemassen müssen aber noch mit unterkühlter feuchter Luft gemischt gewesen sein, denn ein großer Eiswulst, unter dem wir eine Zuflucht fanden, hatte sich mit halbmeterlangem Anraum (Reif) behaftet. Auch wir selbst waren total vereist, und als es nach einer Stunde wieder heller wurde und der Schneesturm abflaute, verzichteten wir auf den Hauptgipfel, die Pointe Margherita, und strebten den dritthöchsten Trabanten, den Möbius, an, dessen Gipfel wir auch glücklich erreichten.

Im Nebel und Schneesturm, und das unmittelbar am Äquator, kämpften wir uns zurück über den riesigen Stanley-Gletscher zu unserer Biwakschachtel, wo uns die Träger frierend erwarteten. Im Eilschritt ging's hinunter in die wärmere Zone zu der Bujuku-Hütte. Bei Whisky und Toscanelli war alles Zuwidere vergessen und vergeben. Trotz des verfehlten Gipfels hatten wir Hochstimmung, und der Doktor machte eine bemerkenswerte Äußerung: «Wir sind auf die Expedition gegangen, nicht um bewundert zu werden, wir wollen selbst bewundern, was es zu sehen und zu erleben gibt!»

Zu erleben gab es noch allerhand: Regengüsse, als ob man unter einer voll aufgedrehten Brause marschierte, der freundliche Empfang im Tal bei der Rückkehr. Aus jedem Kral stürzten mit Freudengeheul die Frauen und Kinder unserer Träger heraus und brachten uns Ananas und Bananen zum Willkommen. Diese Freundlichkeit bei den fremdenscheuen Afrikanern war geradezu rührend. Dafür waren wir bei der Entlohnung entsprechend großzügig, was wiederum ein Fest auslöste, das in Tanz und Besäufnis endete.

Da wir erst am Anfang unserer Afrikareise waren, stellten wir uns vor, daß wir so etwas noch oft erleben würden. Das aber war ein Irrtum, denn nie wieder bekamen wir solchen Kontakt wie mit unseren Trägern am Ruwenzori.

Im «Schneesumpf» beim Aufstieg zur Alexanderspitze

Nun erst begann die große Reise durch ganz Afrika. Durch den Kongo konnten wir nicht wegen der politischen Unruhen, also mußten wir hinauf bis in den Sudan und dann nordwestlich durch die Zentralafrikanische Republik, das ehemalige Französisch-Äquatorialafrika, bis nach Kamerun, durch Kamerun nach Nigeria und von hier nach Niger und hinein in die Wüste.

Das schreibt sich so leicht. Stellenweise gab es überhaupt keine Straßen, ein Glück, daß wir mit zwei Wagen fuhren; wenn einer steckenblieb, zog ihn der andere heraus. Im Freien zu übernachten war wegen der Tiere nicht möglich, doch überall fanden wir für Europäer reservierte Rasthäuser, oder es nahmen uns europäische Farmer auf.

Am Ruwenzori waren wir am Beginn der Regenzeit, jetzt mußten wir durch die Regenzone, die von Norden nach Süden zog, hindurch.

Zum Teil waren die Flüsse über die Ufer getreten und überschwemmten weite Landstrecken. Da wir viele Nebenflüsse des Kongo zu queren hatten, war es immer sehr spannend, ob wir durchkamen oder nicht!

Am Mbokou saß ein Engländer mit einem amerikanischen Wagen fest; er mußte bis mindestens Januar warten. Wir hatten erst Ende Oktober! Uns wurde auch geraten zu warten, die netten Farmersleute hätten uns gastfreundlich aufgenommen. Aber mit unseren geländegängigen Jeeps wühlten wir uns durch die überschwemmten Straßen hindurch. Zur Sicherung gingen immer ein paar Jungen als Lotsen voraus. Die Straße war oft gut knietief überflutet, und man sah nichts als Wasser. Im Kriechgang folgten wir den einheimischen Buben. Am Fluß wartete dann schon eine ganze Ansammlung von Afrikanern, die uns mit Freudengeheul auf die Fähre hinaufschoben. Auf der anderen Seite des Flusses geleiteten sie uns wieder über die kilometerbreite Überschwemmungszone hinaus.

Dabei lernten wir auch Geographie, denn der Mbokou floß in den Mbomou, der Mbomou in den Ubangi und der Ubangi, nach dem das Land genannt wird, in den Kongo. Davon hatte ich in der Schule nichts gehört!

700 Kilometer hatten wir von der Grenze des Sudan bis nach Bangasou, wo wir wieder ein Hotel fanden und Benzin erhielten. Das war jedoch erneut mit Schwierigkeiten verbunden, denn wir hatten nur Traveller-Cheques, die niemand einlösen wollte. Wie ein Engel aus der Wüste kam ein amerikanischer Missionar aus dem Urwald, der von unserer Notlage gehört hatte, und löste uns die benötigten Schecks ein.

Kurz bevor wir nach Bangasou gelangten, kam uns seit Tagen der erste Wagen entgegen. Alle Insassen sprangen heraus, wir schüttelten uns die Hände, fragten woher, wohin, wie sind die Verhältnisse und so weiter. Wenn man das in Europa machte, würde man sofort in eine Heilanstalt gebracht.

Ein besonderes Erlebnis im afrikanischen Busch war das Zusammentreffen mit einem Großwildjäger. Das Benzin war uns knapp geworden. Wir erreichten gerade noch einen französischen Kleinflugplatz, der nicht einmal auf einer Karte verzeichnet war. In einem Dorf, wo wir ohne Hoffnung nach Benzin fragten, wies man uns zum Flugplatz. Das war ein reiner Zufall.

Der Flugplatzkommandant war auf Elefantenjagd, der Sergeant konnte uns nicht helfen, weil alles militärisches Eigentum war.

«Wann kommt er denn?» – «Vielleicht in ein paar Stunden, vielleicht auch erst in einer Woche!»

Das sind schöne Aussichten, da hat das Warten wohl keinen Zweck. Mit einem Wagen und allen Reserven kommt man vielleicht gerade noch durch bis zum 600 Kilometer entfernten Bangasou. Diese Aufgabe mußten O-E und Achim, der indirekt der Schuldige war, übernehmen. Achim nämlich, der die

Kasse führte, hatte am letzten Benzindepot im Sudan nicht voll aufgetankt, denn er hatte nicht mehr genug sudanesische Pfund gehabt und gehofft, daß es in der Zentralafrikanischen Republik in jedem Dorf wieder Benzin gibt. Aber es kamen keine Dörfer und es gab kein Benzin.

Wir verabschiedeten uns mit gemischten Gefühlen und machten uns darauf gefaßt, sie erst in 14 Tagen wieder zu sehen. Jochen und ich saßen in der Kantine und hätten allen Grund zur Fröhlichkeit gehabt, daß wir es so gut hatten. Aber nicht einmal das Bier wollte uns schmecken vor lauter Sorge um die Kameraden. Nach zwei Stunden schreckte uns lautes Gehupe aus unserer tristen Stimmung. In elegantem Schwung fuhren O-E und Achim, über das ganze Gesicht grinsend, zum Tor herein.

«Kurz bevor wir nach Bangasou gelangten, kam uns seit Tagen der erste Wagen entgegen. Alle Insassen sprangen heraus, wir schüttelten uns die Hände, fragten woher, wohin, wie sind die Verhältnisse und so weiter. Wenn man das in Europa machte, würde man sofort in eine Heilanstalt gebracht.»

«Was ist jetzt los?» Sie hatten den Kommandanten und Elefantenjäger getroffen, der zu einem erfolgreichen Abschuß gekommen war. Er besaß Benzinreserven, soviel wir brauchten. Bald waren auch die Jäger zur Stelle, und der Abschuß wurde erst einmal gefeiert.

Am späten Nachmittag fiel es dem Großwildjäger ein, wohl in der Weinlaune, nochmals nach seinem erlegten Elefanten zu schauen. Wir sollten mitkommen; unnötig, daß wir uns umzögen, es sei nur eine halbe Stunde von der Straße entfernt.

Den Jägern darf man nur bedingt glauben, den Großwildjägern scheinbar gar nicht. Die halbe Stunde zog sich auf Stunden in die Länge. Es ging durch echt afrikanisches Gelände mit Sumpf und dornigen Büschen.

O-E verlor seine Schuhe, ich hatte nur Sandalen an und ging lieber gleich barfuß. Der Jäger legte ein Tempo vor, das O-E nicht halten konnte, und bald stand ich mit ihm allein im Busch. In nächster Nähe loderte ein Buschfeuer, wir flüchteten in einen Bach. In der Richtung, in der wir gegangen waren, sah ich eine Baumgruppe, auf die ich zuhielt. Als wir in die Nähe kamen, hörten wir schon Geschrei. Und richtig, wir trafen unsere Kameraden mitten in einem Haufen Einheimischer, die eine Fleischorgie feierten.

Der zimmergroße Elefantenkadaver war völlig enthäutet. Eine ganze Schar von Einheimischen balgte sich um das Fleisch, das sie «wie die Wilden» vertilgten. Frauen, Kinder und Männer, nackt und blutverschmiert, boten einen schauerlichen Anblick. Plötzlich wackelte der ganze Fleischberg. Ich erschrak: «Der Elefant wird doch nicht noch leben!» Der Jäger lachte und führte mich auf die andere Seite des Kadavers. Ich gewahrte zwei Männer im Bauch des Elefanten, aus dem sie Fleischfetzen rissen und den anderen zuwarfen. Auf mehreren Feuern, über die sie ein hochgebogenes Zweiggeflecht gespannt hatten, brieten und räucherten sie die Fleischstücke, soweit sie sie nicht gleich verschlangen. Dazu tanzten die Frauen und Männer, der Regen prasselte wieder herunter. Er konnte jedoch die blutverschmierten Leiber nur zum Teil abwaschen. Wir waren froh, daß einige Soldaten mitgekommen waren, sonst wäre die Befürchtung, daß wir aus Versehen auch noch mitgefressen würden, nicht ganz grundlos gewesen.

Als die Stoßzähne, von denen einer 70 kg wog, herausgeschlagen waren, traten wir in der Dämmerung mit den Soldaten den Rückzug an. Die Einheimischen feierten weiter. Man sagte uns, daß das noch acht bis vierzehn Tage dauern könnte.

Das war Afrika, wie es kein Reisebüro bieten kann!

Weiter ging die Fahrt; aus dem Urwald in die Savanne, aus der Savanne in die Steppe, aus der Steppe in die Wüste. Sahen wir im Süden arabisierte Afrikaner, so trafen wir, je weiter wir nach Norden kamen, afrikanisierte Araber. Alles geht fließend ineinander über, die Vegetation wie auch die Völker.

An den Tschadsee kamen wir nicht heran, dazu war das Land während der Regenzeit zu überschwemmt. Wir waren froh, in Nigeria nach Kano durchzukommen. Damit hatten wir die Regenzone hinter uns. Je mehr wir uns der Wüste näherten, um so blauer spannte sich der Himmel über uns. Agades war die nächste größere Stadt, der wir zustrebten. Sie liegt zwar nur am Südrand der Sahara, aber uns kam sie schon wie mitten in der Wüste vor. Früher war das eine Stadt, die hauptsächlich vom Umschlag der Sklaven lebte, heute wird sie von Geologen, die auf Ölsuche sind, und von Touristen, die mit dem Flugzeug kommen, bevölkert. Wer wird schon so verrückt sein und mit dem Wagen durch die Sahara fahren!

Die ungeheure Leere der Wüste ist geradezu körperlich spürbar, die Biwaknächte unter dem unglaublich klaren Sternenhimmel gehörten zu den schönsten Biwaks, die ich im Leben machte. Nie brauchten wir ein Zelt aufzuschlagen, obwohl es schon November war; es genügte, die Zeltplane in den Sand zu legen und in den Schlafsack zu kriechen.

Unser Ziel war das Hoggargebirge. Das Tibestigebirge haben wir uns aus dem Sinn geschlagen, dazu fühlten wir uns doch als zu Sahara-unerfahren. Wer sich – wie ich das getan habe – eine Fahrt durch die Wüste stur und langweilig vorstellt, wird genau das Gegenteil erleben.

Wie schon im Urwald, so haben wir uns erst recht in der Wüste alle 50 Kilometer am Steuer abgelöst. Der Beifahrer hat aber genauso aufzupassen wie der Fahrer, daß man die Richtung nicht verliert und nicht mit Vollgas in eine Sandverwehung hineinfährt, was trotzdem immer wieder geschah. Dann heißt es schaufeln, schieben und ziehen, was das Zeug hält, bei 40 Grad «im Schatten», den es leider nicht gibt. Achim ist es sogar gelungen, mitten in der Wüste in einen Nagel zu fahren und einen Platten zu produzieren. Diesen Nagel in der Wüste zu finden ist wahrscheinlich noch schwerer als die berühmte Stecknadel im Heuhaufen. Aber Achim ließ es sich nicht nehmen.

Tamanrasset ist ein vielbesuchter Ort mit Flugplatz und entsprechendem Hotel – das aber vollständig belegt war. Wir hatten uns schon damit abgefunden, in unserem verdreckten Zustand, ohne uns waschen zu können, wieder in der Wüste zu biwakieren. Aber vorher meldeten wir ordnungsgemäß bei der Polizei unsere Ankunft. Dabei kam ein Mann in Zivil in die Amtsstube, der etwas bedeuten mußte, denn die Schreiberseelen bückten sich gleich eifrig über ihre Akten. Uns ignorierend, ging der Mann auf einen Beamten zu, nahm ihm unsere Papiere ab und studierte sie. Urplötzlich drehte er sich um und kam mit der Frage auf mich zugeschossen: «Sind Sie der Anderl Heckmair von der Eigernordwand?» Als ich völlig verblüfft ja sagte, war er voller Freude und stellte sich als Kommandant des Ortes vor. Er war Elsässer und sprach fließend deutsch und war Bergsteiger und kannte die alpine Literatur. O-E bemerkte: «Mit Ihnen kann man auch hinfahren, wohin man will. Sie sind bekannt wie ein bunter Hund.» Was kann denn ich dafür?

Das Hoggargebirge ist rein vulkanischen Ursprungs, wie ein aus einer Tube herausgedrückter Pfropf. So stehen die einzelnen Basaltklötze da und sind alle durchwegs schwierig zu ersteigen. In den fünfziger Jahren hat Maurice Herzog, damals in Frankreich Minister für Jugend und Sport, die besten französischen Bergsteiger einfliegen lassen. Es wurden alle erreichbaren Gipfel erstiegen.

Auf Kamelrücken durch die algerische Wüste

Wer aber nicht süchtig nach Erstbegehungen ist und das Können für schwierigste Touren in sich hat, wird auch in klettertechnischer Hinsicht voll auf seine Rechnung kommen. Es gibt keine Wettersorgen, die Hitze war, wenigstens in dieser Jahreszeit, im November, erträglich. Voraussetzung ist, wie überall in den Bergen, das Ertragen von Strapazen neben dem selbstverständlichen bergsteigerischen Können. Uns gelangen einige schöne Touren, unter anderem auch der höchste Gipfel, der 3100 Meter hohe Ahaggar, der allerdings nur eine Bergwanderung ist, natürlich weglos über Geröllfelder, in denen man massig versteinertes Holz finden kann. Ein Beweis übrigens dafür, daß früher hier Wälder vorhanden waren. Es gibt noch mehr so Eigenartiges im Hoggar. In den Basaltschluchten liegen auch heute noch kleine Felsseen, wie mir erzählt wurde, aus vorgeschichtlicher Zeit. Man warnte uns, ja nicht auf die Idee zu kommen und da zu baden, denn die dort noch aus der Urzeit stammenden Krokodile, allerdings sehr degenerierte und nur 50 bis 60 Zentimeter lang, sind sehr angriffslustig.

Doch einige der typischen Hoggar-Basaltkegel interessierten uns auch. Wir machten wenigstens einen, den nicht allzu schweren Assekrin. Selbstverständlich fährt man nicht in die Wüste, um zu klettern, das kann man in unseren Bergen sehr viel einfacher und auch schöner haben. Aber wenn man die Befähigung hat und vor solchen Obelisken steht, dann juckt es einen einfach in Händen und Füßen, und es macht halt Spaß, auch so einen ungewöhnlichen Berg zu ersteigen und in die endlose Weite zu schauen, in der diese Berge wie verlorenes Riesenspielzeug herumstehen.

Wir wollten Afrika nicht verlassen, ohne auch einmal auf einem Kamelrücken gesessen zu sein. Die Idee, uns auf ein paar Tage einer Karawane anzuschließen, wurde uns sehr schnell ausgeredet. Dafür hatte ich Verständnis, denn ich würde auch keinen absoluten Anfänger auf eine ernste Tour mitnehmen. Kamele ließen sich, eigens für uns, in Tamanrasset organisieren. Die Tuareg halfen uns in die Sättel. Das war gar nicht so einfach. Ein Kamel, das am Boden liegt, muß man von hinten anschleichen – vorne beißt es – und sich in den hölzernen Sattel schwingen. Blitzschnell geht es erst mit den Hinterbeinen hoch, wenn man darauf nicht gefaßt ist, fliegt man sofort kopfüber wieder herunter in den Sand. Endlich saßen wir im Sattel. Die Schuhe hängt man an einen dort befindlichen Haken, die bloßen Füße drückt man in den

Im Hoggargebirge: «Wenn man die Befähigung hat und vor solchen Obelisken steht, dann juckt es einen einfach in Händen und Füßen, und es macht halt Spaß, auch so einen ungewöhnlichen Berg zu ersteigen und in die endlose Weite zu schauen, in der diese Berge wie verlorenes Riesenspielzeug herumstehen.»

Hals des Kamels und fängt an, mit den Zehen kräftig zu kraulen. Dann setzt sich das Kamel in Bewegung. Je kräftiger man krault, um so schneller geht es; wenn man einschläft, bleibt es stehen. Wir strebten einer 18 Kilometer entfernten Tuaregsiedlung zu, wo uns in zeremonieller Weise Tee gereicht wurde. Dort regieren die unverschleierten Frauen, während die tiefverschleierten Männer anscheinend nichts zu sagen haben. Mit unseren Wägelchen hätten wir die Strecke leicht in einer halben Stunde zurückgelegt, während wir auf dem Rücken der Kamele sechs Stunden brauchten, denn ein Kamel geht nicht schneller als drei Kilometer in der Stunde. Wir bekamen Respekt vor den Karawanen, die allerdings von Jahr zu Jahr mehr von der Motorisierung verdrängt werden.

Von Tamanrasset aus traten wir die endgültige Heimreise an. In den Oasen, in Salah, El Golea und Ghardaia, gibt es überall komfortable Hotels, und Asphaltstraßen verbinden diese Orte. Der Reiz der Unberührtheit und Ursprünglichkeit ist vorbei, wir trachteten nur noch, so schnell wie möglich Algier zu erreichen.

Von Tamanrasset aus sind es noch 2000 Kilometer, aber auf so guten Straßen, daß man es auch ohne weiteres mit einem Personen wagen schaffen könnte. Damit ist jedoch das Schönste, die Unberührtheit, vorbei, doch davon hatten wir genug genossen!

Auf einem Ausflug in
die Cordillera Negra

PERU – CORDILLERA BLANCA

Schon während der Fahrt durch Afrika brachte ich O-E auf den Gedanken, daß es in Südamerika, insbesondere in Peru, in der Cordillera Blanca, lohnende und leicht erreichbare Ziele gibt. Da in Afrika alles so großartig geklappt hatte, war er für diesen neuen Plan leicht zu begeistern. Wieder begann die Vorbereitung, die sich auch über zwei Jahre hinzog, bis wir Mitte April 1963 abreisen konnten.

Ein Glück für uns Bergsteiger, daß wir überall lohnende Ziele finden, die eine Reise über Kontinente hinweg rechtfertigen.

Diesmal nahm O-E seinen Sohn Rudolf und dessen Freund Henno mit. Außer unserer Afrikagesellschaft hatten wir noch einen sehr wertvollen Begleiter, der spanisch sprechen konnte und Peru von einer früheren Expedition her bereits kannte. Es war mein alter Freund Dr. Fritz März, den wir einfach «Zä» nannten. Wir waren sieben Mann, eigentlich viel zuviel, doch jeder hatte seine Aufgabe, und da wir alle verträglich waren, gab es keinerlei Reibereien.

Man kann kaum noch sagen «reisen», man fliegt! Vom Schlaf erwacht, ist man in der anderen Welt. Flugplätze, Hotels, Bahnhöfe und sehr bald auch alle Städte sehen überall gleich aus. Erst die fremden Menschen machen einem begreiflich, daß man in einem anderen Kontinent ist. Es gibt zwar in Lima – wo unsere Expedition begann – noch altspanische Häuser aus der Zeit der Kolonisation, aber erst wenn man hinauskommt in die Natur, gewahrt man den Unterschied, das Fremdartige.

Um das Santatal, unser Ziel, zu erreichen, mußten wir 200 Kilometer weit und über einen 4000 Meter hohen Paß, wozu wir einen alten Lastwagen mieteten, der asthmatisch von null Meter aus auf diese Höhe hinaufkeuchte und uns öfters Gelegenheit zum Beinevertreten gab. Auf der Paßhöhe standen wir den Eisriesen der Anden gegenüber.

In das Santatal hineinkommend, sieht man den dominierenden, 6800 Meter hohen Huascarán.

Etwa vier Wochen vor unserer Ausreise ging eine Meldung durch die Weltpresse: «Eine Eislawine vom Huascarán hat ein ganzes Tal verschüttet, zehn Dörfer hinweggefegt, 4000 Tote!»

In unserer schnellebigen Zeit ist so eine Meldung rasch wieder vergessen. Nur O-E meinte: «Können wir dahin fahren, wo es so gefährlich ist?» Ich glaubte selbst nicht so recht an die Ausmaße der Katastrophe. Meine Antwort war: «Jetzt ist die Lawine schon unten, die kommt so schnell nicht wieder.» Das war ein Irrtum, sechs Jahre später, im Jahr 1971, hat eine Lawine

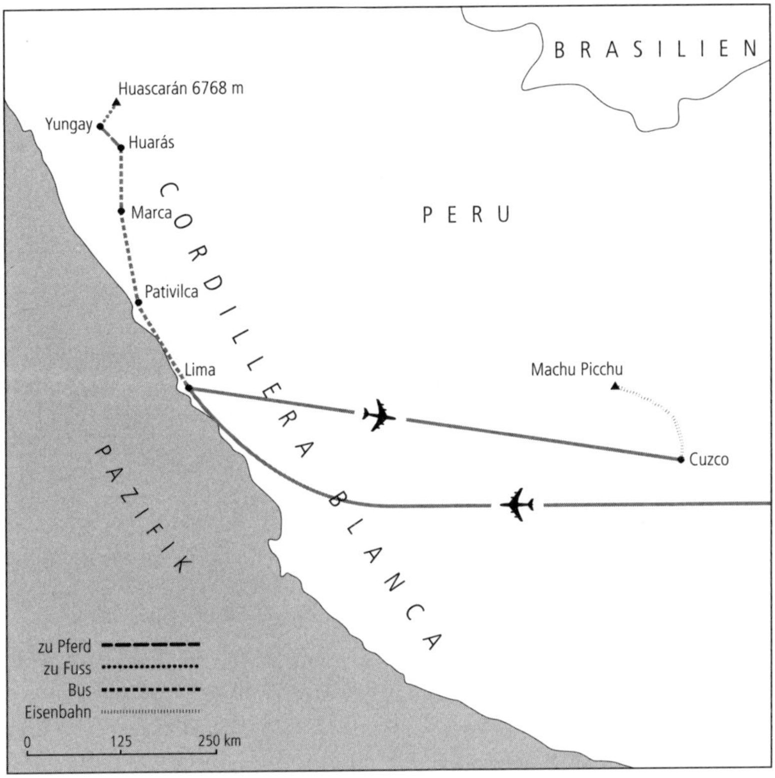

vom Huascarán, ausgelöst durch ein schweres Erdbeben, Yungai und die umliegenden Dörfer fast völlig vernichtet. Dabei gab es 40 000 Tote.

Als wir an Ort und Stelle kamen, waren wir erschüttert. Tatsächlich war vom Nordgipfel des Huascarán ein ganzer Gletscher abgebrochen, über eine tausend Meter hohe Felswand gestürzt, hatte eine Moräne durchstoßen und ist in das Tal, in dem die besagten zehn Dörfer liegen, wie in einem Toboggan erst auf der einen, dann auf der anderen Seite hochgeschossen, um das ganze 20 Kilometer lange Tal völlig zu vernichten. Aus dem Pazifik in 400 Kilometer Entfernung wurden noch Leichen herausgefischt. Zwei Monate später, als wir auf den Überresten der Lawine standen, fing es schon wieder an zu grünen, denn Peru ist derart fruchtbar, daß das Sprichwort umgeht: «Steckt man einen Spazierstock in die Erde und begießt ihn, dann fängt er an zu treiben und beginnt zu blühen.» Wenn es auch nicht ganz stimmt, das Körnchen Wahrheit fanden wir in dem verschütteten Jochtal, wo es zwischen den Holzkreuzen, die für die Lawinenopfer überall gesetzt worden waren, auf den Rückständen der Lawine wieder grünte und blühte.

«Die Mulis waren zum Teil noch halbwild und hatten die Eigenschaft, sobald sie beladen wurden und der Gurt noch nicht festgezogen war, mit allen vieren in die Luft zu springen und auszuschlagen, daß die Fetzen flogen.»

Der Hauptort des Santatales ist Huaras, über 3000 Meter hoch gelegen. Dort bezogen wir in dem etwas außerhalb gelegenen Hotel Monterrey Quartier. Es besaß einen Swimmingpool mit 32 Grad warmem Wasser. Das war etwas für uns, wir mieteten uns gleich auf vier Wochen ein, um von da aus unsere Touren zu unternehmen.

Wie üblich: zuerst Akklimatisations- und Eingehtouren. Die Cordillera Negra bot sich dafür an, wir hofften, einen schönen Einblick in den Hauptkamm der jenseits des Tales stehenden Cordillera Blanca zu erhalten. Das Wetter erwies sich noch nicht so, wie wir es brauchten. Das war uns gerade recht, denn nun hatten wir guten Grund, auch im Hauptkamm noch einige Anpassungstouren zu machen. Erst ging es einmal, am Huascarán vorbei, in das Ultatal, um uns an die Höhe, die Träger und an die Tiere zu gewöhnen.

Der Aufmarsch der Träger mit ihren Tieren vor unserem Hotel war ein Schauspiel, das von den übrigen Gästen mit Neugierde betrachtet wurde. Bergsteiger sind bei uns schon rar und werden von den Mitmenschen entsprechend bestaunt. An anderen Orten ist der Kontrast noch viel größer. Unter den Trägern war ein alter Mann, den wir entrüstet zurückweisen wollten. Die anderen Träger baten, den Alten doch mitzunehmen, wenn auch zum halben Preis. Wir waren einverstanden, und uns fiel auf, daß alle Träger sehr erleichtert waren. Die Mulis waren zum Teil noch halbwild und hatten die

Die gesamte Mannschaft der Südamerika-Expedition 1963

Eigenschaft, sobald sie beladen wurden und der Gurt noch nicht festgezogen war, mit allen vieren in die Luft zu springen und auszuschlagen, daß die Fetzen flogen. Keiner konnte sie bändigen, allein der Alte brauchte nur in die Nähe zu gehen, und sie wurden wieder ruhig. Das war nicht nur einmal, sondern täglich zu beobachten, und wir gaben dem Alten am Schluß nicht die Hälfte, sondern das Doppelte.

Wir ritten bis zum Talgrund und marschierten hinauf zu den «Lagunas», kleinen Seen, die sich hinter einer Stirnmoräne bilden. Auf der einen Seite ragten die Gletscherzungen in den See, auf der anderen waren Rosenbaumwälder. Ich hatte nicht gewußt, daß es so etwas gibt. Nur ab und zu wurde die Stille von lieblichem Vogelgezwitscher unterbrochen. So friedlich und herrlich dieses Fleckchen Erde auch aussah, so tückisch und gefürchtet waren diese «Lagunas», denn sie hatten die fatale Tendenz, durch die Moräne auszubrechen und das gesamte Tal wie nach einem Dammbruch zu überschwemmen. Mit diesem mehrtägigen Spazierritt begnügten wir uns fürs erste, hatten wir doch wunderbare Eindrücke von Flora und Fauna. Außerdem war der Hauptzweck, die Verbundenheit mit den Trägern und den Tieren herzustellen, erreicht.

Das Tal war voll von weiß-blau blühenden Lupinen, an sumpfigen Stellen wuchsen Calla wie bei uns die Gänseblümchen. Massenhaft gab es auch die gelbblühenden Pantoffelblumen (Calzolarien) sowie viele Pflanzen, die ich nicht kannte: rotblühende Sträucher und das Tollste, auf Buchs- und Rosenbäumen wuchsen Orchideen und Bromeliazeen. Nur mit der Fauna haperte es etwas. Die Vögel hörten wir wohl zwitschern und jubilieren, ohne sie jedoch zu sehen. Es sollte auch viele Pumas geben, aber sie blieben ebenso unsichtbar. Die Träger hatten eine panische Angst vor Pumas und unterhielten deshalb die ganze Nacht durch ein Feuer.

Aufstieg zum Palcaraju

Nachdem wir uns von diesem Ausflug in unserem Hotel in Monterrey im Warmwasser und an der Hausbar erholt hatten, waren wir zu neuen und diesmal ernsteren Taten aufgelegt. So ritten wir in bester Stimmung und voller Auftrieb und Unternehmungsgeist in das ebenso mit Blüten und Blumen übersäte Ishinkatal hinein. Diesmal fanden wir sofort ein für uns erreichbares Ziel. Ein wundervoller, trapezförmiger Eisriese beherrschte einen seitlichen Talgrund. «Den pack' ma!»

Ein ausgetretener Pfad, auf dem wir auch hätten reiten können, führte in dieses Seitental hinauf, was uns schon sehr wunderte. Der Pfad endete vor einem steinernen Haus am Fuß eines Gletschers. Es hatte zwar keine Fenster und Türen, aber ein Dach. Auch hier war so ein See, der, um eine Überschwemmung zu verhüten, künstlich entwässert wurde. Da das eine mehrjährige Arbeit ist, haben sich die Ingenieure ein Haus gebaut. Dies stand verlassen und uns zur Verfügung da. Wir machten es uns so gemütlich wie es ging und bestiegen einige Gipfel zwischen 5000 und 6000 Metern. Dadurch fühlten wir uns trainiert, unseren Zielberg anzugehen.

Die ganze Nacht hatte es dicht geschneit, doch war am Morgen der Schnee nur knöcheltief. Bei uns würde der Schnee nach solchem Schneefall bis zum Bauch reichen. In der trockenen Luft dieser Höhen verdunstet der Schnee ebenso schnell, wie er kommt. Nur in der Regenzeit, das ist im Sommer, fallen so ungeheure Mengen an Schnee, daß es diese Vergletscherung gibt. Kein Wunder, die feuchten Luftmassen aus dem Amazonasbecken schlagen sich an den bis auf 7000 Meter hinaufragenden Anden nieder. Dazu herrschen sicher gewaltige Stürme und verursachen eine Wächtenbildung, die schon vielen Anden-Bergsteigern zum Verhängnis geworden ist. So auch Fritz Kasparek, unserem Kameraden aus dem Eiger, der am Salcantey mit einer Wächte abgestürzt ist.

Trotz Nebel fanden wir durch das Spaltengewirr, als wären wir schon oft hier gewesen. Als wir uns dem Grat näherten, hatten wir Sorge, auf eine Wächte zu geraten. Unter dem Gipfel traute ich mich nicht auf die Gratkante hinaus und packte einen viel schwierigeren Felsaufbau an. Inzwischen spazierte Jochen, der Rudolf und Henn am Seil hatte, an dieser Firnschneide hinauf zum Gipfel. Jochen hatte viel weniger von diesen Wächten gehört und deshalb weniger Bammel davor.

Gletschersee beim Palcaraju

Wir nahmen an, daß wir die ersten auf diesem Gipfel waren. Mir persönlich war es völlig gleich. Mich interessierten zwei Kondore, die in majestätischem Flug zum Greifen nahe an uns vorbeisegelten, viel mehr als die Frage, ob wir nun die ersten sind oder nicht.

Bei Dunkelheit erreichten wir unsere Hütte und sahen nochmal den Gipfel, von dem wir soeben gekommen waren, im letzten Abendglühen aufleuchten. Als wir am anderen Morgen von der kalten Hütte abzogen, schneite es wieder, und angenehm empfanden wir die Wärme im Tal, obwohl wir immer noch auf 4400 Metern biwakierten.

Es wäre zu einseitig, wenn man als «Nur-Bergsteiger» in der Welt herumreisen würde. Wie schon gesagt, dienen uns die bergsteigerischen Ziele als Aufhänger für die Reise, das Erlebnis ist für uns die Natur, die dort unverfälscht ist, wo kaum ein Mensch hinkommt. Das ist letzten Endes in den Bergen, das empfinden wir als Lohn für die Härte, die wir uns in unzähligen Strapazen angeeignet haben. Daneben läßt sich noch so viel erleben, wenn man offenen Sinns die Welt betrachtet.

Schon zu Hause hatte ich mich mit den Kulturen der Inkas beschäftigt, und ich hatte ein paar Bücher über die Eroberung Perus durch Pizarro gelesen. Jetzt waren wir an Ort und Stelle. Wir ließen es uns nicht nehmen, wenigstens einige jener weltberühmten Kulturstätten zu besichtigen. Da man sowieso nicht alles sehen kann, beschlossen wir, uns zu teilen. Fünf Mann interessierten sich mehr für die Chavin-Kultur, in der Nähe von Huaras, während Dr. Schneider, der Geologe, und ich einen Abstecher nach Cuzco vereinbarten.

Doch vor unserer Abreise von Huaras kamen wir unerwartet in eine «Fiesta» hinein. Im Hotel besuchte uns ein Peruaner, dessen Sohn in Deutschland studierte. Er wollte mit uns Kontakt aufnehmen und fragte nebenbei, ob wir den Ort Bad Aibling kennen. Unser Dr. Jochen Singer wohnte ganz in der Nähe, und ich hatte meine halbe Kindheit in Bad Aibling verbracht. Dort in der Goethe-Schule studiere nämlich sein Sohn. Die Freude über diesen Zufall war bei Señor Alfonso Vega, so hieß der Peruaner, so groß, daß er uns gleich sein ganzes Haus zur Verfügung stellte. Viel lieber wären wir im Hotel mit dem warmen Schwimmbassin geblieben. Aber die Einladung abzulehnen wäre eine Beleidigung gewesen, und so zogen wir wenigstens zu viert in das Haus ein. Am Abend bedeutete uns Señor Vega, wir sollten ein weißes Hemd und eine Krawatte anlegen, es gäbe ein kleines Fest. Wir dachten an ein Hausfest uns zu Ehren, es kam aber ganz anders.

Mit einigen Señoritas wurden wir in einen vor dem Haus stehenden VW-Bus verfrachtet und nach Huaras hineingeschaukelt. Während einer Rundfahrt durch die Stadt verschwanden die Damen in verschiedenen Häusern. Weiter ging die Rundfahrt in stockdunkler Nacht. Weshalb wir nicht an einer Stelle warteten, blieb ein Geheimnis. Es fing auch noch zu regnen an; ein schönes Fest, dachten wir, als die Rundfahrt gar nicht mehr enden wollte. Endlich, nach einer Stunde, hielt Señor Vega vor einem Haus, in dem eine Señorita abgestiegen war. Fein geputzt kam sie heraus und stieg zu uns in den Wagen. Der Reihe nach wurden die Señoritas, die sich feingemacht hatten, wieder eingesammelt.

Endlich hielt er unter einem vorspringenden Dach, unter das wir vor dem herabbrausenden Regen flüchteten, er verschwand mit dem Wagen wieder in der Dunkelheit. «Was ist jetzt los?» Eng an die Wand gedrückt, harrten wir des Kommenden. Der Kommende war wieder der Señor Vega, aber diesmal zu Fuß, und linksum im Gänsemarsch trippelten wir hinter ihm her in ein Tor hinein. Im Innenhof eines spanischen Gebäudes standen und lehnten schon viele Menschen, versehen mit einem Festabzeichen. Auch uns wurde so ein Festabzeichen von einem bildhübschen jungen Mädchen angeheftet. Darauf wurden wir in einen Saal geführt, der mit Papierblumen, angestrahlt von grünen und rosa Neonröhren, geschmückt war. Auf der einen Seite saßen die Damen, auf der anderen standen die Herren.

Wir wurden der Dame des Hauses vorgestellt, jetzt erst erfuhren wir, daß es das Tauffest eines Kindes war, zu dem der höchste Beamte der Stadt geladen hatte. Was wir dabei sollten, war uns immer noch nicht klar. Die anderen, die etwas Spanisch konnten, machten eine mehr oder weniger gequälte Konversation. Ich verdrückte mich in den Eingang, wo zwei einheimische Männer standen, die trotz ihres eleganten Anzugs sich auch etwas deplaziert vorkamen.

Gitarrenspieler marschierten auf, plazierten sich, und das Fest begann mit einem Tanz. Zwischendurch wurden von jungen Mädchen Drinks serviert und auf Zahnstocher aufgespießt ein ganzes Menü gereicht. Das dauerte zwei bis drei Stunden. Ich verwünschte meine Stocksteifheit und ersehnte das Ende des Fests.

Der alte Träger, der die wilden Mulis besänftigen konnte

Im Vorbeitanzen entdeckte mich Señor Vega und führte mich durch den Saal in ein Nebenzimmer, das als Bar eingerichtet war. Das hätte er auch gleich tun können! Nach ein paar Piscos und Sangritas taute ich wieder auf, mich den beiden Herren zuwendend, die noch immer im Hausgang standen. Ich holte sie herein, und wir prosteten uns eifrig zu. Die Musiker machten gerade eine Pause; meine Amigos nahmen ihnen die Gitarren weg und brachten mir ein Ständchen. Ich glaubte, so etwas gäbe es nur im Traum oder im Film. Das aber war Wirklichkeit. Spanisch gespielt, spanisch gesungen, und dazu der peruanische Rhythmus, der mir in die Glieder ging. Ich konnte nicht anders, ich fing an zu tanzen. War es der Pisco, war es der Rhythmus, jedenfalls hatte ich noch nie einen Solotanz vorgeführt, und die anderen behaupteten, es sei gekonnt und nicht komisch gewesen. Der Bann war gebrochen, wir waren keine Mauerblümchen mehr. Nun ging es erst richtig los, bis der Morgen dämmerte. Bei der Verabschiedung hagelte es Einladungen, die wir leider alle ausschlagen mußten, denn unser Sonderbus nach Lima stand bereit.

Achim und ich übernahmen den Gepäcktransport dorthin, darum brauchten wir den ganzen Bus. Fahrer wie Bus schauten wenig vertrauenswürdig aus. Irgendwie kamen wir sehr langsam über den 4000 Meter hohen Paß, aber bergab raste der Chauffeur wie ein Wilder, und bei einem entgegenkommenden Wagen flitschte er immer gerade noch an einer Ausweichstelle vorbei. Auf unsere Frage, warum er denn nicht langsamer fahre, meinte er treuherzig, er würde es gerne tun, aber die Bremsen funktionieren nicht, da laufe halt der Wagen so schnell.

In Lima hielten wir uns nicht lange auf. Wir flogen 1000 Kilometer südwärts nach Cuzco, vorbei am Salcantey. Ich konnte den Eisriesen, an dem Kasparek mit der Wächte abgestürzt war, aus allernächster Nähe sehen.

Notgedrungen mußten wir uns einer Reisegesellschaft anschließen, sonst hätten wir keinen Platz in der Maschine erhalten. Außerdem war es billiger. Auch für Betreuung war gesorgt. Der Fremdenführer holte uns in Cuzco am Flugplatz ab; das Taxi war schon bestellt, das uns ins feudale Grand-Hotel brachte. Ein ganzes Programm war festgelegt, das wir an sich gar nicht wollten, das aber doch seine Annehmlichkeit hatte. Die anderen Reisegäste folgten auf den Buchstaben und machten erst die befohlene Rast, während wir gleich einmal zum Marktplatz schlenderten.

Außer Gringos gab es scheinbar nur Indios. Dementsprechend war auch das bunte Bild und der Geruch am Markt. Der Fremde wurde ignoriert. Alles war noch echt, die bunten Ponchos aus Lamawolle wie auch die «Restauración», die eine Indianerin auf der Straße aufgemacht hatte. Da ich kein Kostverächter bin, setzte ich mich ebenso auf den Randstein der Straße und ließ mir eine Schüssel von dem Brei geben, den sie feilbot. Freundlicherweise wollte sie mir dazu einen verbeulten Löffel reichen, den sie auch noch an ihrer nicht sehr sauberen Schürze abwischte. Ich verzichtete auf diese zivilisatorische Errungenschaft, machte es wie die Indios und aß mit den Fingern. Das Zeug, das ich mir in den Mund schob, war so scharf, daß mir das Wasser waagerecht aus den Augen spritzte. Neben mir mampfte ein zweijähriges Kind denselben Brei. Ich schob ihm meine Schüssel hin, es mampfte daraus weiter, ohne eine Miene zu verziehen. Kopfschüttelnd verließ ich die gastliche Stätte und begab mich ins Hotel, wo wir vom Fremdenführer zur Stadtrundfahrt und zur Besichtigung der Inkastätten abgeholt wurden.

Die Eisenbahn durch das Urubamba-Tal nach Machu Picchu

Die Krönung unseres Ausfluges war am nächsten Tag die Fahrt nach Machu Picchu. Wir waren nur acht Teilnehmer und brauchten nicht den normalen, meist überfüllten Schienenomnibus zu benützen. Es stand eine Extradraisine für uns bereit. Pünktlich um 6.30 Uhr war die Abfahrt. In Spitzkehren erreichten wir zunächst einen Paß. Eine ideale Lösung, die ein österreichischer Ingenieur erfand. Der Paß war die Wasserscheide zwischen Atlantik und Pazifik. Und nun ging es ununterbrochen bergab, erst in einem weiten, schönen Tal, das sich bald vertiefte und sich zur Schlucht verengte. Diese mündete in das Haupttal des Rio Vil-Canota. Das kleine Wässerchen am Paß hatte sich zu einem reißenden Strom entwickelt, einem Zufluß zum Amazonas, der nach 6000 Kilometern den Atlantik erreicht.

Unser Draisinchen ratterte und hüpfte nur so. Wir hatten eine wunderschöne Aussicht. Ab und zu kam es zu einer ungewollten Pause, denn Indios mit ihren Tieren zogen auf dem Bahnkörper entlang – eine Straße gab es offenbar nicht. Zum «Säubern» dieser Schienen war eigens ein Junge mit in der Draisine, der jedesmal heraushüpfte, um die Indios und Tiere zu vertreiben. Plötzlich kommt man in den düsteren Urwald. Da taucht auch schon die «Stadt» Machu Picchu auf. Das sind aber nur einige miserable Holzbaracken. Ein Bus wartet auf die Touristen und bringt sie hinauf ins Heiligtum Machu Picchu.

1911 hat ein amerikanischer Archäologe, der durch das Urubamba-Tal ritt, von einem Indio gehört, daß es auf dem Berg Ruinen gäbe. Eigentlich wußte man schon lange von dieser Stadt, nur hatte man sie noch nicht gefunden. Wie mag es dem Archäologen zumute gewesen sein, als er diese geheimnisvolle Ruinenstadt, die heute zu den größten Sehenswürdigkeiten der Welt zählt, entdeckte?

Die Inkas, Meister im Anlegen von Trockenmauern, bauten diese Mauern in ungewöhnlich steile Hänge hinein und gewannen so eine Terrasse nach der anderen, auf denen sie ihre Äcker anlegten. Bewässerung brauchten sie keine, denn Machu Picchu liegt in der Urwaldzone, wo es fast täglich regnet.

Im zentralen Teil sind die heiligen Tempel, die vom Reiseführer eingehend erklärt wurden. Da ich aber kein Spanisch verstand und mein Gefährte von der üblichen Leier auch bald genug hatte, machten wir uns allein auf Erkundung und ließen die seltsame Stimmung auf uns wirken. Da hat man entschieden mehr davon, auch wenn man später daraufkommt, dies oder jenes übersehen zu haben. Ein kurzer Besuch einer solchen Stätte ist immer viel zu unvollkommen. Man müßte mindestens eine Woche auf diesem Berg leben – es gibt auch ein gutes Hotel dort oben. Immer nimmt man sich zu wenig Zeit, das bedauert man dann ein ganzes Leben lang. Wir haben wenigstens versucht, den eigentlichen Gipfel, auf dem auch noch Terrassen angelegt sind und ein Tempel steht, zu erreichen, kamen aber wegen Zeitmangels nicht ganz hinauf.

Beinahe wäre mir noch ein Mißgeschick zugestoßen: In der Steilflanke leuchtete eine faustgroße Orchidee. Ich wollte sie fotografieren. Zu den Anfängern im Bergsteigen gehöre ich bestimmt nicht mehr. Doch selten habe ich mich in einer Schwierigkeit so getäuscht. Daß es sehr steil war, sah ich; das hat mich weder beeindruckt noch abgehalten, zu der Blume in die Flanke hinauszuqueren. Der leichte Humusbelag, der auf dem Fels nur fingerdick auflag, war so staubtrocken, daß er nur so wegrieselte. Von einem soliden Griff oder Tritt war gar nicht zu reden. Nur dornige, strauchartige Ruten boten ein bißchen Halt. Bis auf ein paar Meter kam ich an die Orchidee heran, da schnellte ein Zweig hoch und zischte mich an. Das war eine Schlange, und die Orchidee gefiel mir plötzlich gar nicht mehr. Mit äußerster Konzentration krebste ich zurück. Als ich wieder auf festem Boden stand, zitterten mir die Knie, und ich glaube, ich sah ziemlich blaß aus. Bescheiden geworden, erfreute ich mich an den wilden Begonien, die in so reichlicher Fülle überall wuchsen, wie wir sie bei uns kaum einmal in einem botanischen Garten zu sehen bekommen.

Natur und Kultur konnte kaum verquickter sein als hier. Mit diesem Eindruck sind wir zurückgekehrt nach Cuzco und weiter nach Lima, wo wir mit

Die Inka-Stadt Machu Picchu vor dem Heiligen Berg, dem Huayna Picchu

unseren Kameraden wieder zusammentrafen, die uns nicht weniger begeistert von der Chavin-Kultur erzählten.

Die absolut nicht aufregende und doch so anregende «Expedition» war zu Ende. Nachdem wir den Süden dieses Kontinents beschnuppert hatten, ging unser Wunschtraum bereits nach Norden. Ich fragte O-E: «Wie wäre es mit einer Reise auf der ‹Traumstraße der Welt›, von Kanada nach Mexiko, mit alpinen Zielen, links und rechts, die sich in genügender Fülle anbieten?»

Bei der Ankunft in
New York auf dem
Schiff «Bremen»

KANADA – USA – MEXIKO

Wieder vergingen zwei Jahre, bis diese «Expedition» stand. Natürlich unter dem Mäzenatentum von O-E, der diesmal seinen jüngeren Sohn Friedrich mitnahm, damit auch dieser sich in den Freuden und Schmerzen einer solchen Fahrt bewähren konnte.

Als neues Expeditionsmitglied kam mein Freund und Bergführerkollege Alois Deiß dazu, der seine zivile Tätigkeit im Kultusministerium hatte. (1970 ist er im Ötztal durch eine Lawine ums Leben gekommen.) Außerdem war wieder unser alter Expeditionsarzt, Dr. Jochen Singer, dabei, der die Garantie für eine gute gesundheitliche Betreuung bot, was wir zur Genüge in Afrika und Südamerika erfahren hatten.

Wie der naive kleine Maxe suchten wir uns ein Ziel bergsteigerischer Art in Kanada und stießen auf den nördlich von Vancouver gelegenen Mt. Waddington. Es hätte auch irgendein anderer Viertausender sein können, von denen es in der Umgebung Vancouvers genügend gab. Ausgerechnet den schwierigsten und den am schwersten zugänglichen pickten wir heraus. Dann wollten wir noch einige Gipfel in den Rocky Mountains machen, dem Yellowstone-Park einen Besuch abstatten, ein bißchen in den Grand Canyon hinabsteigen und in Mexiko den Popocatépetl sowie nach Möglichkeit auch den höchsten Berg Mexikos, den Orizaba, besteigen und auch sonst noch alles Sehenswerte mitnehmen. Meistens kommt es anders, als man denkt.

Bei unserer Expeditionserfahrung, den nötigen Mitteln, die O-E stellte, und der entsprechenden Vorbereitungszeit läßt sich die ganze Reise wie am Schnürchen abspulen. Allerdings, das große Abenteuer ist es nicht mehr. Für Improvisationen bleibt kein Spielraum, man ist ständig vom Zeitplan und von seinem eigenen Vorhaben abhängig. Praktisch gibt es nur zwei Möglichkeiten zu reisen: entweder mit viel Geld, aber noch besser mit viel Zeit, am besten mit beiden zusammen! Wenigstens hatten wir das erste auf unserer Seite. Zur «Erholung» von den aufreibenden Vorbereitungsarbeiten sind wir, der Deiß Alois und ich, als Vorkommando am 18. August 1965 per Schiff nach New York vorausgefahren, um die letzten Fäden zusammenzuknüpfen. Die anderen reisten später mit dem Flugzeug nach. Der Hintergedanke war, auch einmal eine Schiffsreise erster Klasse zu genießen und die Stadt New York zu erleben. Das Faulenzerleben auf dem Schiff ist zwar herrlich, sechs Tage von Cherbourg bis New York genügten jedoch vollauf, dieses Lebens satt zu werden. Auch leiblich sattessen, um für kommende Fastenzeiten gerüstet zu sein, kann man sich mehr als genug.

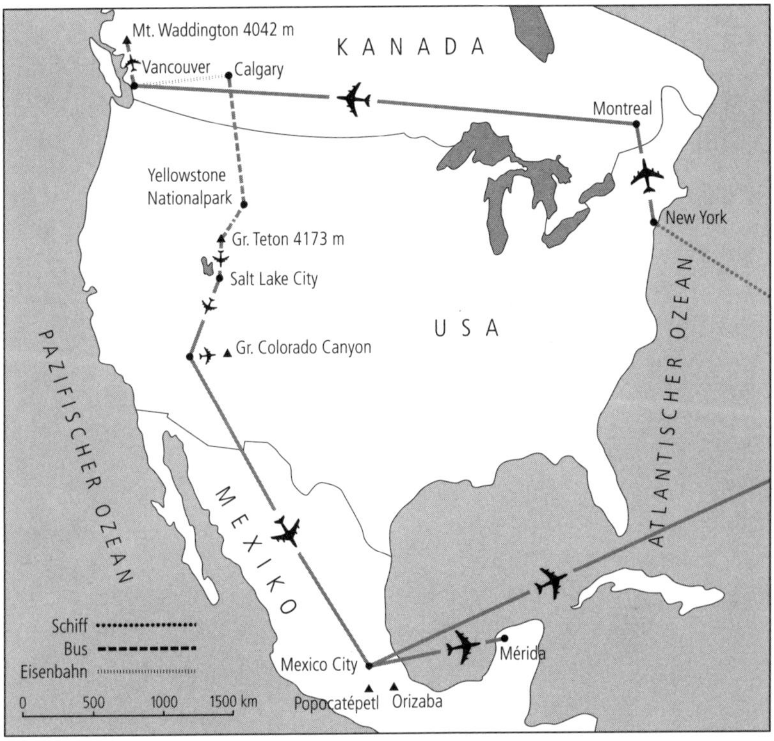

Schon zum Frühstück habe ich, außer dem üblichen Gedeck, noch eine Lammkeule, ein Schnitzel oder ein Gulasch verdrückt, sehr zum Verdruß von Alois, der unter Seekrankheit litt. Als er wieder einigermaßen auf dem Damm war und wir beim Frühstück saßen, wurde er plötzlich erneut blaß und mußte raus an die Reling. Ausgleich muß sein – der eine ißt, der andere spuckt!

In New York haben mir die Wolkenkratzer den pflichtschuldigen Eindruck gemacht; das Naturkunde-Museum mit der einmaligen Mineraliensammlung war überraschend interessant, ebenso ein Barbesuch in Harlem. Es gab gerade Rassenunruhen, man warnte uns vor dem Schwarzenviertel. Doch wir haben nichts von der Gefährlichkeit gemerkt, es kommt wohl einfach darauf an, wie man sich benimmt.

Nur hätten wir beinahe das Flugzeug am nächsten Tag versäumt. Wir kamen erst um drei Uhr morgens nach Hause und sollten um fünf Uhr schon wieder aufstehen, weil wir um sieben Uhr am Flugplatz sein mußten. Um sieben Uhr sind wir erst aufgewacht! Ungewaschen, unrasiert erreichten wir gerade noch im allerletzten Augenblick das Flugzeug, das uns nach Montreal brachte. Dort holte uns der weltbekannte Bergsteiger Fritz Wiessner ab. Er

Unterwegs zum Ghost Lake am Mt. Waddington vorbei

war der Erstbegeher des Mt. Waddington, er konnte uns nicht nur genaue Auskunft geben, sondern auch die Beziehungen vermitteln, die uns die Organisation erleichterten, ja überhaupt erst ermöglichten.

In Stove, seinem Wohnsitz in Vermont, telefonierte er Gott und die Welt an. Wenn die Kameradschaft international ist, dann ist es die Bergkameradschaft besonders. Wir huldigen alle dem gleichen Ideal, und von jedem, der über seine Heimatgrenzen hinaus bekannt geworden ist, weiß man, was er geleistet hat – und, was noch wichtiger ist, was er für ein Mensch ist. Anerkennung und Wertschätzung gehen Hand in Hand, und jeder ist dem andern Freund und tut für ihn, was er kann.

So wurden wir in Vancouver bereits von kanadischen Bergsteigern am Flugplatz erwartet. Für Unterbringung war gesorgt. Die herrliche Stadt am Pazifik, die umgeben ist von hohen Bergen und in der es die schönsten Parkanlagen gibt, die ich je gesehen habe, wurde uns mit berechtigtem Stolz ausgiebig gezeigt.

Gepäck und Mannschaft werden am Fuß des Mt. Waddington abgesetzt.

Fips Broda, der Vorstand der kanadischen Bergsteiger von Vancouver, war ein gebürtiger Salzburger und vermittelte die Bekanntschaft mit allen dort lebenden Bergsteigern. Einige waren auch schon auf dem Mt. Waddington, es wurden uns Dias gezeigt, und man ging auf die besondere Eigenart des Berges ein. Jetzt erst erkannten wir die Schwierigkeit unseres Vorhabens. Vor den technischen Schwierigkeiten, auch wenn sie V–VI sein sollten, brauchten wir uns nicht zu fürchten. Auch die Beschwerlichkeit des Zugangs hat seit Wiessners Zeiten abgenommen: Dieser mußte sich wochen- und monatelang durch unwegsames Gelände hindurchkämpfen, bis er überhaupt an den Berg herankam. Heute nimmt man sich ein Flugzeug, anschließend einen Hubschrauber und läßt sich ganz einfach am Ausgangspunkt absetzen. Das ist nur eine Sache der Organisation, in der wir in jeder Weise unterstützt wurden. Keine Gesellschaft würde einen Nichtbergsteiger einfliegen, dazu braucht man schon eine handfeste Empfehlung von renommierten Leuten, an denen es uns aber nicht fehlte. Das große Risiko lag darin, daß es bei einem Wettersturz einen Kälteeinbruch geben kann, der das Thermometer innerhalb einer Stunde von null auf minus 40 Grad absinken läßt. Dazu kommen die unterkühlten, feuchten Luftmassen vom Ozean, die sich an den Bergen als Eis niederschlagen. Das kennen wir in den Westalpen auch, am Eiger und an den Jorasses erlebte ich es. Während aber dort die Eisschichten höchstens 10 bis 20 Zentimeter stark waren, entstehen am Waddington meterdicke Eisschichten.

Dieser Mt. Waddington ist knapp über 4000 Meter hoch; unser Ausgangspunkt, wo wir uns vom Hubschrauber absetzen ließen, lag auf zirka 2000 Meter. Es war schon reichlich spät im Jahr, September, in dem gerade diese Wetterstürze am häufigsten auftreten. Wir mußten hoch und heilig versprechen, an Ort und Stelle zu bleiben, auch wenn es wochenlang schneite; es würde schon wieder gutes Wetter kommen, dann holten sie uns wieder raus. Dementsprechend versorgten wir uns für drei Wochen mit Proviant – wir brauchten ihn ja nicht zu tragen – und mit genügend Benzin, um für diese Zeit Wasser schmelzen zu können. Unser Arzt hat uns erklärt: «Theoretisch kann der Mensch einen ganzen Monat ohne Nahrung aushalten, aber nur drei Tage ohne zu trinken.»

Zwei Wasserflugzeuge brachten uns samt dem Gepäck zum Ghost Lake, einem kleinen Bergsee. Dort landete auch der bestellte Hubschrauber und brachte uns in mehrmaligem Pendelflug auf unseren Ausgangspunkt inmitten von Eis und Schnee, wo wir unser Standlager aufschlugen.

Als nach der letzten Transportladung der Hubschrauber abrauschte, waren wir uns der Einsamkeit, in die wir uns absetzen ließen, erst so richtig bewußt geworden. Aus eigener Kraft führte kein Weg mehr zurück, schlimmstenfalls müßten wir drei Wochen im Schnee eingegraben aushalten. Jetzt aber hatten wir das schönste Wetter, die Zelte waren schnell aufgestellt, die Kocher schnurrten, und nach ergiebigem Mahl und einem kräftigen Schluck kanadischen Bourbon Whiskeys schmeckte mir meine Toscanelli so gut wie eh und je. Alles ist relativ, und kein Komfort eines Grand-Hotels kann diese Romantik ersetzen. Am nächsten Tag machten wir einen zaghaften Vorstoß, um den berüchtigten Bravogletscher zu besichtigen.

Kurz vor uns waren japanische Bergsteiger hier, die infolge Schlechtwetters den Gipfel nicht erreicht hatten und von sehr morschem Eise berichteten. Der Gletscher sah tatsächlich nicht sehr einladend aus – voll von Spalten und Eisbrüchen, die absturzbereit, wie es schien, auf uns lauerten. Rechts vom Gletscher befand sich ein Felspfeiler, den wir für gangbar hielten und über den wir noch ein paar Seillängen hochstiegen. Fraglich war nur: «Wie kommen wir oben wieder ins Gletscherbecken hinein?»

Mit diesem Risiko sind wir am Tag darauf, alle Mann hoch, mit dem nötigen Biwakgepäck den gar nicht so leichten Pfeiler hochgestiegen. Unsere Befürchtung war unnötig, denn ohne Schwierigkeit und ohne besonderen Höhenverlust erreichten wir das obere Gletscherbecken und hatten damit den Bravogletscher, in dem schon einmal eine ganze Expedition verunglückte, umgangen.

Aufstieg über einen Eisgrat zum Mt. Waddington

Der Weiterweg war klar vorgezeichnet. Weniger klar war die Überwindung eines fast waagerecht ansetzenden Eisgrates. Es blieb nichts anderes übrig, als sich im Reitgratsitz anderthalb Stunden lang hinüberzuzwicken: im Eis eine wenig angenehme Angelegenheit. Ich wußte, wie schnell so eine schmale Eisschwarte abbrechen kann, darum habe ich aufgepaßt, meinen Schenkeldruck ganz gleichmäßig anzusetzen – es war sicher eine gehörige Portion Angst auch dabei –, und das anderthalb Stunden lang. Davon hatte ich die ganze folgende Biwaknacht Krämpfe in den Beinen. Dann aber hatten wir einen steilen, jedoch geschlossenen Gletscher vor uns, über den wir noch aufstiegen, obwohl sich infolge des schweren Gepäcks bedenkliche Ermüdungserscheinungen bemerkbar machten. Endlich erreichten wir bei anbrechender Dämmerung eine flachere Stelle, an der wir unsere Hochzelte aufstellten.

Am nächsten Tag sollten wir wieder absteigen, um den Proviant heraufzuholen, davor aber grauste uns. Mit der guten Ausrede, bei so schönem Wetter dürften wir keinen Tag verlieren, beschlossen wir sofort den Gipfelsturm.

Wir hatten zwar nichts zu essen, aber der Onkel Doktor hatte doch gesagt, 30 Tage könne man «ohne» aushalten. Am nächsten Morgen, noch bei Dunkelheit, stapften wir im Bruchharsch stundenlang bis zum felsigen Gipfelaufbau. Dann war es eine Wohltat, die Hand an den warmen, trockenen Fels zu legen.

Von einer Scharte aus hatten wir den Gipfelaufbau vor uns. Nun war uns der Gipfel sicher. Jetzt wollte ich mich ganz und gar dem Genuß des Kletterns hingeben (als ob ich das zu Haus nicht in jeder Menge haben könnte!) und befreite mich von allem Ballast. Sogar meine beiden Kameras ließ ich mit dem Rucksack in der Scharte zurück. Das bedaure ich heute noch, denn noch nie und nirgends habe ich so bizarre Eisgebilde in einer senkrechten Wand gesehen wie hier. Daß sich das Eis meterdick an einer senkrechten Wand anschlägt, hatte man uns erzählt, aber ich habe es nicht so recht geglaubt. Dieser mehrere Meter dicke Eisbelag ist durch die warme Luft erodiert. Stehengeblieben sind Eisfahnen, oft fünf Meter hinaushängend, durchsichtig und durchbrochen, wie ziseliert. In der Sonnenbeleuchtung war dies herrlich anzusehen, in Wirklichkeit äußerst gefährlich, denn diese Eisgebilde sind jederzeit absturzbereit, und ein einziges kann Hunderte von Tonnen haben. Ich war in diesem Fall der Nachgehende und hätte so schön Zeit zum Fotografieren gehabt, aber meine Kameras lagen in der Scharte. Diese «Scharte» ist nicht wieder auszuwetzen! Die technischen Schwierigkeiten, die ganz beachtlich waren, machten uns nicht zu schaffen, sondern nur Freude, und mit einem echt bayrischen Juchzer betraten wir den Gipfel.

Der Abstieg bestand in Abseilen bis zum Gletscher. Über diesen stürmten wir hinab zum Zelt. Da fuhr uns ein Schreck in die Glieder: Die Verflachung, auf der wir die Zelte errichtet hatten, war nur eine Brücke über einer mächtigen Spalte! Uns grauste bei dem Gedanken, was da in der Nacht hätte passieren können.

Abbrechen mußten wir das Lager nun sowieso, deshalb stiegen wir auch gleich weiter ab, solange es hell war, und erreichten noch den scharfen Eisgrat.

Nochmals hinüberzureiten, hatten wir kein Verlangen, deshalb erkundete ich den Felsrand, etwa so bis 100 Meter tiefer, auf dem der Eisgrat aufsaß. Siehe da, es ging ohne jede Schwierigkeit; dann kamen wir auf ein ideales Biwakplätzchen.

Die Sonne war untergegangen, Vollmond stieg über die Gletscher auf, als wir auf einer Granitplatte unser Biwakzeug ausbreiteten. Es war vollkommen windstill, wir hatten warme, trockene Sachen in jeder Menge, nur nichts zu essen; doch damit hatten wir uns abgefunden. Wir wußten ja die vollen Fleischtöpfe im Hauptlager, von denen uns kein ernstliches Hindernis mehr trennte. Als Unterlage benützte ich das Nylon-Hochzelt, und bald war ich selig entschlummert.

«Kein Hubschrauber erschien. Die Schatten wurden länger, unsere Gesichter auch. Wir saßen da wie bestellt und nicht abgeholt.»

Mitten in der Nacht wachte ich aus tiefstem Schlaf auf, ich wußte nicht warum, aber ich war hellwach und bewunderte die phantastische Aussicht. Der Vollmond stand über einem herrlichen Eisriesen, den er mit seinem Licht bestrahlte. Ich ergötzte mich an diesem Anblick und dachte mir nur: «Warum habe ich diesen Berg nicht vor dem Einschlafen gesehen?» Da durchzuckte mich die Erkenntnis, daß ich auf der glatten Nylonunterlage langsam abgerutscht war und den aussichtversperrenden Block hinter mir gelassen hatte. Dafür baumelten meine Füße bereits über dem Abgrund.

Vorsichtig schob ich mich zurück, bis ich mich aufrichten konnte. Jetzt brachte ich eine Sicherung mit Haken und Seil an, legte mich wieder hinter den Block und träumte weiter von der schönen Aussicht.

Der weitere Abstieg am nächsten Tag war zwar langwierig, aber nicht allzu schwer, und am Abend erreichten wir das mit Vorräten gefüllte Lager.

Nur wer schon einmal einen solchen gesunden Hunger hatte, kann ermessen, wie ein Essen schmeckt, auch wenn es noch so primitiv zubereitet ist. Mit dem Funkgerät, das man uns für alle Fälle mitgegeben hatte, funkten wir nach Vancouver und bekamen tatsächlich Verbindung und Antwort. Es wurde uns versprochen, daß wir am nächsten Tag abgeholt werden. Voll Freude bauten wir am Morgen unsere Zelte ab, verstauten alles in unseren Expeditionskisten, aßen alles auf, was uns schmeckte, setzten uns auf die Kisten und warteten. Bei jedem Geräusch sprangen wir auf, aber immer waren es nur Eislawinen, die irgendwo herunterdonnerten. Kein Hubschrauber erschien. Die Schatten wurden länger, unsere Gesichter auch. Wir saßen da wie bestellt und nicht abgeholt. Es wurde dämmrig und kalt. Mißmutig packten wir wieder aus, stellten die Zelte auf und krochen hinein.

In der Nacht heulte ein kanadischer Wind, bald fing es an zu graupeln, darauf zu schneien. Ein Schreck durchfuhr mich, jetzt kommt womöglich der große Schneefall, der drei Wochen dauert. Keiner konnte mehr schlafen, doch blieben wir alle liegen, als der Morgen graute. Keiner sprach ein Wort. Plötzlich um zehn Uhr vormittags war ein Brummen in der Luft. Das konnte keine Lawine sein. Es riß uns aus den Zelten, und tatsächlich schwebte ein Hubschrauber wie eine Hornisse auf uns zu. Wie am Schnürchen klappte der gesamte Abtransport und das Zusammenspiel des Hubschraubers mit dem Wasserflugzeug, das uns am Ghost Lake abholte. Nur waren die Presse und Fernsehen auch gleich wieder da. In unserem Glücksgefühl störten wir uns aber nicht daran und ließen das über uns ergehen.

In Vancouver, wo uns unsere Bergfreunde erwarteten, brach erst der richtige Jubel aus. Wir mußten alles zwei-, dreimal erzählen, und ich glaube, wenn wir den Berg nicht gemacht hätten, wären unsere Freunde weitaus mehr enttäuscht gewesen als wir selbst. Uns wurde klar, welches Glück wir mit dem Wetter und den Verhältnissen gehabt hatten; an uns war es, all denen, die uns zu diesem Erlebnis verholfen hatten, zu danken.

Auf ging's zum nächsten Ziel! Im British-Columbia-Glacier-Nationalpark gibt es viele lohnende Berge. Den Eagle Peak haben wir uns herausgepickt. Weder besonders hoch noch besonders schwierig, also kein Berg zur Angabe. Nur Ausdauer erfordert er, wie fast alle Berge in den Rocky Mountains. Zehn bis zwölf Stunden ist man unterwegs, und das Besondere ist, daß es in dieser Gegend von Bären nur so wimmelt. Braunbären sind zwar mächtig stark, aber nicht sehr angriffslustig. Dagegen sind die Grizzlybären leicht reizbar und sehr gefährlich. Die Parkwächter erzählten uns wahre Schauergeschichten. Waffen mitzunehmen hat keinen Zweck, man kommt gar nicht zum Schuß, wenn man mit einem Bären zusammenrumpelt. Am besten ist es, man bewegt sich durch die Gegend sehr laut, schreiend und scheppernd, was wir mit unseren Haken und Karabinern getan haben. Am allerbesten wäre es gewesen, wir hätten uns eine Kuhglocke um den Hals gehängt; eine solche war jedoch in unserem Expeditionsgepäck nicht vorgesehen. Das Wild wird rechtzeitig gewarnt und geht aus dem Weg, bevor man in seinen Gefahrenbereich kommt. In den Höhenlagern im Neuschnee sahen wir eine Menge frischer Bärenspuren, denn zum Winterschlaf ziehen sich die Bären auf die Höhen zurück und graben sich im Schnee ein. Vielleicht zu unserem Glück begegneten wir nicht einem einzigen Bären.

Nach dieser Tour auf den Eagle Peak nahm mich ein Parkwächter in seinem Wagen mit zu einem Schuttabladeplatz, der vorsorglich mit einer Schranke abgeschlossen war. Dort tummeln sich die Bären, denn sie sind Allesfresser und fressen Kartons und das ganze Verpackungsmaterial auf, wenn sie nichts Besseres erwischen. Kaum hatten wir den Platz erreicht, als der Parkwächter anhielt und lauschte: «Ein Grizzly brummt!» Ich hatte nichts gehört und wollte aussteigen, um vom Bären eine Aufnahme zu machen. Der Wächter holte mich sofort wieder in seinen Wagen herein. Die Bären wären derart schnell, daß ich nicht mehr dazukommen würde, in den Wagen zu springen. Wenn man gar nichts davon versteht, muß man das einem erfahrenen Manne glauben, und so sah ich wieder keinen dieser gefürchteten Bären.

Die Reise ging nun im Pazifik-Expreß weiter, quer durch die Rocky Mountains, vorbei an berühmten Orten wie Golden Field, Lake Louise, Banff etc. nach Calgary.

Die Rocky Mountains gleichen etwa unseren Zentralalpen, nur daß sie nicht so übererschlossen sind und auch nicht so schnell erschlossen werden, denn das Bergsteigen ist in Amerika noch lange nicht so verbreitet wie bei uns. Wer schon bergsteigt, soll sich selbst behelfen, ohne Hütten und Stützpunkte. Fast alle Berggruppen sind Nationalparks. Die Parkwächter, die dafür verantwortlich sind, daß nichts passiert und die Bestimmungen eingehalten werden, passen auf, daß keiner, der den Bergen nicht gewachsen ist, ein solches Abenteuer unternimmt. Darum braucht man zum Bergsteigen eine Extraerlaubnis, die nur dem erteilt wird, der einen bergsteigerischen Nachweis besitzt, den man von einem Bergsteigerverein oder einem namhaften Bergsteiger erhält. Wir verfügten über eine solche Rekommandation. Da die Parkwächter meistens Österreicher, Schweizer oder Deutsche waren, kannten sie mich dem Namen nach fast alle. Das hat uns oft geholfen und auch hier viele Schwierigkeiten aus dem Weg geräumt.

Unser Sinnen und Trachten ging nicht nur aufs Bergsteigen aus. Der Yellowstone-Park lag auf unserem Weg. Wer könnte an diesem Naturwunder vorbeifahren! Außerdem hatten wir einen Besuch von Haus aus eingeplant. Deshalb nahmen wir uns in Livingston, das wir von Calgary aus im Greyhound-Bus erreichten, einen Mietwagen, mit dem wir die Reise fortsetzten.

Bei Gardiner erreichten wir den Yellowstone-Park. So viele Naturwunder auf einem Haufen, die derart gut erschlossen sind, gibt es auf der ganzen Welt kein zweites Mal. Überall dampft und faucht es: Es sind nicht Hunderte, sondern Tausende von großen und kleinen Geysiren. Ganze Täler sind voll davon.

Nur wenige Meilen südlich vom Yellowstone-Park liegt der Grand-Teton-Park, der für uns wieder ein lohnendes bergsteigerisches Ziel bot. Dorthin hatten wir eine besondere Empfehlung. In Jackson Hole, auf der Trail-Creek-Ranch, lebt Mrs. Woolsey, die bei der Olympiade 1936 der Kapitän der amerikanischen Frauen-Skimannschaft war und darüber hinaus eine international anerkannte Bergsteigerin ist. Sie hatte 1937 mit Fritz Wiessner die Erstbesteigung des Mt. Waddington mitgemacht. So waren wir willkommene Gäste.

O-E in Cowboymontur auf der Ranch von Mrs. Woolsey

Auch Fritz Wiessner hatte sein Kommen zugesagt, um mit uns den 3800 Meter hohen Grand Teton zu ersteigen. Bis er eintraf, machten wir einige Ausflüge in die Gegend. Auf der Ranch gab es 70 Reitpferde, und zum erstenmal hat mir das Reiten Spaß gemacht. Bisher saß ich immer nur auf Gäulen, aber noch nie auf einem Pferd! Am nächsten Tag traf Wiessner ein, und wir rüsteten zur Teton-Besteigung.

Bis an den Fuß des Berges konnte man mit dem Wagen heranfahren. Wir waren bereits angemeldet und hatten am Parkeingang, der von einer Schranke und einem Gebäude wie ein Zollhaus gesperrt war, keinerlei Schwierigkeiten. Ein Parkwächter schloß sich uns an, was für uns sehr von Vorteil war, denn er hatte Zugang zu einer Hütte unter dem Felsaufschwung des Gipfels, die nur für die Wächter selbst reserviert war.

Durch die Waldzone führte ein guter Pfad, der dort endete, wo das Gelände schwieriger wurde. Es hatte einen halben Meter Neuschnee, der die Spalten in dem Grobgeröll ausfüllte. Wir mußten höllisch aufpassen, uns nicht die Beine zu brechen. Volle acht Stunden benötigten wir bis zur «Hütte», die nur eine, allerdings sehr geräumige, Wellblechschachtel war. Ausgezogen legten wir uns in die Schlafsäcke und deckten uns mit den vorhandenen feuchten Wolldecken zu. Auf dem Sattel, wo die Hütte in einer Höhe von 3500 Metern stand, herrschte eine ziemliche Kälte. In der Nacht hob ein Sturm an, daß ich jeden Augenblick glaubte, es reiße uns die ganze Bude weg. Der Gedanke, dann im Hemd im Freien zu stehen, war nicht sehr angenehm. Am nächsten Morgen war alles tief verschneit und der Fels total vereist. Da wir nicht darauf versessen waren, uns den Gipfel zu erkämpfen, zogen wir es vor, wieder abzusteigen und auf den Gipfel zu verzichten.

Trotzdem waren wir von dieser Tour, auch ohne «Gipfelsieg», restlos befriedigt. Das Spuren im hüfttiefen Schnee bergab ist kein Problem. Der amerikanische Parkwächter, der uns begleitete, rutschte meistens auf dem Hosenboden die Schneerinnen im Eilzugstempo hinunter. Bei uns ist diese Methode äußerst verpönt, da schon zuviel Unfälle daraus entstanden sind. Trotz dieses Wissens konnte ich der Versuchung nicht widerstehen und machte es ebenso. Auf dem Pfad in der Waldzone konnten wir, geradezu lustwandelnd, die wunderbare Stimmung durch den zeitweiligen Nebel genießen und zu Tale schreiten. Dabei sahen wir aus allernächster Nähe Elche und Riesenhirsche, die Wapiti. Hätte uns am Waddington so ein Wetter überrascht, dann wären wir in ein schönes Schlamassel geraten. Dieser Gedanke beflügelte unsere gute Stimmung, trotz der Umkehr vor dem Gipfel. Den Mietwagen gaben wir am Flugplatz von Jackson ab, und über Salt Lake City flogen wir zum Grand Canyon.

In dieser größten Schlucht der Erde gibt es sogar bergsteigerische Ziele. Diese waren allerdings nicht der Anziehungspunkt für uns, die wollten wir nur so nebenbei mitnehmen, wenn es gut ging – aber es ging gar nicht gut.

Am Südrand der Schlucht gibt es eine ganze Hotelstadt. Die Masse der Besucher besteht aus Reisetrupps aus aller Welt und begnügt sich mit einem Blick in die Tiefe. Man sieht zwar nicht bis zur Talsohle des Canyon, das macht den meisten gar nichts aus: Postkarten davon bekommt man auch im Hotel. Wer einen Blick in den Grund des Canyon werfen will, muß sich schon bis zum «Indiangarden» begeben, was meist auf dem Rücken eines Maultieres geschieht und ein Tagesausflug ist. Nur wenige steigen bis ganz hinab, und wir Bergsteiger gar noch zu Fuß. Der Mulipfad ist breit ausgetreten, beim Gehen braucht man kaum aufzupassen und kann auf diese Weise seine Aufmerksamkeit ganz der selten eindrucksvollen Landschaft zuwenden.

Das Plateau liegt über 2000 Meter und ist mit Kiefer- und Wacholderbäumen bestanden. Je tiefer man kommt, um so mehr wechselt die Vegetation. Man durchschreitet praktisch alle Vegetationszonen, vom Bereich des Nadelbaumes bis zu dem der Kakteen. Der Colorado River ist gar kein armseliges Rinnsal, wie er mir geschildert wurde, sondern ein ausgewachsener Fluß von über 2000 Kilometer Länge, dessen Kraft zu einer derartigen Erosion wohl ausreichte.

Eine eiserne Brücke führt über den Fluß. Die armen Mulis, die das Material für diese Brücke heruntertragen mußten, hätten ein Denkmal verdient. Einige Meilen weiter, auf der anderen Seite des Flusses, befindet sich die «Phantom-Ranch», sogar mit Swimmingpool. Da wir außer der Saison waren, befand sich leider kein Wasser darin, und die Ranch war auch zugesperrt. Es hing ein Täfelchen an der Tür: «Ab 18 Uhr geöffnet».

Jetzt war es Mittag; viel zu früh sind wir aufgebrochen, und der achtstündige Marsch war nur halb so schlimm. Trotzdem klebte uns bei der tropischen Hitze in dieser Talsohle die Zunge am Gaumen. Der Anblick des leeren Schwimmbeckens stimmte uns auch nicht munterer. Jeder verzog sich irgendwo in einen Schattenplatz. Mich aber ergriff der Auftrieb, ich wollte einen der Berge erkunden, den wir vielleicht am nächsten Tag ersteigen könnten.

«Berg» ist ein komischer Ausdruck für diese stehengebliebenen Erosionskegel. Sie haben auch komische Namen, wie Shiva-Tempel, Cheops-Pyramide, Zoroaster-Tempel und so weiter. Der letztere hatte es mir angetan, den wollte ich angehen.

Ein einziger Schritt vom gebahnten Pfad weg, schon ist man in der unberührten Wildnis. Die Kaktusstauden vorsichtig umgehend, suchte ich mir die Felsstufen, in denen ich in anregender Kletterei gut hochkam. Dazwischen mußte ich immer wieder durch Schotter mit stacheligen Büschen. Alles hat Stacheln, nicht nur die Kakteen. Wieder ein etwa vier Meter hohes Wandl, ich erfreute mich an den knallroten Farben und an der schönen Griffigkeit. Als ich am oberen Rande noch einen Klimmzug machen wollte, ertönte neben mir ein so infames Gerassel, daß ich vor Schreck losließ und in die Tiefe plumpste.

Vor den Klapperschlangen (Rattle Snake) hat man uns überall gewarnt. Wahrscheinlich war es eine solche, gesehen hatte ich sie nicht. Der Sturz wäre nicht so schlimm gewesen, wenn ich nicht mit dem Hintern in einem Kaktus gelandet wäre. Daraufhin bin ich abgestiegen und habe den Abstieg sehr dornenvoll empfunden. Drei Tage hat es gedauert, bis mir der Onkel Doktor alle Dornen herausgezupft hatte.

Nach diesem Abenteuer, für das ich noch ausgelacht wurde, war das Verlangen nach einem solchen Gipfel nicht mehr sehr groß; wir beschlossen, über den Kaibab-Trail wieder aufzusteigen. Im Gegensatz zu den komfortablen Hotels am South Rim war die Phantom-Ranch eine einfache Unterkunft, dafür wurde man sehr familiär und persönlich behandelt.

In aller Frühe, mit mehreren Büchsen Bier wohl versehen, machten wir uns am anderen Tage auf den Weg. Naiverweise geben die Amerikaner nur die Weglänge von 6,8 Meilen an und lassen den Höhenunterschied von 1600 Metern völlig unberücksichtigt. Darauf ist schon mancher Bergunerfahrene hereingefallen. Wir konnten uns selbst errechnen, wie lange wir brauchen würden, und uns darauf einstellen. Der Weg war der reinste Promenadeweg und die Wandkulissen fast noch eindrucksvoller als der Abstieg über den Angel-Trail.

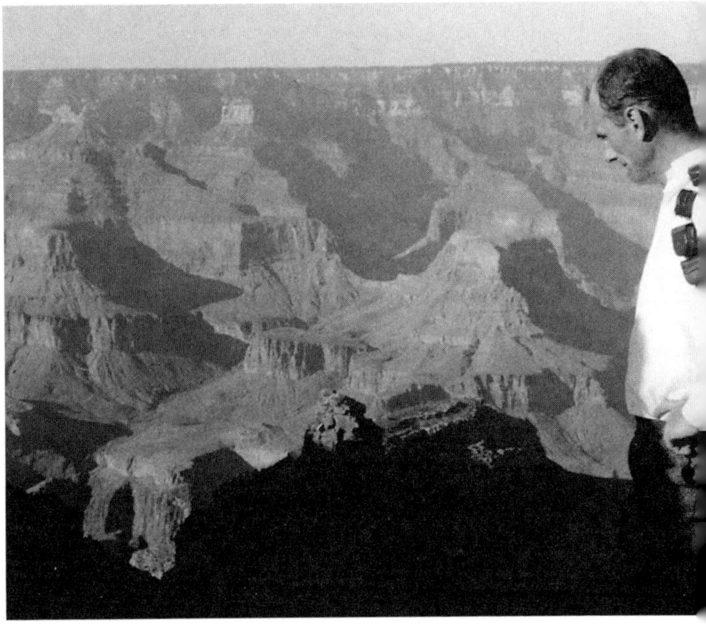

Blick vom South Rim in den Grand Canyon

Ganz unerwartet kam uns eine Jugendgruppe entgegen. Voraus die Frischen, Munteren, in der Mitte die mit den roten Köpfen und zum Schluß die mit den heraushängenden Zungen. Zwei Führer, wahrscheinlich Lehrer, bildeten das Ende, nur hätte einer vorausgehen und das Tempo bestimmen sollen. Bei uns ist das meist genauso. Aber was dort anders war, beleuchtet eine kleine Episode, die erwähnenswert ist: Auf dem Weg lag ein Kaugummipapierchen, ich sah nur flüchtig hin – ein Junge hob es auf, schob es in die Tasche und marschierte weiter! Ich sinnierte, ob man auch bei uns in erzieherischer Hinsicht je soweit kommen könnte.

Weiter oben plagte mich der Durst und erinnerte mich an das Bier im Rucksack. Wie herrlich schmeckte mir der köstliche Gerstensaft, die leere Büchse schleuderte ich in hohem Bogen eine seitliche Rinne hinunter. In diesem Augenblick kam eine reitende Gruppe um die Ecke und hörte das scheppernde Geräusch der fallenden Büchse. Die Leute schauten mich empört und strafend an, und die verflixte Büchse schepperte immer weiter. In den Naturschutzparks ist es verpönt, irgendeinen Abfall wegzuwerfen. Das fiel mir aber erst ein, als ich so vernichtend angesehen wurde. Die verdammte Büchse klapperte immer noch weiter hinunter und schien keine Ruhe zu finden – als ob sie mich auch noch anklagen wollte. Diese Lehre mußte ich in Amerika erhalten!

Am Airport von Flagstaff, dem Zentrum von Arizona, gaben wir unseren Mietwagen wieder ab, und in direktem Flug ging es an das Endziel unserer Traumstraßenreise, nach Mexiko. Welcher Bergsteiger möchte nicht auch einmal auf dem 5300 Meter hohen «Popo» gestanden sein? Auch der höchste Berg Mexikos, der Orizaba, mit 5700 Metern, lockte. Uns lockte natürlich auch die Stadt und vor allem auch die Kulturstätten der Azteken und vielleicht die der Mayas. Ein bißchen viel auf einmal, aber wer weiß, wann man wieder hierherkommt.

Man sagt, den Popocatépetl könne man von der Stadt aus schon sehen, das mag möglich sein, ich habe ihn aber nicht gesehen. Auch das Herankommen an den Berg ist gar nicht so einfach. Die Straßen Mexikos sind gut, doch sobald man abseits will – und die Berge stehen immer abseits –, fährt man nur noch auf Feldwegen. Orientierungsschilder gibt es nur auf den Hauptstraßen. Kein Wunder, daß wir uns erst einmal in den Maisfeldern verfuhren. Die Mexikaner, die wir fragten, waren freundlich, und mit wortreichen Gebärden wiesen sie uns die Richtung, die auch wieder falsch war. Endlich hatten wir doch noch die richtige Straße erwischt, die uns in der reinsten Parklandschaft bis auf 4000 Meter hinaufbrachte. Dort stand ein Unterkunftshaus, das zwar nicht ganz sauber und ein bißchen arg primitiv war, aber von freundlichen Leuten bewirtschaftet wird. Wer in dieser Beziehung überempfindlich ist, der soll lieber zu Hause bleiben, so schnell erstickt man im Schmutz auch wieder nicht, besonders in dieser reinen Höhenluft.

Noch vor dem Morgengrauen brachen wir auf, folgten einem nur undeutlichen Pfad, der steil durch ein riesiges Lavafeld führte. Dabei legte sich ein beklemmender, zum Husten reizender Druck auf die Lungen. Später las ich, daß das der vulkanische Aschenstaub sei; gesehen haben wir ihn nicht, weil es noch Nacht war. Bei Tagesanbruch standen wir schon oben am Firnhang, der in gleichbleibender Steilheit von etwa 40 Grad bis zum Kraterrand hinaufzieht. Da zieht man seinen Kopf ein und stapft stur Schritt für Schritt empor. Nur ja keine hastige Bewegung. Die dünnere Luft um die 5000 Meter herum macht sich bemerkbar, aber eigentlich nur, wenn man gegen die elementarsten Bergsteigerregeln verstößt und zu schnell geht.

Es gibt wirklich nichts Langweiligeres, als so über ein derart gleichmäßiges Riesenschneefeld hinaufzutrotten. Man fragt sich mit Recht, wo das Vergnügen bleibt. Schließlich besteht das Erleben nicht im Amüsieren, darum den Kopf einziehen und weiter.

Der Kraterrand erschien in greifbarer Nähe, doch kam es uns vor, als ob wir ihn nie erreichten. Es liegt an der dünnen und glasklaren Luft, daß man einfach keine Entfernung schätzen kann. Das ist jedoch nicht immer so; es hängt vom Luftdruck, von der Jahreszeit und allen möglichen Faktoren ab. Jedenfalls war ich von manchem Aufstieg müder und zerschundener, aber selten so sauer. Das änderte sich schlagartig, als wir den Kraterrand erreicht hatten. Dieser war mit zwei aus Eisendraht gefertigten Kreuzen geziert, die wohlweislich nicht auf dem noch zwei Stunden entfernten Gipfel, sondern hier aufgestellt waren, weil die meisten doch nicht mehr weitergingen.

Wir auch nicht! Der Weitblick war enorm, der Tiefblick, nicht nur in die Täler, diesmal auch in den Berg, war faszinierend. Überall aus jeder Spalte dampfte es wie im Yellowstone-Park. Am Grund des Kraters, etwa 400 Meter tiefer, ein smaragdgrüner See, der wie ein Edelstein heraufblinkte, wenn nicht gerade eine Dampfwolke davor war.

Der Kratersee des Popocatépetl

Als Hunger und Durst gestillt waren und der Toscanellirauch sich mit den Dampfwolken mischte, kannte mein Glücksgefühl keine Grenzen. Es war nicht zum ersten Mal, daß dieses Gefühl, etwas geleistet zu haben, wie berauschend wirkte. Auf dem Popocatépetl spürte ich es, vielleicht durch diese Dampfwolken, ganz besonders. Das allein schon ist der Lohn für die Mühe, die man auf sich nimmt, und man schämt sich vor sich selbst, daß man Momente hat, in denen man sauer ist.

Inzwischen war der Firn gut knöcheltief aufgeweicht, aber schon zu tief, um stehend abfahren zu können. Eingedenk der Rutschpartien am Grand Teton setzte ich mich auf den Hosenboden meiner aalglatten Nylonüberhose und rutschte in rasender Geschwindigkeit weit über 1000 Meter hinunter. Die Gefährten, alle bedeutend jünger, waren nicht mehr so kindisch, um daran ein solches Vergnügen zu haben, und stapften brav hinunter, wie es sich gehört. Der Gefahr war ich mir wohl bewußt, ich mußte nur mit einem kleinen Überschlag die Fahrt zum Halten bringen, bevor ich in den Lavastaub

Abstieg vom Popocatépetl auf dem Firnfeld

sauste. Das gelang mir auch, und ehe die anderen eintrafen, waren meine ausgelegten Kleider wieder trocken gewesen. Die Spur, die ich mit meinem Popo hinterlassen hatte, zog sich wie ein Strich zum Popocatépetl hinauf.

Jetzt war es eine Kleinigkeit, im aufwirbelnden Staub bis zum Unterkunftshaus hinabzulaufen; dabei sammelten wir noch Vulkanglas, das überall herumlag.

Der Wagen, der uns heraufgebracht hatte, wartete schon und fuhr uns in die nur 50 Kilometer entfernte Stadt zurück. Der Luxus – alles empfindet man als Luxus, auch das Bad und den Komfort, der uns umgab – war nun wieder ins rechte Licht gerückt. Wir genossen ihn aufs intensivste. Der Abend bei den Mariachis, den mexikanischen Musikanten, mit jeder Menge Mescal (Agavenschnaps) ließ die Erinnerung an den Berg etwas wacklig, aber nicht weniger schön erscheinen.

Ein Rasttag genügte, weniger wegen der Anstrengung am Berg als wegen der Siegesfeier, und wir waren wieder fit für die nächste Tat. Der Orizaba war unser letztes Ziel. Diesmal mußten wir etwas weiter fahren, über Puebla nach Osten. In einem kleinen Fleckchen war Markt, und Omnibusse standen kreuz und quer. Es sah so aus, als kämen wir nie durch. Einen von uns erfaßte die Panik, er bestand darauf, auf einem kleinen Umweg unseren Ausgangspunkt zu erreichen. Da keiner Besseres wußte, taten wir das auch; aber statt 35 wurden es 200 Kilometer. Dafür sahen wir etwas vom Land. Yuccawälder, einsame Dörfer und eine Pfütze, die sich zu einem riesigen See ausgebreitet hatte, denn wir waren am Übergang von Regen zur Trockenheit, was die beste Zeit für unser Vorhaben war.

Der Ausgangspunkt für den Orizaba war ein Dorf mit einem uns komisch anmutenden Namen «Tlaquichuga». Dort ist man für Orizaba-Besteiger schon eingerichtet. Es gab nur einen Laden, der aber hatte alles, vom Schuhbändel bis zum Geländewagen. Dieser war gerade draußen auf dem Feld, und wir mußten warten, bis er am Abend von der Arbeit hereinkam. Es war ein alter geländegängiger Dodge, der auf dem fürchterlichen Sträßchen, das zur Unterkunft am Orizaba führte, nur so stöhnte und krachte, so daß wir alle Augenblicke glaubten, er werde auseinanderbrechen. Der Fahrer hieß Primitivo, aber fahren konnte er. Bei Dunkelheit erreichten wir die Hütte, die zwar wieder so eine Wellblechbude, aber geräumig und relativ sauber war.

Noch vor drei Uhr früh und erneut in der Nacht waren wir bereits auf dem Marsch. Der Wind heulte, Schneeflocken wirbelten, wir wußten überhaupt nicht, in welcher Richtung wir gehen sollten. Bergauf – das war klar, sonst nichts!

In der Biwakschachtel am Pico de Orizaba (v. l.): Anderl Heckmair, Friedrich Flick, Jochen Singer, Fahrer Primitivo

Irgendwie entwickelt sich im Lauf eines Bergsteigerlebens so etwas wie ein sechster Sinn. Auf den habe ich mich schon oft verlassen, wenn ich nicht weiterwußte; nur darf niemand dreinreden, denn so sicher ist man durchaus nicht und läßt sich sofort beirren. Das tat auch keiner, denn keiner sah oder wußte mehr. Genau an der richtigen Stelle betraten wir den Gletscher. Auf diesen Orizaba-Gletscher sind die Mexikaner sehr stolz, wir wurden vor der Gefährlichkeit der Spalten gewarnt. Wir hatten jedoch gar nicht die Absicht, ausgerechnet in Mexiko in solch einem Briefkasten zu verschwinden, und ließen die «gefährlichen Spalten» einfach links liegen.

Der Schneesturm nahm eher zu als ab. Dazu herrschte eine barbarische Kälte, ich mußte das Übergewand anziehen. Dabei hätte ich mir bald die Finger erfroren. In den wenigen Minuten, in denen ich die Fäustlinge abgestreift hatte, wurden die Hände weiß wie ein Leintuch und die Finger gelblich. Durch sofortiges Reiben mit einem wollenen Tuch kann man das wieder beheben. Die verlorene Zeit wollte ich durch eine schnellere Gangart, bei der ich auch gleich wieder warm wurde, einholen. Das hätte ich besser nicht getan, denn dadurch kam ich dann außer Atem. Erst als ich in meinen gewohnten Rhythmus hineingefunden hatte, holte ich auf. Der Wind vertrieb die Wolken und den Nebel, die Sonne fing an uns zu wärmen. Trotzdem blieb es kalt bis zum Gipfel hinauf.

Im Gegensatz zum Popocatépetl hat der Orizaba einen richtigen Gipfel, nicht nur einen höchsten Punkt am Kraterrand. Der Krater selbst ist noch tiefer und größer, aber erloschen. Es wäre kein Problem gewesen, da hinunterzusteigen, doch was sollten wir da unten. Der Gipfel war viel interessanter. Man sieht von diesem Gipfel aus zwei Ozeane, im Osten den Atlantik, im Westen den Pazifik. Wir erkannten zwar nur silberne Streifen, aber bildeten uns fest ein, es seien die Meere. Das Gipfelkreuz bestand nur aus einem verschraubten Rohr, von dem außerdem noch die Hälfte fehlte. So schön es auch trotz der Kälte war, lange hielten wir uns nicht auf.

Mit der «Abfahrt» wie beim Popo, auf die ich mich schon gefreut hatte, wurde es nichts. Mit den Steigeisen an den Füßen mußten wir auf den verblasenen und vereisten Hängen Schritt für Schritt absteigen. Die «schröcklichen» Spalten umgingen wir in weitem Bogen. Die Hänge waren nicht so gleichförmig wie an anderen Vulkanen. Anscheinend ist der Orizaba schon so lange erloschen, daß die Erosion entsprechend einwirken konnte.

Primitivo wartete frierend auf unsere Rückkehr, und in Tlaquichuga erhielten wir für die erfolgreiche Besteigung des Orizaba vom Gemüsehändler feierlich einen Orden überreicht.

Es tat uns fast leid, daß unsere bergsteigerischen Unternehmungen damit beendet waren. Dafür konnten wir uns ungenierter auf das Nachtleben in Mexiko City konzentrieren. Sie hat schon etwas zu bieten, denn die Mariachis sind unübertrefflich. Als wir uns bei ihnen verabschiedeten, spielten uns zwei Kapellen von links und rechts ins Auto hinein; jede bemüht, die Lautstärke der anderen zu übertreffen und jede natürlich ihre eigenen Lieder.

Auf dieser Reise haben wir ungeheure Eindrücke gewonnen, manche Strapazen ausgehalten, untereinander unvermeidliche Spannungen überwunden, unser Leben jedoch aufgefüllt mit Erlebnissen, die unauslöschlich in uns bleiben werden. Darin liegt auch der Sinn des so oft mißverstandenen Bergsteigens. Durch diese Tätigkeit ist es uns erst möglich, uns abseits der üblichen Reiserouten zu bewegen und zu Befriedigungen zu kommen, die der Nichtbergsteiger gar nicht ahnt oder die ihm einfach verschlossen sind.

Was jetzt noch folgte, war das übliche Reisen in gehobener Sicht.

Ein Flug nach Yukatan, Besuch der Maya-Kultstätten Chichén Itzá und Uxmal.

Zum Abschluß noch ein Bad in der Karibischen See. Warm wie eine Badewanne, kaum eine Brandung; und doch zimmerhohe, völlig glatte Wellen, auf denen ich mich auf- und abschaukelnd weit hinaustragen ließ. Dabei zog all das Schöne, das wir erlebten, im Geist an mir vorüber. Das war ein so herrlicher Genuß, daß der Frieden mit der ganzen schönen Welt in mir einkehrte.

Uxmal, Detail am «Cuadrángulo de las monjas»

Doch so ein Frieden ist auch nur eine Einbildung, denn kaum zehn Meter von mir entfernt schwappte plötzlich ein riesiger Fisch aus dem Wasser, mir fiel ein, daß man uns erzählte, daß gerade diese Bucht von Haien verseucht sei. Da haben mir die grünen Wellen, der blaue Himmel und diese trügerische Stille nicht mehr so gefallen, und ich schaute, daß ich so schnell wie möglich wieder herauskam. Der Traum von der friedlichen Welt bekam gleich wieder ein Loch.

Zur Erfrischung und Erheiterung gab es zwei Verkaufsstände am Strand – offene, in ihrer Häßlichkeit kaum zu überbietende Wellblechbuden. In jeder stand eine Musikbox, die voll aufgedreht war. Dabei stieg gerade der Vollmond hinter den windzerzausten Palmen aus dem Meer auf. So richtig ein Bild des Abschieds.

Von einem Kokosnußhändler erstanden wir jeder eine riesengroße Frucht. Der Händler schälte sie, brachte ein Loch an, in das er einen Trinkhalm steckte. Wir schlürften die eiskühle Kokosmilch: die einen mit verzücktem, die anderen mit entsetztem Gesicht. Dann ließen wir uns die Nüsse öffnen: Die unseren waren herrlich weiß und wohlschmeckend, die anderen waren braun und stinkig! Von außen hat man keinen Unterschied gesehen.

So ist es immer im Leben und auch auf Reisen: Alles sieht für jeden gleich aus und kann doch so verschieden sein.

Mit Trudl in den Allgäuer
Alpen, 1970

DIE REISE GEHT WEITER

Meine Frau war gestorben und die beiden Söhne längst aus dem Elternhaus ausgezogen; ich war wieder alleinstehend und hatte seelische Blähungen. Bei mir ging es im Leben wie in den Bergen: ständig auf und ab. Gerade befand ich mich in einer Talsohle, als mich die Aussicht auf eine O-E-Expedition wieder bergauf schob. Wir hatten als nächste Fahrt ein Trekking im Himalaja vereinbart. Für die Vorbereitung heuerte ich eine Dolmetscherin an, welche die umfangreiche Korrespondenz in verschiedenen Sprachen und auch das Konto für die Expeditionsvorbereitungen führte. In diese Zeit fiel auch die Gründung des Verbands Deutscher Berg- und Skiführer e. V., dessen erster Vorsitzender ich wurde. Dieser Verband wurde Mitglied der Internationalen Vereinigung der Bergführerverbände, was wiederum bedingte, daß ich an den Sitzungen der IVBV im Ausland teilnehmen mußte. Meine «Dolmetscherin» begleitete mich, und die Bindung wurde immer enger. Als wir heirateten, bemerkten böse Zungen, ich hätte sie nur geheiratet, weil sie mir zu teuer wurde. Und in einer italienischen Zeitung, die über mein unstetes Leben berichtete, stand als Schlußsatz, daß meine zweitgrößte Eroberung nach dem Eiger meine Frau sei.

Die Vorbereitung für eine Expedition, sofern man sich nicht einem Reisebüro anschließt, dauert erfahrungsgemäß sehr lange. Es wurde Weihnachten 1973, bis alles feststand, und ich wollte dies O-E telefonisch nach Düsseldorf berichten, bekam aber als Antwort: «Wissen Sie es nicht, O-E ist heute nacht gestorben.»

Das «Rückentwickeln» einer fertig vorbereiteten Expedition, auch wenn es sich nur um ein Trekking handelt, ist so, als wollte man einen abgeschossenen Pfeil wieder einfangen. Die Flugkarten waren bereits bestellt, man konnte nur noch umbuchen.

Bei meinem Besuch in Mexiko im Jahr 1965 mit O-E wurde mein Interesse für die Kulturstätten der Azteken geweckt. Außerdem bestiegen wir damals von den drei alpinistisch interessanten Bergen des Landes nur zwei, der Ixtaccíhuatl blieb als mein Wunschtraum übrig. Jetzt bot sich die Gelegenheit, mit meiner Frau Trudl nach Mexiko zu reisen und diesen Traum zu erfüllen. Der nächtliche Aufstieg zum Ixtaccíhuatl zwischen den Lichtern von Mexiko City und Puebla war ein unvergeßliches Erlebnis. Nicht weniger beeindruckt waren wir anschließend von den vielen altmexikanischen Kulturstätten, für deren Besuch wir uns ausreichend Zeit nahmen.

40 Jahre danach: Trudl und Anderl Heckmair am 23. Juli 1978 in Grindelwald vor der Eigernordwand

Die folgenden Jahre verbrachten wir zu einem ansehnlichen Teil auf Reisen. Auf ein Trekking im Lamjung-Himal folgte 1977 ein Besuch bei Freunden in Australien, und das folgende Jahr sah uns an einem Bergführertreffen in Westkanada. 1979 besuchten wir meinen Jugendfreund Hans Ertl, der schon seit vielen Jahren zurückgezogen als Viehzüchter im bolivianischen Urwald lebte. Diesen Besuch verbanden wir mit einer Reise nach Cuzco und Machu Picchu. So hatte ich nun Gelegenheit, die rätselhaften Ruinen der Inka in aller Ruhe zu studieren, und die Zeit reichte diesmal auch für einen Abstecher auf den Huayna Picchu, den heiligen Berg bei Machu Picchu. Im Jahr 1980 konnten wir wieder Freunde auf ein Trekking in Nepal führen, und zwar in den Helambu. Erneut beeindruckte uns die Begegnung mit den immer fröhlichen Nepali und ihrer für uns fremdartigen Kultur.

Meine Frau Trudl wollte die Eigernordwand auch einmal sehen. Da man den besten Einblick von der Eiger-Westflanke aus gewinnt, stiegen wir 1981 mit zwei Freunden diese Route empor. Es war bereits spät im Jahr, und die

Felsen waren sehr vereist. 100 Meter vor dem Gipfel bestand ich auf Umkehr, denn wir mußten vorsichtig auf der vereisten Flanke absteigen und brauchten genau so lang wie zum Aufstieg. An unserer Umkehrstelle stiegen drei junge Bergsteiger an uns vorbei. Tage später erfuhren wir, daß sie beim Abstieg tödlich abgestürzt waren.

Auf dem Gipfel des Eigers stand ich dann im Jahr 1988, aber nicht mehr zu Fuß aufgestiegen, sondern mit dem Hubschrauber «meiner» Route entlang emporgehoben. Für eine Fernsehsendung zum 50-Jahr-Jubiläum unserer Erstdurchsteigung der Nordwand sollte ich während des Fluges über dieses Ereignis berichten. Das aber ging wegen des Pfeifwinds völlig unter, und so wurde das ZDF-Interview auf den Gipfel verlegt. Auch die Grindelwalder Bergführer organisierten zum Jubiläum ein großes Fest. In Alpiglen am Fuß der Wand hielten zwei Geistliche bei strömendem Regen eine Andacht. Heini Harrer und ich hatten dann die Ehre, ein Denkmal zum Gedenken an die in der Nordwand verunglückten Bergsteiger zu «enthüllen» – ein aus der Nordwand ausgebrochener, tischgroßer Block, der von den Bergführern mit einer Inschrift versehen worden ist. 1998 wurde unsere Erstdurchsteigung erneut gefeiert. Im Eigertunnel der Jungfraubahn brachte man Steintafeln mit unseren Namen an zur Erinnerung an das nun bereits 60 Jahre zurückliegende Ereignis.

Jeder Weltrekord im Sport wird wieder übertroffen, aber die Erstbegehung eines Berges oder einer Wand bleibt immer die Erstbegehung. Mir kam es erst viel später zum Bewußtsein, daß mit dieser Durchsteigung der Eigernordwand der Schlußpunkt der klassischen Erschließung der Alpen gesetzt worden war.

Oft wurde ich gefragt, ob ich noch einmal durch die Wand steigen würde. Ich sehe nicht ein, warum ich das tun sollte. Diese Wand habe ich nicht aus Prestigegründen durchstiegen, sondern mir ging es nur um das Erlebnis, und das habe ich gehabt. Jetzt gibt es Rekordbesteigungen, die mich aber nicht im geringsten interessieren. Ein alter Wildererspruch lautet: «In den Bergen herrscht Freiheit.» Das kann man auch beim Bergsteigen anwenden: Jeder soll tun und lassen, was er will, wenn er nur seine Befriedigung dabei findet. Die einen machen es aus Geltungsbedürfnis, überschätzen oft ihre eigenen Kräfte und die Gefahren und gehen dabei deshalb mitunter zugrunde.

Immer wieder will man von mir auch wissen, wie ich über die künftige Entwicklung des Bergsteigens denke. Ich bin überzeugt, daß sich extreme

Erscheinungen, wie etwa gegenwärtig das Sportklettern, immer wieder auslaufen werden. In den 60er Jahren ging der Trend hin zur Anwendung künstlicher Hilfsmittel. Dann geriet diese Methode in Verruf, und man «erfand ganz neu» das Rotpunkt- oder Freiklettern – so wie es für uns in den 20er Jahren bereits selbstverständlich war.

Eine Entwicklung läßt sich nicht aufhalten; das ist auch beim Bergsteigen so. Was sollen die jungen Bergsteiger mit extremen Wünschen machen, wenn bereits alle Berge, Grate und Wände in unseren Gebirgen er- und durchstiegen sind? Dann wenden sie sich halt anderen Gebirgen und Zielen zu. So klettern sie im Winter auf dem Eis gefrorener Wasserfälle und hangeln sich im Sommer mit akrobatischen Übungen den nackten Fels empor. Wenn sie sich nur im Übungsgelände betätigen, dann sind sie noch lange keine Bergsteiger, aber sie können sich dazu entwickeln und ihre Fähigkeiten auch in schwierigsten Routen anwenden. Ein Bergsteiger ist meines Erachtens nicht, wer nur extreme Touren unternimmt oder nur eine Zeit lang «bergsportlich» tätig ist, sondern wer auf Dauer dem Berg im weitesten Sinne als Lebensideal und -inhalt verbunden bleibt.

60 Jahre danach: Anderl Heckmair im Sommer 1998

Schopenhauer sagte: «Wer nicht den Geist seiner Zeit hat, hat nur die Not seiner Zeit.» Diesem Gedanken kann ich nur zustimmen, und so habe ich den extremen Alpinismus rechtzeitig aufgegeben und mich dem sanften Alpinismus zugewandt. Dabei kam mir mein ursprünglich erlernter Beruf des Gartenbautechnikers sehr zustatten, und mein Interesse an Geologie öffnete mir weitere Wege: Vor über 30 Jahren forderten mich die Kur- und Verkehrsbetriebe AG Oberstdorf auf, geologisch-botanische Führungen für Gäste durchzuführen. Während gut 25 Jahren habe ich diese Aufgabe mit viel Freude erfüllt, wobei mich meine in der Botanik äußerst bewanderte Frau jeweils tatkräftig unterstützte. Immer waren die Teilnehmer sehr interessiert; nur einmal stellte sich einer vor: «Botanik und Geologie interessieren mich nicht, ich wollte eigentlich nur Sie kennenlernen.»

Die 90er Jahre verliefen für mich wegen meines fortgeschrittenen Alters naturgemäss etwas ruhiger. Trotzdem brachten sie mir viele Reisen, etwa nach Kanada und Spanien, wo ich gebeten wurde, meinen Eiger-Vortrag zu halten. Obwohl das Geschehen nun schon mehr als 60 Jahre zurückliegt, findet mein Eiger-Bericht vornehmlich bei jungen Alpinisten großes Interesse. Sie können sich kaum mehr vorstellen, wie uns seinerzeit mit unserer einfachen Ausrüstung und ohne Geld alpine Touren gelangen, die heute noch auf der Wunschliste vieler Bergsteiger stehen. Auch ich habe ja schon die Leistungen der Bergsteigergenerationen vor mir bewundert, denen ohne Auto und Eisenbahn, ja ohne Wege und Berghütten ganz bemerkenswerte Besteigungen gelungen waren.

Im April 1991 ging ein langgehegter Wunschtraum in Erfüllung: eine Reise nach Japan. In Tokio haben wir Freunde, bei denen wir bleiben konnten. Wir blieben aber nicht lange, denn wir wollten Land und Leute kennenlernen. Eine Freundin, die in Bergsteigerkreisen weltweit bekannte Alpinistin Dr. Michiko Imai, die 1969 mit Gefährten durch die «Rote Fluh» der Eigernordwand die sogenannte «Japaner-Direttissima» legte, wußte von unserem Besuch in Japan und schaltete sich in die Terminplanung unseres Reiseprogramms ein. So kam es, daß wir bei den japanischen Bergsteigern förmlich herumgereicht wurden. Überall wurden «Welcome Parties for Mr. and Mrs. Heckmair» veranstaltet, was uns interessante Einblicke in die japanische Lebensweise ermöglichte.

Zu unserer großen Freude durften wir Michiko Imai auch nach Sapporo begleiten, wo sie einen Eiger-Vortrag zu halten hatte. Mit auf der Bühne stehend, mußte ich einige Worte sprechen, die übersetzt wurden. Das Abendessen danach fand in einem Bierkeller statt – Sapporo ist nach Milwaukee und München die drittgrößte Bierstadt der Welt. Da ich nicht Japanisch spreche, fiel mir zu der Aufforderung, einen Trinkspruch auszubringen, nichts anderes ein, als in meiner bayerischen Mundart zu sagen: «Oans, zwoa, drei gsuffa!» Alle waren begeistert und tranken ihr Halbekrügerl aus.

Wie oft schon bin ich von solch großen Reisen zurückgekehrt, die zu schönster Erinnerung wurden und dann später im Alter immer wieder die Frage entstehen ließen: Kommt so etwas noch einmal? Soll oder darf man mit über 90 Jahren abschließend sagen: Das war's? Wer weiß es – ich setze zumindest ein Fragezeichen am Schluß.